日 本 学

第二十一辑

北京大学日本研究中心 编

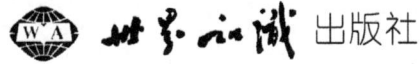
世界知识出版社

本辑编委会：李寒梅
　　　　　　宋成有
　　　　　　金　勋
　　　　　　白智立
　　　　　　于铁军
　　　　　　梁云祥
执 行 主 编：岳远坤

前　言

《日本学》是北京大学日本研究中心编辑的学术论文集。它的宗旨是，对日本进行综合研究，探索其与他国不同的特点，尤其是在民族性格、历史传统和深层文化方面的特点。故命名为《日本学》。

研究日本学必须站在科学的立场上，全面地观察日本，而不失之偏颇，这样才有助于人们深刻地了解日本，客观地评价日本。《日本学》即采取这种态度。

一国的特点只有在与他国的比较中才能显现出来，而且，这种比较必须是多角度、多方面、多层次的。比较的方法既可以采用人文、社会学科的一些传统方法，也应该吸取自然科学、边缘科学的新鲜方法和现代化手段。《日本学》提倡并突出比较研究、学际研究，重视新方法、新手段的运用。

科学的态度就是实事求是。按照某种主观意图去剪裁甚至曲解事实，这种削足适履式地为现实服务的方法，是不足取的。提供确切的事实和对事实的正确解释，是学术发挥其社会效益的唯一正确途径。《日本学》坚持这一原则。

日本学的定义、内涵，乃至其能否构成一个学科，人们的意见未必一致。尽管如此，日本学已经成为国际学术界广泛研究的对象,并且积累了大量有价值的成果。我们应该积极吸取国内外各学派的日本研究成果,这是毫无疑问的。但是,不应照搬,不应人云亦云、做传声筒。历史证明,照搬、当传声筒只会扼杀创造性。《日本学》的目标是建立中国自己的日本学。

这是一个艰巨的任务,需要全国日本研究者坚持不懈的努力。《日本学》虽然主要反映北京大学日本研究中心取得的成果,但它并不是狭隘的同人出版物。《日本学》实行开放的方针,热忱地欢迎国内外日本研究者在这块学术园地上发表论著,交流见解,展开争鸣。

北京大学日本研究中心

目　录

外国大学如何教留学生外语

　　——以早稻田大学留学生日语课为例兼论人工智能

　　　翻译和外语所代表的多元价值观 ……… 吴志攀（1）

明治后期日本社会思潮述论 …………………… 宋成有（16）

池田大作——北京大学一位特殊的日本朋友 … 贾蕙萱（36）

日本社会对中国认知代际差异研究 …………… 初晓波（47）

日本与澳大利亚南太平洋捕鲸诉讼研究

　　——试论国际法框架下如何维护国家利益 … 徐博晨（63）

试论当代日本产业的演变

　　——关于全球金融危机后丰田汽车和东芝

　　　半导体的前沿动态 …………… 金载勋　赵大熙（75）

试论日本海洋养殖业的升级和产业化过程

　　——关于珍珠、鲑鱼和金枪鱼养殖产业的演变

　　　和最新动态 ………………… 赵大熙　金载勋（95）

日本的火灾预防：从硬件和软件方面的双层考察

……………………………………………… 廉　舒（108）

向阳而生：东日本大地震海啸遗址札记 ……… 林　昶（123）

论沉香文化在日本的演化过程……………… 滕　军（131）

内藤湖南时局评论中的"亚洲"构想………… 葛奇蹊（153）

镰仓东庆寺对日本女性的婚姻救济…………… 古云英（163）

《鼻归书》与吉田兼俱的"根叶花实说"……… 李　健（174）

试论古学之祖木下顺庵的儒学思想…………… 刘　莹（188）

道统·学统·政统

——试论以正学派朱子学为中心的宽政异学

之禁的学政思想………………………… 王茂林（207）

莫言与川端康成及以川端为代表的日本新感觉派

——以民族性的世界写作和感觉世界的构建为中心

……………………………………………… 魏　雯（230）

森鸥外小说《半日》小考

——新老观念的冲突………………… 李帅旗（246）

目次と要旨

海外の大学における留学生の外国語教育方法について
―早稲田大学留学生科の日本語授業を例に、人工知能による
　翻訳・通訳と外国語における多様な価値観にも触れて―
……………………………………………………… 呉　志攀(1)
　要旨　海外の大学が留学生のために設けた外国語の授業を体験することを通じ、教科書から教具、教員チームから教育方法などまでを考察し、こういった効果的な教育方法が中国の参考に値すると考える。今、人工知能による翻訳・通訳システムを補助手段に、中国の成人が複数の外国語を学ぶ実現可能性は大いに増えた。外国語を学ぶのは言語交流のツールとしてだけではなく、世界に存在する多様な価値観を理解し合い、より調和的な人類運命共同体と素晴らしい生活を実現させるための架け橋でもある。

　キーワード　外国語教育　教員チーム　人工知能による翻訳・通訳　多様な価値観

日本の明治後期における社会思潮について
……………………………………………………… 宋　成有(16)
　要旨　1889 年、大日本帝国憲法が公布され、明治時代は1889 年から1912 年にかけて開発の後期に入った。1868 年から1889 年までの明治前期の21 年間の維新の後、日本は「国威発揚」のために、近代的な天皇制を確立し、最初に近代的な化学産業の基礎を築き、地租改正を実現し、近代的な教育システムを形成し、社会変革を実現した。明治後期、日本で内力を発揮し、10 年一度の戦争の頻度で、日清戦争、日露戦争をやり、韓国を併合し、武力で台頭し、地域の強国となった。その過程で、日本社会の様相は大きな変化を遂げ、さまざまな考え方のトレンドが次々と現

れた。その中で、反制度的社会主義とアナキストの考えは政府によって繰り返し抑圧されたが、それでも頑固に存在する。ナショナリズムと国粋主義のイデオロギーは対外侵略の帝国意識を主張し、社会思想の主流の位置を占めた。歴史学的思考と中国観の見解は、最終的には中国の侵略、または中国の運命を握ることだ。明治時代を十分に把握するためには、明治後期の社会思想に関する研究をさらに強化する必要がある。

キーワード　明治維新　帝国憲法　社会思想　武力で台頭

池田大作―北京大学の特別な日本の友人―

………………………………………………………… 賈　蕙萱(36)

要旨　池田大作は日本最大の新宗教団体創価学会インターナショナル会長として、豊かな英知と着実な実践で、創価学会の発展に尽力してきた方である。彼は教育を重視し、北京大学にも格別な思いがあった。これまで中国を10回訪問し、うち7回は北京大学を訪れ、学術講演を3回行っている。また北京大学から様々な称号を授賞されており、北京大学にとって特別な日本の友人と言えるだろう。池田大作は日中国交回復にも尽力し、病床にあった周恩来総理もどうしても会わなければと会見した方である。彼が率いる創価学会は日中友好を張進する団体であり、指導部から一般会員までもが日中友好を重視している。彼は中国人民にとっても特別な日本の友人である。訪日する中国の指導者の多くが表敬訪問をしている。

キーワード　池田大作　創価学会　新宗教団体　人間革命

日本社会における対中国認識の世代間相違について

………………………………………………………… 初　暁波(47)

要旨　日本社会において、中国に対する認識が劇的に変化している。21世紀に入ってから、各種世論調査によって中国に対して好感を持たない人の割合が非常に高いが分かる。2018年に中日関係が改善されて以降もこの傾向が一向に変化を見ない。一方、中国に対する認識の傾向が年齢別に異なっていることも大きな特徴の一つである。青年層が中国に対して好感を持つ割合は明らかに中高年層より高いことが調査でわかる。韓国に対する日本人の認識の特徴と世界各国における中国認識の年齢別の調査を参考にすれば、このような中国に対する認識の世代間相違は普遍的な現象だ言える。その原因と言えば、まず人類社会中では「世代間が引き裂かれている」という普遍的な特徴にかかわっており、中日両国の経済力の対比は更にこのような違いをもたらしたのではないかと思われる。次に、高度経済成長期に生まれた中高年層に比べれば、平成のバブル崩壊期に生まれた日本の青年世代は、中国の現実に触れる機会が多く、中国に好感を持っている人が多い。最後に、中高年層は伝統的なメディアから影響を受けていることに対して、若者層のほうは主にソーシャルメディア（SNS）から情報を獲得するということも重要な原因だと考えられる。このような対中国認識の世代間相違は、中日交流を張し進める中で、日本の異なる年齢層の特徴に注目し、特に若い世代の交流をさらに深め、穏やかなる中日関係を末永く維持するために、より強固な基礎を作らなければならない。

　　キーワード　中日関係　対中認識　世代間相違　世論調査

国際法の枠組み内に国益を守る：日本—オーストラリア南太平洋捕鯨裁判を例に— ……………………… 徐　博晨（63）

　要旨　国際法レジームは世界で重要な紛争解決方法となっているものの、その管轄範囲の拡大によって、本来は厳格な枠組みを保とうとした国際法の体系は緩みつつある。人を中心とする裁判、そして法体系のフラグメンテーションは現代国際法体系の二大変化であり、国際法の元で国益を守るのに非常に重要である。オーストラリアと日本は南極調査捕鯨をめぐって国際裁判所の内外で対決し、その一連の経緯はこれら2つの変化を十分に表した。日本側の敗訴と後続処理は、将来のためにヒントとなる。この事例を観察、分析することは、現在の国際法体系を理解し、国際紛争において国益を実現するための近道を見つけることに役立つ。

　　キーワード　国際法　人治化　フラグメンテーション　捕鯨

現代日本産業の発展と進化についての試論—グローバル金融危機以降、トヨタ自動車と東芝半導体の最新動向—

　　　　………………………………… 金　載勲　趙　大熙（75）

　要旨　本論文は2008年グローバル金融危機後、日本産業の変遷と進化について研究する。研究設計の側面から、本稿は現代日本産業界を代表する自動車産業と電子産業に注目し、トヨタ（自動車）と東芝（半導体)のケーススタディを行った。具体的に、注目する研究問題は以下のとおりである。資本主義世界経済の中で単一国家が統制することができないマクロ的なレベルで発生した二種類の外部衝撃に対して、トヨタと東芝はそれぞれミクロ的な側面からどのような戦略的な選択をし、これによりどのような結果が発生したのか？グローバル金融危機以降、2009年と2010年の間にトヨタは米国市場で大規模なリコール事態に直面することになり、莫大な損失を余儀なくされた。東芝はますます悪化する内部経営の実績を隠すために、構造的な方法で会計操作を進めてきた。しかし、2015年にはこのような事実が公開的に暴露されており、これによって東芝は致命的な損害を避けられなくなった。過去には前例のない挑戦と危機の中で、結果的に言えば、トヨタはミクロ的な側面から大々的に組織改革と意識改革を進めることになる。その一方で、第4次産業革命の時代を迎えて、過去トヨタの悠久な伝統だった協力会社(或いは系列会社)との垂直的な供給網構造がより水平的な構造と方法に進化するようになった。本質的に論じると、トヨタは失敗の本質を見抜き、最終的に本業での成功を獲得した。しかし、これとは相反することに、東芝はマクロ的な側面から政府主導型の原子力発電所建設事業の大戦略と新しいビジネスモデルに対して大規模な投資を進めるという選択をした。結果的に言えば、会計操作事件の解決の過程で、第4次産業革命が始まる現在、東芝は過去に会社の核心部門だった東芝半導体を他の会社に売却せざるを得ない事態にまで至ることになる。本質的に論じると、東芝は成功の本質を誤解し、本業での失敗を余儀なくされた。

キーワード　グローバル金融危機　第4次産業革命　日本の産業　トヨタ自動車　東芝半導体

日本の海洋養殖業のアップグレードと産業化過程についての試論―真珠、サケ、マグロ養殖産業の発展と最新動向―

.... 趙　大煕　金　載勲(95)

　要旨　本論文は真珠、サケ、マグロ養殖産業のアップグレードと産業化の過程を分析し、産業の発展過程で発生した各種の危機とそれに伴う革新的な解決戦略を研究する。三つの事例のアップグレード過程と方法は産業化の過程と方法が全く異なるにも係わらず、既存の常識とはまったく相反する革新的な方式を通じて直面した危機を解決して、最終的には危機克服の経験を生かす一方、自らの競争力を根本的に高める機会として活用したのである。現在、日本の政治・経済・社会に巨大な変化が起きているが、21世紀の日本社会のミクロ的なレベルで「日本人の心」と「職人精神」は絶えず進歩しつつ命脈を維持している。現代日本社会がこのように大切な伝統的価値を守っている以上、資本主義世界経済のメカニズムの中で不確実性が高まった時、この価値は危機克服の原動力になることが可能である。これは中国の学界が注目すべき事実だと言わざるを得ない。

キーワード　海洋養殖業　ブルーオーシャン　福島の海産物　企業家精神

日本の火災予防対策 —ハード・ソフト両面からの考察—

……………………………………………………………… 廉　舒（108）

要旨　本稿は日本の防火防災対策について考察するものである。日本の防火防災対策には二つの側面がある。一つはハード面の構築で、政府の主導による防災システムの強化や、関連する法律の整備である。もう一つはソフト面の構築、すなわち人員の養成で、防災・防火の知識を広め、防災・減災の民間自衛組織を強化し、防災管理者制度を作り、消防人材の育成を行う、というものである。

キーワード　日本の火災予防対策　日本の火災予防措置　日本の民間防災組織

太陽に向かって生きる："3・11"大地震津波遺構散文

……………………………………………………………… 林　昶（123）

要旨　東日本大震災によって引き起こされた巨大な津波は、日本の東北地方に深刻な被害をもたらしました。大規模な災害に直面したとき、被災地の人々の回復力と楽観主義は、人々が災害から立ち上がって、救助と公共福祉活動を通じて回復への新しい道へと向かう自信を促しました。中国と日本の人々は危機の時に互いに支え合い、それは中国と日本の友好関係に新たな絆を追加します。震災は人々の頑固な意志と確固たる行動を呼び起こし、新たに生まれた東北は活況を呈しています。

キーワード　東日本大震災　津波　ど根性ひまわり　中国人と日本人の友情

日本における沈香の文化的変容について……… 滕　軍(131)
　　要旨　文化の表象は文化の根底により決めるものだ。中国文化を吸収する過程において、日本民族固有の自然崇拝、自然順応の思想が吸収したそれぞれの中国文化に再改造を行った。本論文は日本国産できない沈香そのものの日本における変容する過程を論述した。日本人は沈香を生命のあるものと対応し、厳かな態度で聞香することで、「六国五味」の香木分類ができたのだ。各々の香木と対話するために各々の香木に名前を付けた。沈香のために命を捧げた武将まであった。この研究で日本文化の独特性の研究に有意義なことに他ならない。

　　キーワード　沈香　六国五味　香銘　法隆寺　蘭奢待

時局評論から見た内藤湖南の「アジア」構想
　　………………………………………………… 葛　奇蹊(153)
　　要旨　内藤湖南は日本の著名な東洋史学者であり、積極的に活躍していた時局評論家でもある。彼は地理的な意味のアジアとは別に、観念上の「アジア」構想を提示した。その「アジア」が取り扱う範囲は広いものであり、中国を主体とする周辺国家や地域を指す概念となっている。日本がこのアジアに進出した際の外交政策について、彼は常に時局評論を通じて建言を述べている。これらアジアに関する内藤の時局評論から、彼のアジア構想は日本政府による関連地域の政策と密接につながり、日本のアジア戦略という枠組みの中に盛り込まれた、政治的な色合いが強い現実構想であることが窺われる。

　　キーワード　内藤湖南　時局評論　アジア　南進論　北進論

鎌倉東慶寺の日本女性に対する婚姻救済 … 古　雲英(163)
　　要旨　仏教は六世紀中期において朝鮮半島を通して日本に伝えられたのである。仏教の伝播方式は上級から下級へというモデルで、鎌倉時代に至って本格的に庶民の信仰や生活に影響を及ぼした。仏教の女性に対する影響は二つある。一つは仏教の義理の角度から女性角生に対する態度である。もう一つは生活で女性に対する救済である。鎌倉時代、幕府八代執権北条時宗夫人である覚山尼は東慶寺を開山し、女性に対する婚姻救済の寺法を立てた。婚姻救済の方式は「和解復縁」、「内済離縁」と「寺法離縁」である。この救済は背後に深刻な法理の根源があり、外部の権利の支えもある。

キーワード　仏教　東慶寺　女性　婚姻救済

『鼻帰書』と吉田兼倶の「根葉花実説」……………李　健(174)

　要旨　「根葉花実説」は『鼻帰書』にその萌芽をあらわし、のちに天台僧の慈遍に受け継がれ、室町時代に入って神道家吉田兼倶の手により成熟の域にいたり、兼倶の神道思想においては重要な役割を果たした。同じく「根葉花実説」の主張者とはいえ、『鼻帰書』と兼倶の思想とは必ずしも同じではない。立場の相違は言うまでもないが、その各自の論説を展開するロジックもおおいに異なるように見られる。本稿は、両者の違いを深く分析した上で、結論として、吉田兼倶が神儒仏三教の習合を積極的に張し進めるのをもとに、『鼻帰書』における密教理論をもって神仏習合をはかろうとするロジックを投げ捨て、「根葉花実説」をテコとしてその神道根源論、日本優越論を標榜し、さらにこれをもって仏教界に提唱された「仏本神迹説」を根本的に覆ようと目指しているのであった。

　キーワード　根葉花実説　鼻帰書　密教理論　吉田兼倶　日本優越論

古学の祖・木下順庵の儒学思想についての一考察
　………………………………………………………劉　瑩(188)

　要旨　現在の学術界における木下順庵に関する研究は、彼が日本儒学史において占める地位に比べれば、はるかに不足している。直接の原因は、現存する文献が非常に少なく、それも多くが詩歌であるためである。しかし『錦里文集』を精読することにより、最後の三巻の記・説・論などを基礎として、順庵の儒学のおおよその全貌を描出することが可能である。具体的に言えば、朱陸和会を基調とする実学こそ、彼の儒学思想の淵源であり、道に志し、身に行い、心に得るということが、彼の儒学の思惟構造である。その思想における唐を尊ぶ傾向、「染」を重んじる学習方式、および六経の重視といったものは、すなわち後の古学の重要な特徴を示すものである。こうした意義において、順庵を古学の祖とすることは、日本朱子学と明代儒学および古学の間の連続性を改めて考えることとなり、日本儒学史を改めて整理するにあたっての新たな視点を提供することが可能となると言えよう。

　キーワード　木下順庵　古学　松永尺五　朱舜水

道統・学統・政統―正学派朱子学より見る寛政異学の禁の教育思想―……………………………………………… 王　茂林(207)

　要旨　寛政異学の禁に関する先行研究には、主に二つのアプローチが見られる。一つは思想を束縛して学問を抑圧した点から否定的な評価を与えるもので、もう一つは儒教の大衆化や教育の普及を促進した点から肯定的な価値を示すものである。しかし、異学の禁を主張して張進させた主体である正学派朱子学の教育思想については、今なお体系的な研究が存在しない。したがって、寛政の改革の思想史的文脈にまで立ち返り、正学派朱子学の思想的脈絡およびその奥に存在する意味を、改めて整理する必要がある。本稿では正学派朱子学を取り上げ、その思想における道統・学統・政統という三つ側面を統合することを試みる。まず、その儒学的な源流をさかのぼり、その思想理論体系の中に基盤として存在する「道統」思想を明らかにする。次に、異学の禁の具体的な内容を整理して、異学を排斥して正学を確立した「学統」思想を明らかにする。そして最後に、その思想史的な意味を考察し、異学の禁に潜む「政統」の意識を掘り起こしたい。

　キーワード　寛政異学の禁　正学派朱子学　道統　学統　政統

莫言と川端康成及び川端を代表とする日本新感覚派―民族的創作、感覚世界の構築を中心に―………………… 魏　雯(230)

　要旨　1970年代の末、1980年代の初めになってから、川端康成に関する研究、翻訳及び手法などが中国の文壇において初めてブームとなり、川端康成がアジア作家の手本として注目された。このブームのもと、莫言が1984年に初めて川端康成の『雪国』を読み、そして、この閲読経験により、インスピレーションが湧いてきて、『白狗秋千架』という文章を書いた。莫言にとって、高密を主題にするのは初めてだし、純種という概念を提出のも初めてである。そして、それをきっかけに、高密を背景に、一シリーズの作品を創作した。川端康成の『雪国』は莫言の創作の変化に大きな影響を与え、莫言は川端康成から新しい現代派の表現手法で民族的、本土的な書き方で創作する可能性を発見したと言えよう。当時創作方法を探している莫言にとっては、これは極めて重要である。また、川端康成が後に新心理主義に入ったとはいえ、1980年代の中国においては、彼は主に新感覚派の作家及びノーベル賞の受賞者として知られている。新感覚派運動は日本の文学史においては、槿花一日の栄のようであるが、1980年代の中国文壇にとっても、莫言にとっても、無視できない影響を与えた。莫言の早期作品において、明らかな新感覚派の特徴が見られると思う。例えば、主観的な感覚を重視し、「感覚」というのが外在の現実世界と内在の心理世界の架橋となり、独特な主観的な世界を構築してきたなどである。本文は主に従来の創作方法とは異なる新表現手法、色彩などの視覚反応を中心とする感覚化という二点から、莫言が作品中の感覚世界の構築について分析する。

キーワード　莫言　川端康成　新感覚派

森鷗外の小説『半日』考―新旧観念の対立―

……………………………………………………… 李　帥旗（246）

要旨　明治時代から大正時代にかけて活躍した大文豪森鷗外は、日本近現代文学の変容と発展に多大な貢献をした、日本文学史上特別な地位を占める作家である。『半日』は激動する明治時代を背景に、家族間の新旧観念の対立をテーマにした、時代特徴を色濃く帯びた小説である。本稿は、森鷗外の生涯と創作背景と結びつけて、主人公である高山博士の家を舞台に、半日で発生した家庭紛争を詳しく分析することで、激動する明治時代の社会像をより深く掘り下げることを目的としたものである。

キーワード　森鷗外　半日　明治社会　新旧観念　対立

外国大学如何教留学生外语
——以早稻田大学留学生日语课为例兼论人工智能翻译和外语所代表的多元价值观

吴志攀

内容提要：笔者亲身体验外国大学为留学生开设的外语课程，观察从教材到教具、从教师团队到教学方法等行之有效的教学设置，感到有很多方面值得中国参考和借鉴。在今天人工智能翻译系统的辅助之下，中国成年人学习多门外语的可行性在很大程度上得以增加。外语不仅是一种语言交流的工具，还是理解世界上存在多元价值观、实现人类命运共同体、创造更加和谐与美好生活的桥梁。

关　键　词：外语教学　教师团队　人工智能翻译　多元价值观

笔者于2019年4—7月在日本早稻田大学访学，利用每天的半天时间旁听了该校为外国留学生开设的日语课。我用了大约180个小时对该校的快速"集中日本语"班进行了课堂体验。回国后，我翻阅用过的教科书、练习册和课堂上发的活页练习以及60份小测验的卷子，让我对该校的留学生日语教育有了一个粗浅的认识。故将之写下来，为今后中国的日语教学的比较研究，做一些前期工作。

一、教材与讲课方法

日本早稻田大学有专门为外国留学生开设的日语课程，从初级日语到高级日语，从普通课到快速集中课都有。来学习的外国留学生，可以根据自己的日语水平，选择适当进度的课程。

我在这里学习过三个月的快速集中日语课，有一些亲身体验。

快速集中日语课的课程安排比较紧张，课本《大家的日本》前两册书共50章，每堂课讲一章。一周五天有课，从周二到周六。每堂课的时间是90分钟，日语称"一时限"，每天上午都要上"两时限"的课。下午时间用来自己复习和预习第二天的课。《大家的日本》这套教材共四册书，每册附带练习册和语法讲解册。前两册是初级日语，后两册是中级日语，要求在一年两个学期之内学完。

在日本上日语课，有一个特点，即每天上课前，老师都要发卷子，做小测验，也就是"小考"，考查前一天学过的课程内容。这种"小考"的时间，一般在10—15分钟，老师在课间休息时间判卷子，中午下课放学前，将判完的卷子发回给学生，让学生带回家对照检查和复习。

快速集中课的另一个特点是，老师在课堂上不太讲课文，主要时间用来带着学生做书上的练习题，这些练习主要是让学生用刚学过的句型，开口说话。班上每个学生都必须开口说话。例如，让学生轮流单独用口语表述一个内容，或让两个同学站起来对话。每堂课堂上相当多的时间，都是让学生练习说话，老师再指导和纠正学生表达的错误。比较我多年前在中国的大学上英语课的情况，课堂时间主要是听老师讲解课文的语法点，我们记笔记，开口练习说话的时间不多。因此，在20世纪80年代初花两年时间学完英语课程后，可以借助词典看资料，但难以开口说话。相比之下，早稻田大学的外国留学生日语课，从第一节课开始，老师就在课堂上花相当多的时间让学生练习日语会话，一个学期过后，留学生已经可以用日语表达简单日常会话了。

日语课的成绩，由老师对小考和大考（期中和期末考试），以及课后练习完成情况和课堂纪律情况进行综合评定后得出。留学生来上第一堂课，老师就会发给学生一张写满课堂纪律的纸。我看到上面有：上课迟到15分钟，就要被扣分；不请假早退也要扣分；如果有事或生病一定通过电子邮件提前请假，否则作缺席扣分；一个学期缺课到一定次数之后，就要重修了。

由于有严格的课堂纪律、频繁的考试安排、较多时间课堂口语练习等，所以留学生日语水平的进步是比较明显的。

还有一个细节需要提及，这就是由于中国大陆、中国台湾和中国香港以外的留学生不认识汉字，所以早稻田大学留学生在日语课课文、作业、考试中遇到汉字时，都必须同时注明日语假名，以便来自其他国家的留学生能够读出这个汉字的发音。如果是写书面作文时，不许写汉字，全部都要求用假名书写。这样的规定有一定道理，因为汉字的日语读音与中文读音不同，如果不要求用假名注明发音或用假名写作文，来自中国的留学生就会很难改掉读音方面对中国汉字发音的依赖。

二、课堂使用的教具

我所参加的快速集中日语班，应该属于公共日语类，而不是专业日语类，但仍然是小班上课，全班10位同学，分别来自法国、冰岛、美国、乌干达、中国大陆和中国台湾。上课时老师让学生做一个写有自己日语名字的卡片，立在桌子上，以便老师认识学生，以及同学之间相互认识。开始的几堂课，老师会要求学生将卡片放在桌子上，用来核对选课名单和学生卡，因为这些课程都是收费的，只有注册缴费的学生才能进入教室听课，除校方批准，一般不允许旁听。

上课时，老师会使用比较多的辅助教学的工具，除利用演示PPT的投影仪和DVD/CD光盘播放设备外，老师还准备了练习卡片，如做练习使用的"活页"和不同颜色的珠子（用于学生抽签分组）。另外，每篇课文所有的单词都配有漫画解释。从漫画的笔法和构图看，水平非常高，应该是受过专门训练的画师制作的。三个月课程下来，我已经积累了几百页活页的练习纸张。

PPT制作水平亦非常高，特别是其中的内容，主要是用漫画来解释语法问题。我对漫画略知一二,所以一看就知道这不是某位老师自己制作的,而是教材公司专业人员所为。我比较仔细地研究了上课所使用的教材,教材本册、语法解释册、练习册,三册一套,内容和页码配合得天衣无缝。老师让学生上课时,将三册书都带上,由于是大16开且很厚的书,所以学生们的书包都很重。此外,老师还发一本作业册,要求学生在每天下课后,自己完成指定的作业,并对照后面的标准答案判断对或错。这本练习册每周交一次,由老师检查学生做得是否认真。

老师们都会在学生作业册上、考试卷子上,以及其他课上练习的活页纸上,盖自己的名章。不仅如此,每个老师都有好几个不同表情的小方章,每次根据学生小考成绩优良中差,分别盖在卷上。老师们会根据作业完成的质量和学生们的学习态度,在这些作业、卷子和活页上盖"厉害了!""加油!""再努力一下"等方章。如果小考的成绩不好,老师就会在发回来的卷子上,盖一个汗流满面的卡通人物头像小方章,边上有一句日文假名写的口号"がんばる"(加油)。如果小考的成绩很好,老师要表扬学生,就会在卷子边上盖一个笑脸的卡通头像,边上的日文假名是"よかった"(太棒了)。我得过一次带笑脸的卡通人物的章。虽然我都这么大岁数了,但是看到这个表扬的小方章,我心里还是激动了一下。

三、外国留学生为何来日本学日语?

在这里上课的学生来自世界不同的国家和地区,由于分小班上课,所以同班的同学都互相认识。我所在的快速集中班的同学,都是大学或研究生毕业(或在读)来这里学日语的。学习的目的各自不同,但都很明确。学习目的明确之后,学习就会很用功。

班上有位从乌干达来的同学,她已经从本国的大学毕业,她的理想是研究国际关系或当外交官,除英语外,还需要多学习几门外语,第二外语她选择了日语。另一位来自法国的同学,他大学毕业后,想从事研究国际问题领域的工作,他对日本感兴趣,就来早稻田大学学日语。还有一位来自中国的留学生,她已经在澳大利亚读到研究生毕业,喜欢日本的生活环境,希望将来在日本工作。同样情况的一位来自美国旧金山的大学毕业生,他希望将来能在日本工作一段时间。他告诉我,大约在2010年,他在美国大学一毕业,就立即飞来日本学日语了。他把养的两只小狗也一起带到了日本,看来真是要做长期居住的打算。

班上还有一位来自冰岛的同学,他是全班年龄最小的,是本国大学里日语专业大学三年级的学生。他来到日本进入快速集中日语班,大概主要是为了体验这里的教学方法吧。他的日语水平当然是全班最好的,但他开始给老师的印象是不懂日语的,不过很快老师就发现他日语很好了,他就不得不老实地承认了。他的语言条件很好,年轻又聪明,是一个还不想长大的"大男孩"样子。如果他持续努力,也许将来会成为冰岛的一位很好的日语老师。

班上还有一位来自中国大陆的学生,他大学即将毕业,最后一个学期没有课程,论文也提前写完了,在国内大学待着也是待着,由于喜欢日本,想来体验一下生活,就申请来学日语。他自嘲说是为自己办了一次特殊的"深度旅游"。

班上还有一位来自中国宝岛台湾的同学,她大学毕业后,就来日本学日语了。但她似乎并不打算在日本工作,而是回到台湾去找工作。也许多学一门语言,对找工作有更多的机会吧。中国台湾与日本的贸易往来非常密切,特别是台湾地区的农产品质量和口碑都比较好,在日本很有市场。

班上年龄最大的学生就是我,在一群20多岁的年轻人中,坐着一位"老先生",大家都非常好奇,认为我都这么大岁数了,还来学日语,真是有一点不可思议。因为在课上老师要每位同学轮流到讲台前,用日语表达为什么要学日语,所以我了解了班上同学的学习目的,同时,我也分享了自己的学习目的,即为了看日文的资料,为了做科研多一个资料渠道。日文资料非常详尽,特别是在社会科学方面,且研究深入,分类也更细,各个方面都有专门的研究资料。在世界主要研究型大学中,日本的大学在研究资料储备方面是非常详尽的。但是,如果看不懂日语,就没有办法查询和阅读了。

另外一点,日语中有汉字对于中国人来说,相比欧美人在学习时更加便利。日语发音中的音读,与中国的吴语、粤语和闽南话有相似之处,甚至在中国的台湾和香港,就有直接用日语的发音翻译成的词语,例如,屋企(房屋)、夹万(钱包)、便当(盒饭)等。所以,如果略懂中国南方的方言,对于听懂日语就会有很大的帮助。这也是中国人学习日语比欧美人便利的地方。

更不要说,汉语中许多社会科学的词汇早期是从日本传来的,如"革命""经济""政治""社会""干部""警察""同志"等都是从日语汉字直接引进的,还有如"共产党"和"宣言"这两个词汇,也是从日语汉字直接拿来的。这些日语中的汉字词汇,对于中国人来说,非常熟悉。所以,中国人学日语有很多便利,为了做科研能够阅读日文资料,我就在花甲之后开始学习日语了。

四、大学日语课的教师团队

早稻田大学的快速集中日语课每周上5天,安排了4位教师,每天上课换一位老师(其中有一位老师每周上两次课,但这位老师两次课中间要相隔两天),所以每天上课的老师都是不一样的。最初我感到有些好奇,为什么每天都要换一位老师讲课呢?我原来在国内上日语课,每周也是5天,但都是一位老师,并且,这位老师要连续教课,直到第一个学年结束。第二年才换另一位任课老师。如果这位老师生病或有学术会议不能讲课时,才会请另一位老师代课。

经过3个月的亲身体验,对每天都会换一位老师讲课的做法,我总结了几个优点:(1)学生可以接触到不同老师的讲课风格,有的老师善于讲故事,有的老师善于使用道具,还有的老师善于指导学生写作。从讲课的特点来看,有的老师充满激情,语速很快,气场很大;而有的老师语气柔和,声音温和,语速较慢。有的老师年龄较大,有超过 70 岁的;也有很年轻、20 多岁的老师,好像刚刚从学校毕业。(2)不同老师的教学特点可以相互弥补,使得教学效果整体上比较稳定。(3)每天更换老师让学生上课时保持新鲜感,减少课堂视觉疲劳。(4)讲课团队的集体教学效果,一般是会大于单人的教学效果。如我国的俗语"三个臭皮匠胜过诸葛亮",说的就是这个道理。(5)讲课老师也可以得到休息和调整。

老师虽然每天换人,但是她们之间配合得很好。例如,林谦子老师周三上课时,有一位同学缺课。周四是川名老师的课,这位同学回来上课了。川名老师上课时的第一句话就是问这位同学:"你昨天为什么没有来上课?"我见状非常惊讶!虽然川名老师前一天没有课,但是她今天来上课也会知道昨天哪位同学缺了课。这说明老师们每天下课后的工作交接是非常细致、有效的。

又如,佐佐木仁美老师在某天上课时,收了学生的课下练习册,并在核对了数量后,对全班同学说,某某同学没有交练习册,请明天交吧。第二天 JCK 老师来上课时,第一句话就是问某同学:"你昨天没交练习册,今天带来了吗?"这说明昨天收练习册的情况,佐佐木老师已经在今天课前传达给了 JCK 老师。还有一个例子,老师通知学生,最晚要在第六周最后一天晚上 11 点前交作文。但是,现在刚刚是第四周的第一天,从这一天起,每位老师下课前都会提醒同学,最后交作文的时间。一连提醒了两周。这种做法看起来有些繁缛,但最后交作文的时间却已经深深刻在学生的脑子里,不会忘记了。同时,如果这样提醒还有同学忘记"关门"时间交作文时,那就得不到任何同情和原谅了。

该校的日语课是中午 12 点 10 分以后下课,一下课学生们就去吃午饭了。老师们要先回到办公室,整理课堂记录,然后在办公室吃自己带来的盒饭。我有一次问老师,下午不回家休息吗？老师对我说:下午还要开会,晚上才回家。后来,我才逐渐知道,日语老师要开的会也很多,内容都是与教学有关的。

五、人工智能提高外语学习的效率

近年来,人工智能翻译系统发展比较快。例如,亚洲博鳌论坛的同声传译已经开始采用人工智能翻译。发言人讲英文,会场的几个屏幕上会自动打出翻译成中文的字幕。因此,与会的中国代表们如果有不会英文的,可以看屏幕上的中文字幕。反过来,如果发言人讲中文,人工智能自动将英文翻译打在屏幕上。此外,中国还有一些研究、开发人工智能翻译系统的机构,先后推出了便携式翻译机。机器像手机大小,可以放在口袋里,在有网络支持的环境下,可以将汉语交互译成5种外语:英语、西班牙语、日语、韩语和俄语,反之亦然。在离线情况下,机器可以完成汉语与英文的互译。最近又出现另一款翻译机,离线可以进行汉语与英语、日语和韩语三种外语的互译。

我在学习日语的时候,经常有人问我,现在都人工智能翻译了,还用到课堂去学外语吗？还用外语教科书吗？还用背单词吗？我通过亲身体验认识到,人工智能只可以辅助学习或了解外语,但还不能代替人类学习外语。举个最简单的例子,如果一点都不懂得外语,只是使用人工智能帮助翻译,那么自然也无从知晓计算机翻译的对与错。所以,在使用一门外语时,必须懂得外语的基础知识和语法规则,了解语言对象国的历史文化和生活习惯。否则,如果计算机出错,将错误的信息传递给对方,小了是闹笑话,大了会让对方恼怒,甚至还产生敌意。

在网络上,百度翻译、谷歌翻译等都是人工智能网络翻译系统的主要平台。输入中文,谷歌翻译系统可以自动翻译成85种外语中的任何一种语言。反过来,输入85种外国语中的任何一种，谷歌翻译系统也可以自动翻译成指定的语言。如果将谷歌软件下载到手机上，可以单手操作，快速完成语言的互译。我们快速学会某种外语的基本语法规则和单词的知识，再利用人工智能翻译、电子词典或网络搜索工具，便能够很大程度上提高我们学习外语的效率，缩短学习时间，更快地加强外语交流的能力。

我举一个很特别的例子。我的一个美国朋友，喜欢东方文化，与中国女子在网上谈恋爱了。双方都不会说对方的语言，即美国朋友不会讲汉语，中国女子不会讲英文。但是，他们都可以熟练操作网络和手机翻译系统，因此一点也不影响他们谈情说爱。后来他们结婚了。我有一次请他们夫妇吃饭，在饭桌上亲眼见证了双方用手机交流的情景。"How do you like this?"英文句子出现在手机屏幕上，翻译软件立刻译出汉语文字"你爱吃这个菜吗？""Yes, I do."（我爱吃。）"那我帮你夹一点这个菜吧？""I would like to take this by myself, thanks."（我自己来吧，谢谢你。）只用几秒钟的时间，双方手机屏幕上就翻译出来了。由于他们夫妇使用手机翻译十分熟练，所以，我几乎没有感觉出来他们有语言障碍。这些手机屏幕上的文字，也可以发音，如果不想看文字，按一下发声标志，手机就会将翻译出来的汉语或英文朗读出声音来。

人工智能翻译系统可以将对象国的语言写成文字显示在手机或电脑屏幕上，这样通过电子邮件和手机微信实现外国语的书写和传输就容易多了。我以前与日本教授通信都是写英文的，现在，我可以通过谷歌和百度的翻译系统，将我要表达的中文句子，翻译成对方看得懂的日语。有了上述人工智能的支持，我现在与日本教授通信，都改用日语了。起初，我担心日本教授看不懂我借助谷歌翻译系统写的日文邮件。我写邮件问他们，是否能看懂我写的日文信件？他们回信说，90%以上的内容都能懂。

我在早稻田大学的日语课堂上做发言时，老师要求学生先写出来，然后再到讲台前发言。我也是借助谷歌翻译系统先写出文稿，然后多次修改，最后才做课堂发言。每次我发言的成绩都比较高。成绩不是老师给的，是全班同学投票来决定的。在三个月里，我一共获得过两次全班同学投的最高票。如果没有谷歌翻译系统，我写出来的日语不可能得到这么高的成绩。

机器在遇到委婉语表达或"潜台词"表达时，谷歌或百度翻译系统目前还不能很好地理解与表述。例如，关于电影或电视剧字幕的翻译工作，人工翻译与人工智能翻译相比，还是人工翻译得更准确、更有人情味和富有生活气息。

人工智能翻译系统与人工翻译相比的优点在于，机器不会疲劳，不用付费，基本可以满足与外国人的日常交流所需。也许将来人工智能翻译系统最终能替代人工翻译，但要实现这个目标，科技工作者们还有很长一段路要走。

六、用计算机学习外语的启发

根据个人粗浅的学习外语的经验，我冒昧地将学习外语的方法大致归纳为三种：(1)儿童学外语的方式；(2)学校教授外语的方式；(3)计算机学习外语的方式。小孩子跟随家长到国外去，会被送到当地的幼儿园。过了一段时间后，小孩子就会跟外国小朋友用当地语言进行简单的对话了。再过一两年，小孩子可能已经学会用当地语言表达很复杂的话了。此时，可能由于用当地语言的机会多，说母语的机会少，小孩子会出现说话时经常忘记母语的现象。而家长在同样的时间内学习说当地的语言，却多数赶不上孩子。这种学习方式，我称其为"用中学"。小孩子完全是在浸入式的应用环境中学习当地语言，而不是学会了再去用。

学校教外语的方式，基本上是"学了再用"，先学语法、记单词、背例句，然后，在模拟场景中使用。这种方式需要学生十分用功，并且投入大量时间记忆语法和单词，学习效果与投入的时间成正比。

现在计算机和互联网非常发达,用手机查单词十分便利,所以减轻了记单词的压力。互联网上也有各种搜索网站,可以帮助查询与解答语法问题,也减轻了记忆语法的压力。只要手机在手,有网络和电源,学习外语就可以靠多阅读、多写作,以及多听广播和多看电视了。阅读和写作能够帮助成年人在初学外语的阶段,便可以尝试使用外语进行交流和工作。这一点有些像儿童在国外的幼儿园学用当地语言说话,在学说第一句时,就开始使用了。

计算机辅助学习外语的另一点启发是,计算机的人工智能软件可以反过来让机器学习外语,人机翻译和对话已经初步实现了。计算机记忆单词的能力超人,再将语法规则输入机器后,机器就能够按照语法规则和单词使用习惯造句了。计算机造出来的句子,可能不符合生活习惯,但很少出现语法错误,因此句子语义在理解上没有问题。用这种方法学习外语,虽然不够精确,但可以提高学习速度,让我们很快就能生硬地甚至是"可笑地"与外国人用他们的语言进行交流了。尽管我们的表达可能不符合当地人说话的习惯,但是请尽管放心,当地人不会因此而嘲笑我们,反而是很好奇,怎么会这么快就能用外语表达了。这种学习方法类似儿童学习外语的情况,尽量用比较简单的已知的外语知识和词汇,直接表达自己的想法。

在计算机和互联网高度发达的今天,我们成年人学习更多种外语的可能性比以往更大,条件更好,效率也更高。当我们能熟练地利用计算机和互联网学习外语时,我们就会发现,原来需要用两年时间学习的外语知识,现在只需要一年或更短的时间就可以掌握了。这不仅是因为有了计算机和互联网的辅助,而且还因为我们学习外语的要求也发生了变化,即我们只要能够表达意愿即可,不再要求像外国人说母语那样地道了。

七、外语与多元价值观

　　一种语言与一种价值观是密切相关的,不同语言反映不同价值观。任何一个民族有了自己的语言,一个国家有了自己的官方语言,一个地域有了地方方言之后,这个民族、这个国家和这个地方,就会产生独特的价值观。例如,两个中国人在国外相遇,一定会说中文。两个上海人在国内相遇,说不了几句普通话,就改说上海话了。两个延边朝鲜族的人在北京相遇,说不了几句普通话,就改说朝鲜话了。这种司空见惯的语言现象,表面看起来是单纯的语言问题,但是实际上与说话人的生活观有直接关系。当他们两个人互认对方是来自同一个地域时,就在生活观上产生了共识,便采用在这个地域所用的语言来交流了。这样的语言会使双方感到更加轻松和亲切。

　　再举个例子,现在将日常工作中的汉语翻译成英语,可以达到无差异翻译。但是,如果将中国的唐诗宋词翻译成英文,古诗词的韵味便没有了,只剩下大意的转达。例如,汉代刘向《易水歌》中的"风萧萧兮易水寒,壮士一去兮不复还",翻译成英文是"Wind blow blow, Water cold cold. Strong man go go, come back no no."这个翻译从英语语法上看是错误的,但是读起来的韵味还有点意思。我在网上还看到这句诗的其他许多种翻译,其中一种是这样的:"The wind is severe, so cold is the Yi River, the hero is going forever!"这个翻译语法没有问题了,但是缺少了中文古诗的韵味。所以我们可以看出中外文化在观念上的差异可以通过语言表现出来。

　　再如,日语的名词中有敬语,如我们吃饺子要蘸醋,"醋"在日语中的表达为"おす",日语汉字写"酢",日语发音是"す"。前面加上"お",表示尊敬。但是在中文翻译"おす"时,只说"醋",不用翻译"お"。日语的动词前面加表示敬语的"お",如"洗澡",日语翻译是"お風呂に入ってください",同样日文翻译成中文时,也不用翻译"お"的意思。

我认为,小到一个人的生活观,大到一个民族的价值观,都不是空中楼阁,都需要用语言做载体。当一个民族的价值观用另外一种语言承载时,总会有些不完全吻合的地方。如中译英时,翻译有时会说,这个词找不到对应的英文,特别是中国的乡土文学中的用词。再如,用京剧唱腔唱英文戏词,听着总有怪异的陌生感。又如,意大利歌剧如果用中文来唱,两者相比,还是原文好听。意大利歌剧每句结尾都是元音,而中文翻译的歌词如果不是用元音结尾,听起来就感觉不一样。类似的情况还有用美声唱法演唱中国民歌或京剧,甚至是用中国民族唱法唱欧美歌曲,虽然都是中文歌词,但韵味会有很大差异。

我们感到的差异,是源于生活观念和文化观念等方面的差异,也是价值观的差异。有差异并不是不好,关键在于我们如何理解差异。若能够相互理解,便能够相互接受。反之,不接受差异,可能会产生更多的不和谐,甚至还会影响两国和两个民族的友好关系。学习外语不仅是简单地学习语言,还涉及进一步理解外语所承载的对象国的价值观。学习外语,相互了解对方国家的价值观,对于增进世界各国人民的友谊,维护世界和平,实现世界各国人民共同美好的生活都是十分重要的。

八、结 语

关于日本早稻田大学的留学生日语教学的特点可以总结如下:(1)由数位教师组成的教学团队,共同教授一个小班的日语课。(2)教科书等由教材公司提供,教科书、语法册和练习册,以及课堂活页练习和小考卷子等,组成一套教材体系。在课堂上教师主要指导学生口语练习,课下学生自己看教材和做练习,自己检查练习的对与错,再将完成作业的"练习册"交由老师检查。(3)教师的教具多样化,并善于使用教具激励学生学习。(4)教学进度快速,每天一课,四本教科书两个学期(一年)学完。学习好的同学可以考日语二级,也有考日语一级的。一级考过就可以申请读日本的硕士学位课程了。

将我在早稻田大学学习日语的亲身体验和使用网上的人工智能翻译系统辅助学习日语的过程,与我在大学和研究生阶段学习英语的经历相比较(1978—1985年,那时没有人工智能翻译和搜索引擎,也没有电子词典和手机等,全靠教科书,课堂老师讲授和课后背单词、做练习等),现在的学习条件和效率比过去高了许多倍。过去可能要学四年的外语,现在有了人工智能、手机和网络等的辅助,也许只需要一年或两年就可以达到过去四年的学习效果。

但是我认为尽管有了人工智能翻译系统和手机等工具,还是代替不了学生的课堂学习,特别是有老师教导的课堂学习,即这种面对面、小班同学组成"群"或"朋友圈"的讨论式学习。还是那句老话,"在世间一切事物中,人是第一可宝贵的",人是能动的,人是有学习目的的,说得大一点是有学习使命的。所以人的自身学习是根本,人工智能等工具只能起辅助作用。但是,反过来,由于有了人工智能的帮助,学习一门外语的时间得以缩短,学习效率得以提高,一个人便有可能学习更多种外语。过去欧洲人由于在地域环境和语系文化方面的密切联系,我们经常可以看到一个人能懂五六种外语的情况。今天有了人工智能的辅助,我们中国人也有了掌握五六门,甚至更多种外语的可能性。学习外语不是目的,目的是了解外国文化和他们特有的价值观。美国已故学者哈佛大学教授亨廷顿在1994年就提出的"文明冲突论",在后来的世界局势发展中,在某种程度上得到了证明,他的看法是有价值的。美国已故哥伦比亚大学教授萨伊德所著的《东方主义》,讲述了他在东方与西方文学的比较研究中的发现,即由于西方人不懂得东方的语言,只能从表面现象看东方文化,造成了许多误解、嘲讽,甚至诋毁,结果引起东方人与西方人在文化上的对抗。还有更多的东方学者,如钱钟书在《管锥编》中,较多引用多种西方语言在解读中国古代经典时的多样化表述与中文原意的异同,从而启发我们——如果能对一种经典进行多种语言阅读,便能发现不同语言在解读经典时再创造的神奇。

今天,在大学里教授外国留学生东道国语言的情况,比任何时候都更加普及。德国在世界主要国家开设的歌德学院,西班牙在其他国家开设的塞万提斯学院,法国在其他国家开设的法兰西学院和中国在外国开设的孔子学院等,以及成千上万的各国大学和语言学校开设的外语课和考试辅导班,都是对世界文化多元价值的相互理解和相互融合的促进,也是促进世界各国人民生活得更加美好的友谊之桥。

(作者系北京大学法学院教授、亚太研究院院长)

明治后期日本社会思潮述论

宋成有

内容提要：1889年《大日本帝国宪法》颁布,明治时代进入1889—1912年的后期发展时期。经过1868—1889年明治前期21年的维新变革,日本建立近代天皇制,初步奠定近代化工业基础,实现地税改革,形成近代教育体系,实现了社会转型,为宣扬"国威"准备了充足的条件。在明治后期,已练足内功的日本,以十年一大战的频率,发动甲午战争、日俄战争,吞并韩国,武力崛起为地区性强国。在此过程中,日本社会面貌发生巨大变化,各种思潮层出不穷。其中,反体制的社会主义与无政府主义思潮虽然一再遭到政府镇压,但依然顽强存在。国家主义与国粹主义思潮鼓吹对外扩张的帝国意识,占据了社会思潮的主流地位;史学思潮与中国观最终也归结为对华扩张,或者与中国的命运发生了联系。为了完整地把握明治时代,有必要对其后期的社会思潮进一步加强研究。

关键词：明治维新　帝国宪法　社会思潮　武力崛起

1868—1889年,明治政府推行政令归一、富国强兵、殖产兴业、文明开化等近代化政策,不可逆转地将日本引向资本主义道路,实现近代的社会转型。1889年2月,《大日本帝国宪法》颁布,以国家法律的形式将维新成果肯定下来,建成天皇总揽统治权的近代天皇制,明治时代进入1889—1912年的后期发展时期。经过明治前期的苦练内功,日本在明治后期以五年一小战、十年一大战的频率,通过甲午战争、庚子出兵、日俄战争、吞并韩国等,武力崛起为地区性强国。日本的工业革命得益于外战的推动,蓬勃发展。同时,日本社会阶级剧烈分化,社会思潮走向多样性,为"大正德谟克拉西"未雨绸缪,颇有研究价值。

一、社会主义思潮与无政府主义

早在明治初年的文明开化时期,"社会主义"一词已传入日本,但时人不得其要领。随着殖产兴业的发展,特别是1890年发生第一次经济危机,社会矛盾日益突出。与此同时,在武力崛起的过程中,日本与国际社会的关联越来越密切,在欧美兴起的社会主义思潮引起日本知识界的关注。1898年10月,沙龙团体社会主义研究会建立,会长由村井知至担任。研究会注重在学理上探讨社会主义,采用轮流讲座的方式,有岸本能武太介绍圣西门、河上清解说傅立叶、丰崎善之助谈论路易·布朗、片山潜宣讲拉萨尔、村井知至评述马克思等各派社会主义学说。其中,村井、片山、岸本等人信仰基督教,均在美国留过学,深受美国基督教社会主义的影响。例如,村井认为社会主义与其说是经济问题,不如说是个人的伦理修养问题,是"活生生的时代宗教"[①]。片山潜在1897年撰写《工人的良友拉萨尔传》,强调循序渐进,反对马克思的阶级斗争立场,将社会主义称作"拯救20世纪人类社会的新福音"[②]。真正对社会主义有所理解的是安部矶雄。安部在基督教学校同志社受洗入教,毕业后前往柏林大学和美国哈特佛德神学校留学,研读过德国社会民主党的党纲,1895年回国,在冈山教会任牧师,1899年在东京专门学校任教授,宣扬基督教社会主义,认为社会主义通向共产主义,并非"借助社会权力来增进人类幸福的政策"[③]。

1900年1月,社会主义研究会改称社会主义协会,安部矶雄任会长,片山潜任干事。《万朝报》记者幸德秋水、《每日新闻》记者木下尚江、《劳动世界》记者西川光二郎等一批新人加入协

[①] 隅谷三喜男:《大日本帝国的试炼》,载《日本历史》第22卷,中央公论社,1966,第177页。
[②] 同上书,第179页。
[③] 同上书,第178页。

会,给协会带来活力,片山潜等老人则转变了立场。1901年4月,劳动组合期成会在东京组织劳动者恳亲大会,与会的数千名工人群情激昂。受此鼓舞,安部、片山与幸德、木下等讨论建立政党。参照德国社会民主党的纲领,安部起草了建党宣言,提出撤销人种差别、举行世界和平裁军会议、废除阶级制度、土地资本和交通机关公有、公平分配财产、平等参与政治、国家承担教育费用等八项基本纲领,还提出铁路国有、电车电气瓦斯归市政府所有、八小时工作制、工会合法、实现普通选举、废除贵族院、撤销《治安警察法》等28条行动纲领。① 5月18日,片山和木下向神田警察署递交了建立社会民主党的申请书,但内务省下令禁止。5月20日,安部等人在《万朝报》《每日新闻》《报知新闻》上发表《社会民主党宣言》,宣布"我党鉴于世界之大势,洞察经济发展的趋势,依据纯粹的社会主义和民主主义,欲打破贫富悬殊,得到全世界和平之胜利"②。日本第一个社会主义政党成立,启动了日本社会主义运动。

1903年7月幸德秋水的《社会主义神髓》、片山潜的《我的社会主义》出版,1907年11月森近运平与堺利彦合著的《社会主义纲要》出版,明治后期的三大社会主义名著问世。在《社会主义神髓》中,幸德认为人类社会发展有规律可循,经由原始社会、奴隶社会、封建社会到资本主义社会,说明"社会的状态经常代谢不已,犹如生物的组织进化不已"。幸德强调,随着工人与资本家阶级矛盾对立的激化,必然导致社会的"一大转变"和社会革命,"社会历史乃革命记录也,人类进步乃革命功果也",社会主义新时代的诞生是"从必然王国向自由王国的跃进"。幸德高度赞赏社会主义,认为"社会主义不承认现在的国家权力,更排斥军备和战争",意味着"民主"及"伟大的世界和平主义",社会主义社会乃"平等社会""博爱社会","人的品格提高、道德

---

① 隅谷三喜男:《大日本帝国的试炼》,第183、184页。
② 历史学研究会编《社会民主党宣言》,载《日本史史料》4,近代卷,岩波书店,1997,第248页。

的振兴、学艺的发达和社会的进步,将比今日成多少倍地发展"。① 幸德在勾勒社会主义美好景象的同时,也流露出无政府主义的倾向。

片山在《我的社会主义》中,不再将社会主义视为福音书,而是概括为"建立不劳动者不得食的社会制度",运用经济政治学、社会进化论等理论和比较研究方法,论述其社会主义观。片山认为,资本主义制度必将崩溃,曾经在历史上发挥进步作用的资本家如今已成为"毒害社会进步和多数人幸福的势力"和阻碍历史发展的"死物"。片山认为,人类在"扑灭资本家"的"革命"过后,"将进入社会主义社会"。在社会主义世界,政治和法律以人民的一般公益为准则,排除自由竞争,改变竞争无序造成的经营浪费,出现真正的道德行动和文化的繁荣。片山强调:赢得总选举的胜利,是实现社会主义的政治前提;反对暴力行动,主张工人团结一致,实行同盟罢工,在宪法的框架内,取得议会的多数席位,实现社会主义的大改良,无偿地没收资本家的生产手段,推行国有化方针等。②

森近运平和堺利彦的《社会主义纲要》,运用马克思政治经济学和阶级斗争的理论,通过对原始共产制度、奴隶制度、封建制度、资本主义制度生产方式演进历程的分析,论证人类必将走向社会主义社会,探讨社会主义与农业、妇女、富豪、国际战争的关联,以及世界社会主义运动的历史和现状。森近和堺利彦将社会主义归纳为以下四点:(1)生产机关社会所有(即社会全体成员共有);(2)全社会共同经营生产;(3)生产不以赢利为目的而是以消费为目的;(4)部分产品分配给社会各成员,其余为公有财产,等等。③ 显然,其理论深度超过幸德和片山的论著。但

---

① 幸德秋水:《社会主义神髓》,载《幸德秋水集》,《近代思想大系》13,筑摩书房,1975,第165—167页。
② 片山潜:《我的社会主义》,载《片山潜·田添铁二集》,青木书店,1955,第22、63、67、85、112、120、121页。
③ 岸本太郎编《社会主义纲要》,载《森近运平·堺利彦集》,青木书店,1955,第58页。

是《社会主义纲要》在出版之初,即被政府禁止发行,社会影响力有限。

1903年2月,幸德和堺利彦退出热炒民族主义的《万朝报》。11月,二人共同创建平民社,发行周刊《平民新闻》,以平民主义、社会主义、和平主义为办刊宗旨,提出自由、平等、博爱三大口号,不畏日俄战争前举国狂热的战争叫嚣,保持着反战的"光荣孤立"。1904年3月,《平民新闻》发表幸德的《致俄国社会党书》,呼吁两国社会主义者联手反战,一时传为美谈。片山潜将社会主义协会的总部迁到平民社,使之成为社会主义运动的活动中心。11月,幸德与堺利彦合译《共产党宣言》的部分章节,刊登在《平民新闻》发刊一周年的纪念号上,随即遭到政府的查禁和罚款。1905年1月,《平民新闻》被迫停刊。2月,加藤时次郎等人创建杂志《直言》,继续由平民社发行,政府再次加以查禁。10月,平民社因内部意见分歧而自行解散。

1906年2月,日本社会党成立,片山、西川、堺利彦等13人当选评议员,党的纲领规定在合法范围内实现社会主义。3月,社会党领导了东京市民反对市内电车车票涨价的斗争。愤怒的抗议人群袭击了电车公司和市政府的办公机构,与赶来镇压的警察展开搏斗,迫使公司当局取消了车票涨价的计划。这次斗争提高了社会党的威信,但党内却围绕斗争策略问题产生对立与分裂。以片山潜为首的一派被称为议会政策派,主张开展争取普选权的斗争,为社会党成员当选为国会议员创造条件,在此基础上,通过议会斗争,合法地实现社会主义。相反,以幸德秋水为首的直接行动派主张采取个人恐怖手段,刺杀天皇以推翻天皇制,或者举行同盟总罢工,造成社会生产和交通的瘫痪,一举实现社会主义革命。两派针锋相对,分歧严重。1907年2月,两派在社会党举行的第二次代表大会上激烈论战,最终公开分裂。2月22日,政府查禁社会党,开展合法斗争的可能丧失殆尽。

日本的无政府主义与社会主义思潮在兴起之初,关联密切。如幸德秋水,既是社会主义者,也是无政府主义者。1897年,幸德在研读了安冈雄吉从英国带回的谢夫莱所著的《社会主义真髓》后,对社会主义兴趣浓厚。1903年7月,幸德出版《社会主义神髓》,表明了其社会主义立场,但向往与政府无涉的无拘无束及个人的绝对自由。1907年2月,社会党分裂,幸德在日刊《平民新闻》上发表《余之思想变化》,系统阐述了无政府工团主义的观点。1908年6月,幸德影响下的直接行动派在欢迎党员山口孤剑出狱的集会上,高唱革命歌曲,打出了写有"无政府共产"字样的红旗,向议会政策派示威,并同警察发生激烈冲突,史称"赤旗事件"。政府乘机加以镇压,逮捕了堺利彦、山川均等14人,对社会主义运动再次造成沉重打击。

1909年2月,爱知县工人宫下太吉等人为打破国民对天皇的迷信,实现社会主义,准备用炸弹袭击明治天皇,幸德对此不置可否。1910年5月,政府发现宫下的图谋,将其逮捕。6月,政府发起全国大镇压,逮捕被指为"主谋"的幸德等人。1911年1月,以谋杀天皇的"大逆罪",幸德等12人被判处死刑,另外12人被判无期徒刑,还有2人被判有期徒刑。政府还乘机取缔了所有关于社会主义的组织和刊物,凡出现"社会"字样的图书一律禁止发行。经过"大逆事件"的沉重打击,社会主义运动被彻底摧毁,进入"冬眠时期"。无政府主义铤而走险的直接行动,给政府制造了镇压的口实,对先天不足、后天生长环境恶劣的日本社会主义运动造成严重伤害。

无政府主义思潮的另一位代表人物是大杉荣。大杉于1885年生于军人之家。1899年4月,大杉进入名古屋陆军幼年学校就读,常因口吃备受教官的捉弄和虐待,逆反心理加剧。1901年11月,他因参加斗殴被学校开除,一度入信基督教。1903年9月,大杉进入东京外国语学校法语系学习。在读两年期间,他阅读《平民新闻》并访问平民社,深受幸德无政府主义思想影响。1906年2月,大杉加入日本社会党,成为直接行动派的干将。3月,在反对东京电车车票涨价的斗争中他被警察当局指为"暴徒",被捕入狱。获得保释后,大杉翻译了克鲁泡特金的《告新兵诸君》,将无政府主义视为个人解放和解决社会问题的灵药。1907年5月,他因发表由其翻译的克鲁泡特金的《敬告青年》,再次被捕入狱,拘押半年。1908年6月,他因参与"赤旗事件"被捕,被判处有期徒刑2年零6个月。1910年11月出狱后,他加入堺利彦创办的文笔团体卖文社。1912年10月,他与荒畑寒村创办《近代思想》,并以此为舆论阵地,宣传无政府主义。

大杉荣的无政府主义从"自由思考"和"自由行动"的"自我"出发,[①] 倡导"社会的个人主义",即强调"每个人的个性自由发展是社会组织的首要条件,也是社会进化的首要因素"。[②] 他疾呼以"超人"的姿态,做一个永远不服从的叛逆者,向现存的制度挑战。与此同时,大杉高度评价无政府工团主义,赞扬"工团主义者们如同信徒般的行动,如同怀疑论者般的思考"[③],孕育了新社会的萌芽。大杉坦言:"我的政治理想,就是自治的联合制度。在这个制度中,每个人的意见并非对立,而是意见一致。"他强调,追求此一政治理想,"才是真实的生活"。[④] 大杉荣的言论影响广泛,成为继幸德之后影响最大的日本无政府主义者。

在明治后期,唯独社会主义思潮与无政府主义思潮专注日本国内问题,提出社会主义、个性自由、平等博爱、蔑视天皇权威、国际和平等主张,反对对外侵略战争。最早创立的日本社会主义政党即社会民主党,在工人群众中开展活动,在社会实践中寻求解放之路。因此,日本政府视这两股思潮为日本社会的异类,当即予以镇压,并捕杀、迫害其领导人,查禁其刊物,竭尽全力将向近代天皇制发出挑战的社会主义、无政府主义运动扼杀在摇篮中,体现了明治宪法体制的政治取向与手段的残酷。

[①] 大杉荣:《生的创造》,载《大杉荣集》,《近代日本思想大系》20,筑摩书房,1974年,第85页。
[②] 大杉荣:《社会的个人主义》,载《无政府主义哲学》2,现代思潮社,1976,第3页。
[③] 大杉荣:《工人运动与实用主义》,载《大杉荣全集》1,世界文库,1975,第396页。
[④] 大杉荣:《个人主义与政治运动》,载《大杉荣全集》第一卷,大杉荣全集刊行会,1926,第366页。

二、国家主义与国粹主义思潮

与社会主义思潮和无政府主义思潮所持的反体制立场不同,国家主义思潮狂热鼓吹侵略,是维护既存体制的御用思潮。其鼓吹者,以初倡平民主义而后热衷于国家主义宣传的德富苏峰(1863—1957年)最为典型。德富苏峰出身于肥后藩(今熊本县)的武士家庭。1876年,他就读东京英语学校,入信基督教。1877年,他为报刊撰稿,开始笔耕生涯。1882年,他与其父开办大江义塾,讲授日本历史、经济、汉学和英文,宫崎滔天为其弟子。同年,德富苏峰加入九州地区的民权派团体相爱社,去东京参加民权运动。1884年,他对板垣退助出洋考察深感失望,回大江义塾讲授吉田松阴的《幽室文稿》《史记》《战国策》《英国宪政史》,撰写《论明治23年之后的政治家资格》《自由、道德及儒教主义》等时论性文章,热衷介入现实政治。1885年,他发表《19世纪的日本青年及其教育》(后改名为《新日本之青年》)、《官民调和论》等文章,强调"明治的世界是批评的世界、怀疑的世界和无信仰的世界"[①],呼吁青年人承担时代重任,关注个人发展,鼓吹国权主义、社会达尔文主义和国家主义。

1887年,德富苏峰在东京创办杂志《国民之友》,抨击意图修改不平等条约的献媚欧美的"鹿鸣馆外交",阐述平民主义和平民社会的理想,受到读者的热烈欢迎,第一期的发行量高达数万册之多。《国民之友》一炮打响,平民主义政论家德富苏峰随之名声大噪。德富苏峰于1890年创办日报《国民新闻》,1891年出版《国民丛书》,1892年创办《家庭杂志》,1896年创办英文杂志《远东》,拥有影响舆论的多个平台和"报业巨头"的称谓。以此为背景,德富卷入藩阀之间的政争,在报刊上发文支持农商务相陆

---

① 德富苏峰:《新日本之青年》,载《德富苏峰集》,《近代日本思想大系》8,筑摩书房,1978,第6页。

奥宗光,抨击内务相品川弥二郎,为跻身政界投石问路。在此过程中,德富的平民主义立场发生变化,他于1889年出版《日本国防论》,1893年出版《吉田松阴》等论著,思想转向国家主义。

1894年7月爆发的中日甲午战争,成了德富彻底转变的分水岭。他狂热支持政府的侵略政策,派出30名记者随军采访,在《国民新闻》上连篇累牍地刊载宣扬日军"赫赫战果"的文章和报道,煽动民族沙文主义。在《征伐清国之真实意义》《大日本膨胀论》等文章中,他以日本"膨胀"的"命运""大势""前途"为三个论题,强调"讨论征清问题,在于论述大日本的膨胀问题。有征清未必有膨胀,有膨胀才有征清",理由是"日清战争实乃我国运消长的大机会",朝鲜的改革、北京的城下之盟、数亿的赔偿和确定日本在世界上的地位等,"皆在此一举"。① 战争期间,德富前往广岛大本营出谋献策,还来到中国辽南地区活动。1895年4月,俄国发起"三国干涉还辽",迫使日本榨取3000万两白银的"赎辽费"后,退出辽东。在此期间,德富跑到旅顺,用手帕包起砂砾带回日本,保存在家中,以纪念辽东一度纳入日本版图。②

为报复俄国,德富大造"十年磨一剑"、必报"还辽之仇"的舆论,支持政府以俄国为假想敌的扩军备战计划。德富的卖力投靠,得到政府的回报。1897年,他当上了内务省参事官。舆论指责德富成为投降藩阀政府的"变节汉",其声望急转直下。读者厌弃《国民新闻》,发行量由两万份锐减为五六千份。1898年,德富因经营困顿,只得停办《国民之友》《家庭杂志》和英文版《远东》等杂志,裁员三分之一,以维持《国民新闻》的编辑发行。时运不济之时,德富愈加投靠伊藤博文、山县有朋、松方正义、桂太郎等政界寡头,以身为其"亲密的政友"而自居。

日俄战争爆发后,德富提出"国家第一,新闻第二"的办报方针,《国民新闻》成为鼓吹国家主义、军国主义的"帝国喉舌"。德

---

① 《大日本膨胀论》,载《德富苏峰集》,《明治文学集》34,筑摩书房,1974,第245、253页。
② 德富苏峰:《中国漫游记 七十八日游记》,刘红译,中华书局,2008,第383页。

富也随之被加官晋爵,1910年当上朝鲜总督府御用报纸《京城日报》的总监,1911年被敕选为贵族院议员。1912年,桂太郎筹办立宪同志会,《国民新闻》报社成了建党的联络总部。德富运营下的《国民新闻》日趋御用化,招致民众强烈不满。在1905年9月日比谷公园烧打事件和1913年2月"大正政变"骚乱期间,《国民新闻》报社均成为示威民众的袭击对象,报社接连被捣毁,对德富造成沉重的精神打击。

中日甲午战争和日俄战争是"大日本帝国"武力崛起的两大步,对日本社会产生广泛的影响。表现在德富苏峰的政治立场与地位的变化上,是他抛弃平民主义立场,转而选择并鼓吹对外扩张的国家主义。在德富把持运营下的《国民新闻》甘作"帝国喉舌",成为与政府彼此利用的纽带,却招致国民的愤慨,"国民之友"成了"国民之敌"。

同样的情形,也出现在国粹主义者的身上。1895年1月,高山樗牛、坪谷善四郎、浮田和民等日本主义者创办月刊杂志《太阳》,据此宣扬帝国主义侵略思想。在创刊号上,刊登了帝国大学日文教授上田万年的文章《国语与国家》,其中认为:"我陆海军在开辟以来不曾有支那征伐中连战连胜,所到之处,御旗稜威所向披靡。然而,我国国语界依然屈从于支那风之下,情何以堪!"[①]甲午战争期间的民族主义狂热,使语言科大学教授也难免其俗。

1899年3月,高山在《太阳》第二期中撰文《帝国主义与殖民》,强烈主张实行盎格鲁-撒克逊式的帝国主义和殖民主义。高山宣称"扩张殖民事业乃国民性情的正当发展",鼓吹"我日本民族对获取的新领土台湾","必须遵奉盎格鲁-撒克逊的帝国主义"。[②]高山将中日甲午战争后日本国家的出路,全部归结为帝国主义的殖民扩张。

1894年10月,志贺重昂的代表性著作《日本风景论》出版,

---

① 原田敬一:《日清·日俄战争》,岩波书店,2007,第113页。
② 高山林次郎:《樗牛全集》第4卷,博文馆,1904,第513、514、521页。

标志着国粹主义转向对外扩张立场。在中日甲午战争的背景下,志贺通过颂扬日本风景具有"潇洒""优美""跌宕"等独特之美以及国民性的无比优越,得出"日本是亚洲的前辈国,开发亚洲人文乃是日本人天职之所在"的扩张结论。① 在甲午战争后,志贺在《日本风景论》第三版修订中,宣称"如今我皇国之版图已经扩张到台湾岛,热带圈的景象也因此被纳入日本风景中。在不久的将来,山东半岛也将被纳入我皇国之版图中。山东是中国人古往今来所仰望的'岱岳'泰山的所在地。我们由此将可以描绘新山河的烟云水光,以丰富《日本风景论》的材料"。志贺不无得意地将台湾的最高峰玉山改名为"台湾富士",将山东的泰山改称为"山东富士"。②

国粹主义由夸耀本国自然风光的优美而导致民族优越论和殖民扩张论的蜕变,并非孤立现象,前述《国民之友》《国民新闻》《太阳》等国家主义报纸杂志,已经将民族优越论同侵略扩张挂钩,形成有力的舆论导向,志贺也难辞其咎。

群体癫狂之下,保持头脑清醒,疾呼关注国家主义并指出其危险性的独醒者,确属凤毛麟角。1911年,河上肇在3月号的《中央公论》上发表文章《日本独特的国家主义》,评析日本人转向国家主义的原因与本质特征。河上认为,日俄战争后,日本人自视甚高,即"战胜清国之时,看成是西洋文明所赐;既而战胜俄国后,认为我等日本人必定拥有为其他东洋国家所无、也为西洋诸国所无的无比伟大特征的特异思想"。河上认为,"根据余之看法,现代日本的最大特征就在于国家主义"。其表现为"日本乃神国、国家即神成了一般人的信仰",即"皇位即神位,天皇即神人",在日本"国家与天皇合为一体而不可分离","爱国为最高道德,与忠君同义"。因此,"日本民族的特征并非忠孝一体,而在于爱国与忠君一体"。河上强调,"世人或以祖先崇拜、民族同

---

① 志贺重昂:《日本风景论》,岩波书店,1995,第326页。
② 同上书,第319、320页。

祖,来说明日本人以天皇为神之代表的信仰。在我看来,这是很大的误解,而且是非常危险的误解"。河上肇将武力崛起的胜利归结为国家主义抬头的基本原因,指出"神国论"为国家主义的内核,可谓一语中的。

三、史学思潮

明治后期,以民友社和《国民之友》杂志社为平台,由山路爱山、竹越与三郎等组成平民时论史观的论说骨干。1890年,竹越与三郎加入民友社,协助德富苏峰创办《国民新闻》,主笔政治评论。1892年,山路爱山加入民友社,担任《国民新闻》记者,其史论文章受到读者好评。1910年,山路爱山任《国民杂志》主编。类似的媒体人经历,使山路和竹越并不满足于报馆里的研究,他们往往持在野立场,热衷热点问题与历史探源,体现了"平民"与"时论"的双重特色,故得名平民时论史学。在学说继承上,平民时论史学受明治前期文明史学的影响,与官方学院派的实证史学保持着距离。其观点主要包括以下五点。

(一)承认历史发展进程存在规律性,反对支离破碎的考证

山路批评竹越的《二千五百年史》在"事实的考证上,当然不免疏漏",但高度评价竹越"抓住了历史中存在的大法则,能适用于其搜集到的事实",认为这是其著作深受欢迎的重要原因。山路说:"史学乃科学也。故没有前提和结论,不说明一个法则、一个原则者,并非史学。今人徒以考证为史学,堆积断简零墨而自夸博学,终究不具备论人事、议国政的资格。不过徒然是衰翁和学究的谈柄。史学若停留于此,仅仅是故纸堆而已。"[①]

(二)关注研究方法、理论问题和现实问题

山路认为,"考证学乃举证之学,是史学家欲准确把握事实而用心辨析之学。只是准确把握事实,还不能称为之为史学家。

---

① 山路爱山:《史学论》,载《爱山文集》,民友社,1917,第442页。

史学应该是以事实为基础,更应研究国家发达的法则。故考证学是准备,史学是结论"。山路主张,"从事实中归纳法则是一个理论方法,从法则演绎事实则是其他理论方法。总之,均归因于人心,预定原则而成也。在同样的事情、同样的癖好之下,人会做出同样的动作。原则必须先置于史学家之心中"①。竹越则认为历史研究应把握四个要素:其一"人物",强调"离开人物、社会来议论思想、法制,只是一种空论";其二"心理",即"人常有两面性,特别是左右一代人思想的人物心理很复杂,需要采用一定的规则加以研究";其三"气质",重视国民"气质对社会事件产生的效果";其四"时代",即"历史如同地层,并非一时形成",需要把握不同时代的特点,"所谓时代,即人的思想变化的一个段落"。②

(三)关注国民的历史及其历史作用的研究

竹越认为:"国民如何生活,有哪些思想,展示了何种本性,如何摆脱桎梏、奔向理想,此乃历史学家作为最大的目的而加以论述。"③竹越说:"表述日本国民本性的史料极其繁多,但看不到一个真正的历史学家。"于是,"余独力网罗古今,论述两千五百年间国民的生活思想",并以"融合泰西名流的方式",④记述自远古至幕府大政奉还两千五百年间日本国民的历史。反感藩阀政府的山路爱山在一定程度上肯定民众的"犯上抗官",认为"议会是由人民的党组成犯上抗官的机构","恶政过甚难免被颠覆,故政治常新,国运也日益进步"。⑤平民时论史学对民众运动的非理性持批评态度。山路参加过1906年反对东京市电车涨价的示威游行,感到"在很多场合下,民众的狂热如同蒿中之火。舆论如同旋风,今日吹向东,明日吹向西,风向不定。群众则不管哪个方向,随风乱动。在很多场合下,人民敌视忠实的预

---

① 山路爱山:《史学论》,载《爱山文集》,民友社,1917,第441页。
② 竹越与三郎:《新日本史》下册,岩波书店,2005,第14、15、16页
③ 竹越与三郎:《题二千五百年史》,载竹越与三郎:《二千五百年史》,二酉社,1923,第1页。
④ 同上书,第2、3页。
⑤ 山路爱山:《基督教评论 日本人民史》,岩波书店,1966,第201页。

言者,讴歌狡猾的煽动家",因此山路不赞成"迎合如此无定见的民众"。①

(四)宣扬皇权意识和变相的"皇国史观"

竹越在《二千五百年史》开列的"天皇御略系"中,将皇族神的"天照大神"排于榜首;他认可日本人是"天孙民族"、天皇统治"万世一系"等"皇国史观"的基本观点。同时,竹越又将国民与天皇挂钩,认为"真正的国民历史始于神武天皇"②。山路赞成"忠君爱国",认为"日本万世一系的天皇自开国之始即君临其上",无一人"觊觎天子之位";强调"拥戴万世一系的皇室为君,乃日本国优越于万国之国体",即使有国内纷争,也"对万世一系的至尊不忘忠义"。③ 山路、竹越赞美"一君万民"体制,注目国民的"赤子"情结,说"人民乃天皇之人民,天皇视亿兆为赤子而养育,即日本之国体也"。④ 上述观点,实际上是从"平民"的新角度来宣扬"皇国史观"。

(五)鼓吹对外扩张

竹越在《二千五百年史》的开篇处,强调"日本文明史首先开始于海岸人民的记事",认为"太古日本沿岸人种竞争的结果是支那人种失败,南洋的人种获胜",作为海洋民族的日本人拥有对外自由扩张的权力。⑤ 1910年,竹越出版《南国纪》,说明此行的目的在于"唤起我国人关注南洋"⑥。竹越认为日本人不能只去游历欧美,或者耳目眩惑于中国,而应该"向南"进发。因为东南亚是大宝库,一旦打开,"即能完成大国民的宏业"。其结论是,"我国之将来不在北而在南,不在大陆而在海洋,日本人民应该关注将太平洋变成我国内湖的大业",完成"日本国民的伟大

---

① 坂本多加雄:《山路爱山》,吉川弘文馆,1988,第221页。
② 竹越与三郎:《二千五百年史》,第6页。
③ 山路爱山:《基督教评论 日本人民史》,岩波书店,1996,第196、207、197页。
④ 同上书,第202页。
⑤ 竹越与三郎:《二千五百年史》,第1,5页。
⑥ 竹越与三郎:《题南国记》,《南国记》,拓殖公论社,1933,第2页。

命运"。① 1909年,竹越前往南洋考察长达数月,行程一万余里。沿途详细考察了中国上海租界、香港、广东以及东南亚各地和印度的人文地理、政治组织,最后进入中国云南,结束考察,撰成《南国纪》。其行程路线图与变太平洋为日本"内湖"的目标,同31年后日本武力南进,欲建立"大东亚共荣圈"的行径不谋而合。其默契如此,令人玩味。

四、形形色色的中国观与东亚观

进入明治后期,以甲午战争、日俄战争的两次武力跨越为拐点,明治后期日本人的中国观发生剧烈变化。对外扩张的内在冲动和与欧美列强的外部竞争,构成制约日本人的中国观的基本要素。居高临下地支配并宰割中国,则是日本对华观的基调。

甲午战争前曾经热切呼唤对华发动战争的福泽谕吉,在战争期间,特别是《马关条约》缔约后,急切主张日本以中国"内地主人"的新身份,利用"地理接近、语言风俗类似等得天独厚的便利",使中国"四百余州的国土和四亿人民皆为西临日本的新市场、新顾客,以谋取日本工商业的繁荣发展";主张对台湾及澎湖列岛"断然使之日本化的方针",率先提出"皇民化"的殖民统治方针。福泽说,当地居民"若抵抗日本兵,则不管是兵是民,全部杀光,以奏彻底扫荡之效";对反抗日本殖民统治的中国人,一概"按军法处置,且不许任何人有异议"。② 上述言论中,日本资本主义特有的贪婪与武士阶级嗜杀的残忍本性兼而有之。

不止如此,福泽还从根本上否认他曾经赞扬过的中国文明史,说"自尧舜以来四千年间,上下皆习惯于专制独裁的恶劣风气,陶醉于阴阳五行的空论,几亿人置身文明之外,玷污了大半

---

① 竹越与三郎:《南国记》,第2、11、12页。
② 福泽谕吉:《福泽谕吉全集》第15卷,岩波书店,1969年10月至1971年12月,第245、289、266、270页。

个亚洲";贬斥儒学"算不上是学问",要"以学问消灭学问"。①此外,福泽还用"乌合草贼""乞丐""半死的病人""狂暴的土匪""辫子佬""脓包""豚尾奴""猪狗""猪群"等恶毒语言恣意漫骂中国人,建议把想象中被俘的中国老将军"送到浅草公园收费展览,给这些老将军吸上一口鸦片,他们会立刻精神起来,笑逐颜开"②。一代文明论宗师的用语竟然与街头撒泼的混混相似,可谓可悲可叹。

1896—1897年,德国与俄国强占中国胶州湾和旅大,引发了列强划分在华势力范围的狂潮。日本乘机将中国台湾对面的福建划入其势力范围。欧美列强竞争的力度加大,基于如何确保并扩大日本在华殖民权益的考量,日本朝野在"日清提携""保全中国"的名义下,图谋成为中国的主导者、保护者,乘机谋取更大的在华殖民权益。1898年1月,公爵、国会贵族院议长近卫笃麿在杂志《太阳》上载文,认为列强宰割中国,东亚"难免成为人种竞争之舞台","在此种竞争中,支那人和日本人共同处于以白种人为仇敌的位置";强调"支那人民的存亡,与其他国家休戚相关,也关乎日本自身之命运";呼吁"保全"中国、日中合作并共同商讨"人种保护政策"。③ 商讨并非对等,中国必须追随日本,接受指导。6月,进步党元老铃木重远发表文章,将"日清提携""保全中国"的目的说得更明白,即"眼下清国内部纲纪败坏,对外不能维护国权,恐怕难免被欧洲列强吞噬"。因此,日本要"给之以一大刺激,开导之、诱掖之,巩固其独立,以互为辅车、唇齿相依,维护东洋和平,实乃我帝国之责任"④。日本担心中国"被欧洲列强吞噬",才要"保全中国",为自己保留一杯羹。

同年11月,东亚会和同文会合并为东亚同文会,公推近

---

① 福泽谕吉:《福泽谕吉全集》第14卷,第452页;《福泽谕吉全集》第15卷,第79、80页。
② 福泽谕吉:《福泽谕吉全集》第14卷,第570页。
③ 杨栋梁:《近代以来日本的中国观》第1卷,江苏人民出版社,2012,第107页。
④ 同上书,第109页。

卫笃麿为会长。其立会宗旨沿用了年初近卫笃麿所标榜的"日清提携""保全中国"等主张。从表面上看,"日清提携""保全中国"的论调与福泽式恣意宰割的中国观区别明显。但在实际上,"提携"与"保全"均以日本国家利益为活动半径,以日本主导为前提。因此,这一区别并非对华政策的改弦更张,而是面对欧美列强,特别是针对俄国的外部竞争而采取的谋略手段。

1900年6月,庚子之役骤发。8月,八国联军占领北京及周边地区,俄军占领东北。1901年9月,清廷签订了丧权辱国的《辛丑条约》。日本人对中国的评价随之出现新一轮的大滑坡。东京大学教授吉野作造评析说:"日清战争的胜利,使我国的大多数人对支那心怀轻蔑之感,一部分有识之士痛感准备应对支那在他日复仇乃是当务之急。"但在"北清事变"即义和团事件期间,日本人看到的是义和团"相信神灵附体、刀枪不入,赤手空拳也能陷阵杀人",清廷政权掌握在"反动政治家"手中,北京被攻占,"联军占领华北,西太后及光绪皇帝以下百官有司蒙尘陕西省的西安"。在日本,通过"北清事变",少数有识之士"十二分地看透了支那的真面目",认为中国虽有地广、人众和资源丰富的潜力,却不足为惧。① 中国沦落至此,"日清提携论"被弃如敝屣,日本人转而游移于"中国瓜分论"与"中国保全论"之间。

1901年4月,山县有朋基于对庚子之役后的中国行将崩溃的判断,向时任首相伊藤博文提出建议书《东洋同盟论》。山县的"东洋同盟"并非与中国、朝鲜缔盟,而是与列强合伙宰割中国,即日本或者与英国、德国建立三国联盟,或者与俄国交涉,共同瓜分"奄奄待毙"的中国。山县说:"清国纲纪已灭,国本已坏,仅在苟延残喘而已。即使出于列强之间的均势需求而暂得保全,但外有俄国的侵逼,内有乱民续起,毕竟难以保全其残骸。

---

① 吉野作造:《对支问题》,载《日本的名著·吉野作造》,中央公论社,1972,第269、287、288页。

清国之瓜分是命运气数使然,终非人力所能控制。"① 可见,作为其中国观基调的"中国保全论",其本意是防止俄国过度分割,确保日本在中国的殖民权益份额不受损害,进而在"保全"的名义下,伺机独占中国。

享有"近代日本美术史先驱"之誉的冈仓天心,出于对古代中国美术、文明的喜爱,形成了赞赏古代中国文化、近代中国不入法眼的对华观。以此为基础,冈仓提出日本主导下的"兴亚论"。1890年,冈仓在东京美术学校首次开讲《日本美术史》,著文《支那的美术》。冈仓承认日本美术的渊源在中国,即"欲探讨本邦美术的源泉,必远溯汉魏六朝"②。文章列举了轩辕氏之时"史皇始造画""舜制五色之服",极言中国美术发祥之久远,又列举魏晋南北朝时期中国130多位书画家的名字,如数家珍。1893年,冈仓来华旅游,考察汉唐明清美术遗存丰富的北京、西安、成都、洛阳等地,深入思考中国美术的发展踪迹。

1894年,冈仓在东邦协会发表的演讲《支那的美术》中,以谈见闻方式,表述了其中国观。其整体印象是:"盖支那者,意味着广袤的版图和久远的时代";盛唐形成了古代中国美术史的最高峰,"其神理与体格配合极佳,得其适宜者既非秦汉,亦非宋元,雄大与巧妙兼具,劲拔亦含温雅"。但冈仓对中日两国美术的"源"与"流"的看法,发生了变化,认为"日本的美术本来就并非支那美术的一个支脉、一个分派,准确地说,虽然日本美术从来就受到支那的滋养",却"不容置疑,回顾日本美术发展的历程,美术作品清楚地表明,支那自是支那,日本则自是特别独立的日本"。③ 这种切割中日美术源流关系,强调日本自成一家的说法,显然是在甲午海战期间,日军连战连胜的背景下,日本人优越意识的具体表现。

---

① 山县有朋:《东洋同盟论》,载大山梓编《山县有朋意见书》,原书房,1966,第265页。
② 冈仓天心:《冈仓天心集》,载《明治文学全集》38,筑摩书房,1968,第306页。
③ 同上书,第368、377—379页。

1903年,冈仓在伦敦发表《东洋的理想》,概述了东洋思想的沿革,强调日本美术继承并代表了东洋思想,主导东亚的大国意识显而易见。1906年,冈仓在纽约发表《茶之书》。基于旅居美国的浓烈乡愁,冈仓通过对茶道的浮想联翩,表达了"大和心"的与众不同,再次强调日本主导亚洲的理念。冈仓认为,"亚洲是一个整体,喜马拉雅山将其分割为持有孔子的共同社会主义的中国文明与持有佛陀个人主义的印度文明",两者可以通过"爱"合而为一;日本是掌握此一枢纽的国家,实现亚洲的统一是"日本的伟大特权"。其理由主要有:日本人汲取了亚洲印度人和鞑靼人血缘的源泉;拥有"万世一系"的天皇;从未被征服;固守祖先传下来的以牺牲谋求膨胀发展的意愿等因素,"使日本成为亚洲思想和文化的真正储藏库"。[1] 冈仓的"兴亚论",强调日本主导亚洲的理念,最终沦为变相的文化侵略理论。

五、结 论

(一)明治后期日本社会思潮涌现,是日本近代化领先地位的思想表现

在明治前期的近代化转型过程中,维新全面展开。日本走上了资本主义发展道路,与中朝等邻国决定性地拉开社会发展阶段的差距。在明治后期,日本通过对外侵略,割地赔款、扩展领土,积累下丰厚的帝国"基业",一跃成为东亚的帝国主义强国,与邻国的差距进一步拉大。在社会思潮方面,各种思潮竞相登场,致使明治后期日本的思想界意外地活跃。日本不仅引进并阐发最先进的社会主义思想以及无政府主义,而且还有国家主义、国粹主义、平民时论史观、东亚观等新思潮涌现,影响了东亚的思想界。当然,日本官民的对华观除去对华扩张不足取,其东亚视野与国际意识的普遍化还是有一定积极意义的。

---

[1] 冈仓天心:《冈仓天心集》,载《明治文学全集》38,第6、7页。

(二)除去社会主义思潮之外,"侵华"是其他思潮的恒定主体

明治后期的日本以武力崛起,中国首当其冲。1894—1895年的甲午战争与《马关条约》,为日本产业革命的大规模展开提供了充足的资金,日本的资本主义发展迈上一个新台阶。1900年,日本出兵居八国联军之首,获得战争赔款和驻军天津至山海关的特权,后来组成中国驻屯军,挑动全面侵华战争。1904—1905年的日俄战争,主战场在中国的辽东半岛,日本攫取了南满铁路和"关东州",编组关东军和"满铁公司",形成侵华战争的主力与殖民扩张的据点。1910年,日本吞并朝鲜,鸭绿江、图们江成了中日之间的"国境线",中国东北进入多事之秋。武力崛起绕不开中国,因此明治后期日本的国家主义与国粹主义思潮、史学思潮与中国观形形色色,但最终都在继续侵华的目标上达成一致。

(三)明治后期的思潮活跃,为"大正德谟克拉西"未雨绸缪

每个时代的思潮均非孤立的存在,不同时代的思潮之间,存在着千丝万缕的联系。明治后期的社会思潮与大正时期的思潮竞起,也是如此。尽管受到政府与警察当局的镇压,社会主义思潮在"大逆事件"后进入严冬时代,但依然顽强生存,搅乱了天皇国家"神圣不可侵犯"的一潭死水,刺激大正时期的宪政主义思潮、女权主义思潮、社会革命思潮的兴起。至于国家主义与国粹主义思潮,则为极端国家主义乃至法西斯主义思潮的泛滥,预先准备了思想素材。鼓吹帝国膨胀论的史学思潮与主宰中国的对华观在大正时代继续发展,并逐渐向皇国史观靠拢。关于明治后期与大正时期思潮的精神纽带联结、思潮演进的生存环境等问题,仍有进一步加以深入研究的必要。

(作者系北京大学历史学系教授)

池田大作——北京大学一位特殊的日本朋友

贾蕙萱

内容提要：池田大作是日本最大新宗教团体国际创价学会的会长，他以超常的睿智与扎实的实践，使创价学会得以快速发展。他特别重视教育，钟情于北京大学，在十次访华中七次到访北大，三次在北大演讲，获得北大的多个荣誉，成为北大一位特殊的日本朋友。池田大作为中日恢复邦交做出过重要贡献，成为周总理罹患重病时非见不可的朋友。他领导的创价学会是一个中日友好的团体，从上至下都热心日中友好事业，他也是中国人民的一位特殊友人，中国领导人访日时几乎都会见他。

关 键 词：池田大作　创价学会　新宗教团体　人间革命

岁月不居，时节如流。祖国母亲2019年迎来古稀生日，母校北京大学也于2018年送走双花甲。在这值得纪念的节点日子里，让我们来讲述池田大作——北京大学一位特殊的日本朋友，其实他也是中国人民的一位特殊朋友。朋友越多会使我们变得越好。本文将集中阐述池田大作为什么是一位"特殊"的日本朋友。

池田大作

一、池田大作有别于北京大学的其他朋友

池田大作长期担任日本最大新宗教团体创价学会的会长。所谓新宗教团体一般指第二次世界大战以后在日本诞生的宗教组织。池田大作曾数十年如一日为该会的发展殚精竭虑,使该会发展到顶峰,几乎每十个日本人中就有一个是该会的成员,而且绝大多数都是他的铁杆粉丝,他指向哪里,会员就走向哪里,活跃在哪里。

创价学会是以创造人生最大价值为宗旨,而实施这一宗旨的最重要手段是开展和平、文化、教育等活动。池田大作特别重视教育,他主攻的对象是弱势群体。他创立了从幼儿园到大学等一系列教育及研究机构。正因如此,他对北京大学情有独钟,在他的十次访华中七次到访北大,其他三次是因为没有到访北京。在访问北京大学的七次中,他做了三次演讲。他的演说因为以当时的热点话题为切入点,生动活泼、富含哲理、引经据典、谈古论今,用事例论证中国文化大恩国对日本的影响,着实给北大教师与莘莘学子留下了深刻而美好的印象。

在他创立的创价大学校园旁,有一座面积很大而又美丽的公园,该公园是以创价学会创始人牧口常三郎的姓氏命名的,即牧口公园。那里不仅栽种有来自北京大学的两棵引人注目的樱花树,还有以北大老党委书记王学珍老师名字命名的一红一白两株梅花。

因为有了这样不同寻常的缘分,1980 年 4 月 22 日,池田大作率领创价学会代表团第五次访华时,北京大学与创价大学签署了校际学术交流协议书,这是北大与日本的大学签署交流协议的第一例。此后,应该校邀请,北京大学至今已有近 50 名教职工去过创价大学进修,创价大学也派出了很多学生到北大留学。池田大作不仅自己访问北大,他还派遣很多创价学会的学者、教师、妇女、青少年代表团来校访问,进行形式多样的文化友好交流。

北京大学考虑到与池田大作的友好关系，于1984年6月5日授予他北京大学"名誉教授"的称号。他是首位获此称号的日本名人。

池田大作甚为重视教育，他不止一次地说过："造就人才的就是教育。"因此，他数十年如一日，全身心倾注教育事业。在谈到教育时，他甚至斩钉截铁地说："只有教育才是我值得总结的人生事业。"为此，池田大作不仅关心创价学会的教育，对北京大学的教育也予以很大支持。池田大作在1974年与1978年两次赠送北大图书共6200册，其中包含70余部他个人的著作，并且大多数书籍都是日文。20世纪七八十年代，北大没有多少外汇用于购买外文书刊，毋庸置疑，他的赠书对北大从事日本研究及攻读日语的师生是雪中送炭。1988年11月，为纪念北大百年校庆，池田大作出于关心北大师生的健康，赠送北大一台X光机，在20世纪80年代，这种先进的医疗器械在中国的医院还不多见。此外，为支持中国的基础教育，他在中国捐建了七所希望小学。

池田大作著作等身，其代表作是《人间革命》12卷、《新人间革命》30卷，共42部。《人间革命》记述了池田大作的恩师以及他本人进行人间革命的全过程，主要通过佛典之王《法华经》进行自我变革，使自己变得更好、更幸福，从而更多地奉献社会。此外，池田大作有关教育的著作颇丰，他对教育不仅有远见卓识，而且亲自实践，他创建的各类学校已培养出众多出类拔萃的人才。池田大作所创立的创价大学，曾接受过新中国第一批政府公派的六名留学生。这些留学生在高中只读了两年，日本的其他大学都不肯接受这样的留学生，只有主张日中友好的池田大作义无反顾地表示欢迎。1975年4月，新中国首批留日学生进入创价大学学习。在池田大作亲自关心指导下，六名留学生成绩优秀，于1977年春学成回国，日后他们都成为各领域对日工作的骨干力量。其中的程永华曾担任中国驻日本大使九年多，为中日关系的改善做出巨大贡献。这里，当然不能忘却池田大作的功劳。

1990年5月27日,在池田大作率领创价学会访华团第七次访问北京大学时,他接受了北大所授予的"教育贡献奖",是日本人获得北京大学此奖项的第一人。

2001年岁末,北京大学成立了第一个池田大作研究会。随后,中外多个大学与研究单位相继成立池田大作研究机构。此外,池田大作在北京大学还首次作为日本名人获得了日本研究中心顾问的聘书。这样,池田大作在北京大学荣获五个"第一",这在日本人中是绝无仅有的。

二、池田大作是周总理重病缠身时执意要会见的日本客人

这段故事对研究中日关系的人来说非常重要。早在50多年前,周恩来总理通过日本朋友与《参考消息》的报道,得知池田大作在一次公开讲演中,发表了对华友好的"倡言"。那是在1968年9月8日,面向一万多名日本青年,他说应该促进日中邦交正常化、恢复中国在联合国的合法席位、扩大日中贸易文化交流等,引起了巨大的社会反响。池田大作领导的创价学会对华也非常友好。

周总理获得这些信息以后,曾先后做出三个层面的指示:从事对日工作的人要设法了解创价学会,与他们交朋友;创价学会的人数几乎占日本人口的一成,是推进中日友好不可忽视的力量;要求对日工作者研究创价学会与池田大作会长。

20世纪70年代初,中日恢复邦交已经是大势所趋、人心所向,周总理正在考虑由谁担当沟通两国政府的架桥人。

池田大作会长发表中日恢复邦交的友好倡言之后不久,有过自民党阁僚经历的政治家松村谦三老朋友,于1970年3月往访池田大作会长时说:"我年事已高,今后日中恢复邦交之事就拜托池田先生啦!为此,我想请您一起访问中国,将您介绍给周恩来总理。"对此,池田大作会长回答道:"这个问题非常重要,而

我是宗教团体的负责人,日中复交是政治层面的问题,还是让我创立的公明党去访问中国吧。"

鉴于此,松村谦三先生便单独前往中国访问,把池田会长的想法转告了周总理。周总理决定邀请公明党代表团访华。从此,公明党便承担起为中日恢复邦交铺路架桥的重任,当然这与池田大作发表的日中邦交正常化倡言密不可分,而且倡言是公明党对华政策的基础。

1971年6月公明党代表团实现了第一次访华,周总理会见公明党访华团时说:"相识虽晚,相知甚深。"周总理这句话意味深长,说明周总理对公明党寄予厚望,因为双方互相有共识。此次公明党代表团访华取得了非常重要的成果。简言之,它确立了中日邦交正常化"复交五原则",中日友好协会代表团与日本公明党代表团发表了联合声明。1972年5月,公明党派出第二次访华团,周总理在会见时表示,欢迎下一届日本政府的代表访华。1972年7月,公明党代表团第三次访华,周总理从7月27日开始连续三天,三次会见公明党访华团,其中一次还共进晚餐,与其商议中日复交的重大事项,最终拟定出中日复交的中方草案。周总理请公明党访华团把方案带给田中角荣首相。经过中日两国多次磋商,终于促成犹豫不决的田中角荣决定迅速访华,并于1972年9月29日,实现中日邦交正常化,结束了数十年来两国的敌对状态。可以说,公明党为中日复交所起的架桥作用非同一般。

中日两国恢复邦交以后,池田大作创立的公明党在两国缔结《中日和平友好条约》的过程中,也起到了重要作用。1978年8月12日,《中日和平友好条约》正式签订,以法律的形式确立了中日联合声明的各项原则,为中日关系的全面发展奠定了政治基础。因为有以上之缘分,时至今日,公明党仍然在中日友好领域发挥着作用。该党与中共中央对外联络部建立了政党间友好交流关系,并起到不可替代的作用。毋庸置疑,当今,公明党与自民党联合执政,对自民党右倾化起到了一定的牵制作用。

早在1970年春,松村谦三先生访华时,受到周总理接见,周总理就曾经拜托松村谦三先生说:"请转告池田大作会长,热烈欢迎他访问中国。"

中日邦交正常化不久,池田大作与夫人一行于1974年首次经由香港、深圳成功访华。日理万机、笔耕不辍的池田大作挤出时间,先后十次访问中国,进行友好交流,十分难能可贵。特别是池田大作于1974年12月2日启程的第二次访华,在他的访华历程中最具震撼性。就在1974年12月5日,已经重病在身的周恩来总理,不顾医生、护士们的强烈反对,执意要会见池田大作。周总理在会见中赞赏道,"池田会长一再提倡必须发展中日两国民间友好关系,我对此感到很高兴","创价学会和公明党都为这一目标积极奔走,这符合我们的共同愿望,中日友好能发展到今天,是我们共同努力的结果,希望我们双方还要继续努力下去"。

随后,周恩来总理又满怀深情地说:"20世纪的最后25年,对世界是最重要的时期,要彼此站在平等的立场,互相合作,共同努力。"周恩来总理还特意对池田大作说:"你正年轻,多多保重,一定有希望见到新世纪。"

周总理还语重心长地说,希望创价学会成为一支中日友好的队伍,并嘱咐池田大作不要在中国发展宗教组织,因为中国共产党是无神论者。池田大作当即一一承诺,并表示"言必信,行必果"。直至今日,池田先生依然严守诺言。创价学会在全球192个国家与地区设有分支机构,唯独在与他缘分很深的中国大陆没有开设。不仅如此,他还从来不会对中国问题说三道四,他经常告诫创价学会的成员,"要相信中国人能处理好自己存在的问题"。正因为如此,我国领导人以及民间群众团体赴日访问时,都会主动拜访这位中国人民的好朋友、老朋友,称赞他是中日友好事业的一位掘井人,他在日本与中国之间架起了一座友好交流的金桥。周总理与池田大作的这一相见,成为中日两国间永恒的友好佳话,距今虽然已过40多个春秋岁月,两国人民仍然记忆犹新。

三、池田大作是一位具有非凡才能的团队领导人

研究池田大作的学者，以及世界有关机构在提及他时，会给他冠以十多个"家"：宗教家、教育家、哲学家、思想家、文学家、摄影家、作家、社会活动家、和平运动家，等等。这在如雷贯耳、大名鼎鼎的大人物中也不多见。

众所周知，创价学会是日本最大的新宗教团体。池田大作担任会长时，该学会迎来飞跃式发展，曾拥有会员1200多万。此后池田大作陆续在192个国家与地区设有分支机构，为此成立了国际创价学会，他亲任会长，并兼任日本国内的名誉会长。在池田大作领导下，日本已建成约1050个创价学会会馆，并且设备都非常好。平时会员在会馆学习、开会，开展各种有意义的活动，在遭遇自然灾害时，会馆便成为普通百姓避难的地方。1996年日本大阪神户大地震时，创价学会关西地区的会馆为平民百姓全面开放，创价学会会员对避难者施以无微不至的照顾，既帮助政府分担了社会工作，也借机发展了组织，扩大了会员。

一呼百应，拥戴池田大作这位宗教领袖，已是创价学会的一种作风。创价学会已经决定，即使在池田大作逝世以后，该会也依然按其人间革命论经营下去，这都源于他具有的超凡领导能力。

在世界五大洲的大学及研究机构中，现在已经有约40个研究池田大作的机构，另有6个学生社团组织，当今研究者大概有600人左右。他们先后翻译池田大作著作逾30种，各有关机构举办的大小不同的池田大作思想研讨会达20余场，已经有530多篇论文、11部论文集与专著。世界各国已授予池田大作300多个荣誉学术称号。此外他还获得了世界100多个城市的荣誉市民称号，另有数项国际级大奖，如联合国和平奖章等。因此，可以说他是位出类拔萃的团队领导人。

池田大作在教育事业上，付出很多精力与心血，已经培育出

众多优秀人才,他们活跃在国内外各个领域。池田大作认为教育能改变人生,所以他尽量让每个会员都受到良好教育,因此他被称为教育家也当之无愧。

池田大作著作等身,其中有小说、散文、诗歌、随笔、摄影等,题材广泛,其中与世界名人对谈集近75部。目前《人间革命》已有9种语言译本,《新人间革命》已有13种语言译本。仅中国出版的池田大作著作就有70多本。

此外,池田大作还出版了多部摄影集,他摄影的独到之处是从来不看取景器,而是用眼睛捕捉所要的资料、景色。他将照相机挂在胸前拍照,而且拍摄得甚为精准、漂亮。

很多人都评价他是位成功者。让我们共同探讨、研究一下池田大作独特的成功之道吧。

1. 池田大作成功的理论基石

毋庸置疑,没有好的理论做指导,就没有切实可行的计划。池田大作之所以获得成功,就因为他很好地把握了这两点。

创价学会所信仰的是日莲佛法,即佛教日莲大圣人。该宗法是由13世纪诞生在日本的日莲(1222—1282年)所创立。日莲非常推崇《法华经》,因为它是佛经中的经典,被称为诸法之王。其特点是提倡"一切众生皆能成佛""佛性存在于所有生命中"。该经倡导"生命尊严,人人平等",认为信奉者只要认真修行,不仅可得到现世幸福,还可获得来世福运。只要很好地学习《法华经》,就会涌现出自身固有的潜能、智慧和精神,进而改变人生观念,使人积极向上,创造出人生应有的价值。由于池田大作与创价学会秉持这种理念,所以容易被一般人,特别是弱势群体所接受。《法华经》就是池田大作的理论基石。

2. 池田大作的成功实践

池田大作依上述理论,便开始策划、实践"人间革命",至今已有60余年。何谓"人间革命"? 一言以蔽之,是使一个人内心世界发生变革。换言之,做人心的工作,本来佛经就是心理经。池田大作通过自身的实践,把看似深奥的佛法,变成日常生活中最为浅显易懂的说法和易于实施的行动,进而引导人们改变宿命论,点燃人们希望的曙光。

池田大作为实践人间革命,撰写了42部著作。它们既记录了创价学会的发展历程,也是池田大作与其恩师的实践史。创价学会第一代领导人也是创始人牧口常三郎,是位反战和平主义者,其理论是价值论;第二代会长是池田大作的恩师户田城圣,系教育家,也是主张反战的和平者,其理论是生命论。如简介一下池田大作的人间革命论的精髓,可概括为三句话,那就是:耕耘人的心灵,鼓舞人的士气,开发人的智慧。下面对这三句话略加解释。

(1) 耕耘人的心灵

池田大作非常欣赏日莲的一句话,即"只有人心才是最重要的",所以他努力去悟达、去实践。池田大作说:"与其获得财宝,不如占有人心。"笔者认为,池田大作成功之道的关键是做人心的工作,而且他做得甚为得心应手。池田大作以尊重人、信赖人为原则,把人们喻为樱、梅、桃、李等不同特质的树木,针对不同的人,用不同的方法,做不同的工作。他特别注意以诚恳之心去解决他人的燃眉之急,以朋友之心待人。他说,"朋友就是镜子里照出的另一个自己",即把朋友视为知己。可以说耕耘人的心灵是他的一大妙招。他用此感召了成千上万的人,他们心甘情愿地跟着池田大作走,令人感受到宗教领袖的那种统率力、亲和力以及个人魅力。

(2) 鼓舞人的士气

池田大作有一句口头禅:"人应该有战胜自我的勇气。"其实此话是他成功路上的切身体会。人有勇气才会有士气,当池田大作看到有人在遇到困难而踌躇不前时,他会鼓舞他们说"人生航路是在与障碍竞走呀""有信心的人与绝望无关""士气是人生走向胜利不可或缺的动力"。这些动人心弦又富有哲理的话语,确实鼓舞人的士气。

池田大作在其著作,如《人生抄》《人生箴言录》两部书中,也是妙语连珠,发人深思,给人以士气。

(3)开发人的智慧

无人怀疑,教育是开发人智慧的金钥匙。池田大作从第二任会长户田城圣恩师那里接受过多年一对一的教育,获得了很多智慧。正因为如此,池田大作呕心沥血于教育。他在北京大学的讲演中谈到"教育是我终生投入最多的事业""我决心将人生奉献给教育""造就人的是教育"。他写信、家访、送书时都没有忘却送去教育资源,送去智慧。他经常挥毫"睿智""英知"几个汉字送人,都是为了开启人的智慧。

池田大作在实践创价学会理念的大道上,还有一个高招,那就是能抓住民众的诉求。众所周知,20世纪前半期,战乱很多,民众少有和平的日子,当然受教育的机会也少,文化娱乐更是成为奢望。为此,池田大作就在维护和平上下功夫,在和平、文化、教育三大领域开展活动,能抓住社会问题,也就能抓住民心,所以取得了辉煌的业绩。和平、文化、教育便成为创价学会发展的三大支柱。

一个人的成功,有多种要素促成,当然成功者个人的智慧、行动力也至关重要。此外,也离不开他人的通力合作以及家庭的鼎力支持等。常言道,一位成功男人的背后,会有一位伟大的女性支持。池田香峰子夫人的能力与智慧都默默地献给了池田大作,功不可没。1960年5月3日,池田大作担任创价学会第三任会长,是日,香峰子夫人说了一句心境复杂的话:"从今天起,池田家就再没有丈夫啦!"笔者理解,她是想到池田大作不再仅是一个家庭的主人,而是扩大成为一个大家族创价学会的掌门人。此后,她便把主要精力放在协助丈夫池田大作的工作上,同时担任四个角色——秘书、护士、妻子、母亲,特别是照看池田大作的健康。

池田大作20多岁时,罹患严重的肺结核,医生告知他,"你的生命可能不到30岁",从此可知他的健康状况到了何种糟糕的地步。正因如此,其夫人痛感自身的最大使命,就是护理池田大作那病弱的身体,支持他能够随心所欲地工作下去。如今他竟能迎来鲐背之年,91岁大寿时仍然如此健康,能为大家、为社会尽力,做了众多有意义的事。成就感能够使人愉悦,加上其自身的注意和他人的照顾,从而延长了他的寿命。在健康方面池田大作也创造了奇迹。

综观上述内容,可知池田大作的确是北京大学一位特殊的日本朋友。毋庸置疑,不同类型的朋友对自己都会有不同之启迪。池田大作率领着一支庞大的团体不断前行,千方百计为弱势群体谋幸福、耕耘人的心灵,历练出多才多艺的本领。同样,因为北京大学有各种各样的朋友帮助,北大师生在做人做事做学问上也会更加出色。

(作者系北京大学国际关系学院教授)

日本社会对中国认知代际差异研究

初晓波

内容提要：日本社会对中国的认知经历了一个戏剧性的变化。进入21世纪以后,各种舆论调查都显示对华不抱好感的比例非常高,即便从2018年中日关系改善以后依然如此。与此同时,调查还显示,不同年龄段的日本人对华认识的表现不尽相同,日本社会中青年群体对华抱有好感的比例明显高于中老年群体。参考日本对韩国认知的特点以及世界各国不同年龄层对中国认知态度的调查,可以发现这种对中国认知的代际差异普遍存在。究其原因,首先与人类社会中"代际撕裂"的特点有关,中日两国经济实力对比更加剧了这种差异。其次,生于平成泡沫经济崩溃时期的日本青年一代,因为有更多接触中国现实的机会,比生于经济高速增长时期中老年群体对中国更有好感。最后,与中老年群体更多受传统媒体影响相比,青年群体更多地从社交媒体(SNS)中获取信息也是重要的原因。这种代际差异提醒我们,在推动中日交流过程中,应该注意到日本不同年龄层的特点,尤其是要进一步加强中日年轻一代的沟通交流,以为中日关系行稳致远提供更为坚实的基础。

关　键　词：中日关系　对华认知　代际差异　舆论调查

2018年10月25—27日,日本首相安倍晋三在李克强总理5月8日访问日本之后,正式访问中国,标志着中日两国中断近八年之久的高层政治互访全面恢复。2019年6月,习近平主席同安倍晋三首相在二十国集团(G20)领导人大阪峰会期间成功会晤,双方达成十点重要共识,强调要构建契合新时代要求的中日关系,为今后两国关系发展指明了前进方向,注入了强劲动力。2019年10月21日,应日本政府邀请,中国国家主席习近平特使、国家副主席王岐山赴东京出席于10月22日举行的德仁天皇即位庆典,并对日进行友好访问,等等,表明中日关系已经进入了一个新阶段。但与此同时,我们仍然可以看到,与中日政治、经济、社会关系全面转暖,与两国人员交流规模不断扩大形成鲜明对比的是,大量调查证明,日本社会对中国的认知却迟迟没有明显起色,学界对此也给予了高度重视。[①] 本文在已有研究基础上,利用调查数据,重点关注日本社会对华认识的代际差异,以期更好地认识这种现象,并为改善日本对华认知提出建议。

一、21世纪以来日本对华认知的概况

进入21世纪之后,日本民众对华认知发生了重大变化。从20世纪70年代末期双方关系密切,好感度超过70％的巅峰,逐渐下降,并长期停留在20％以下;相反,"没有好感"的比例则持续上升,甚至超过90％,这种状况可以通过多个不同国家、不同机构的调查来获得一个真实的结果。

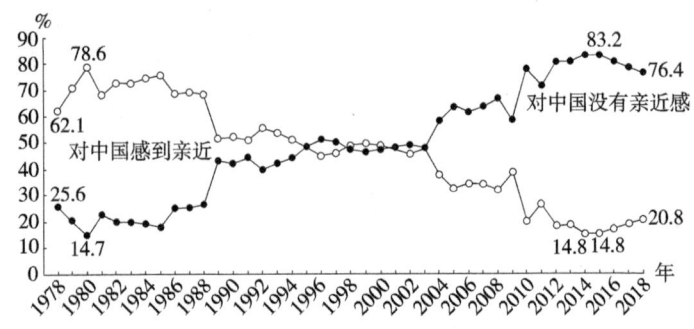

图1　日本内阁府对华认知舆论调查(1978—2018年)

资料来源:日本言論NPO「中国人の日本に対する良い印象は、過去最高を更新 ～第15回日中共同世論調査結果」[2019－10－26]。

---

① 蒋学强、文其先:《解析近年来日本主流媒体对华的负面报道》,《科教文汇》2006年第10期;张暮辉:《日本对华情感走向何方?》,《中国报道》2011年第1期;高山:《日本国民对华好感度下降的背后》,《中国青年报》2012年4月11日;庚欣:《日本对华好感度低不等于敌视》,《环球时报》2014年9月11日;张云:《可控的紧张 中日美之间的认知与误认知》,浙江人民出版社,2016,第3—118页。

日本内阁府从1975年开始,几乎每年都会进行"外交相关舆论调查"①,保持了非常好的连续性,从图1中我们可以非常明显地看到变化。

从统计中可以看到,日本民众对中国有亲近感的最高峰是在1980年5月,当时日本民众对中国感到亲近的比例达到了78.6%,同时没有亲近感的比例为14.7%。而到了2014年10月和2016年1月,对中国有亲近感的日本民众比例均仅为14.8%,在2016年1月,对中国没有亲近感的民众占比竟然达到83.2%。在近40年内,日本民众的对华认知呈现出一种"X"形走势,可以说是颠覆性的变化。

在中国国务院新闻办直接倡导并推动,由中国日报社与日本非营利法人机构——言论NPO于2005年创立的中日两国民间交流的年度性"北京—东京"论坛,每年在北京和东京轮流举办。该论坛广泛聚集中日两国在政治、经贸、外交、安全、文化、媒体、智库等领域的知名人士,围绕中日关系重大问题进行交流研讨,推动双方沟通观点、缩小分歧、增进互信,影响和引导两国公众舆论,已经成为两国间高层次民间对话和交流的重要平台,为促进中日关系的发展做出了积极贡献。② 日本言论NPO积累了从2005—2019年日本民众对华认知的宝贵数据,虽然和日本内阁府统计的数字不尽一致,但其走向和特征基本相同(参见图2)。

---

① 日本内阁府的外交相关舆论调查是从1975年开始,但对华好感度的调查是从1978年正式开始。其具体内容,参见日本内阁府网站:https://survey.gov-online.go.jp/index-gai.html[2019-10-26]。
② 论坛从第一届至第三届,由北京大学国际关系学院的李玉、范士明教授负责,参与在中国实施的中日关系舆论调查。主要包括两个部分:(1)《城市居民中日关系舆论调查》(调查委托零点公司进行,统计分析由北大完成),以北京、上海、西安、成都、沈阳等五个城市的1000多名民众为对象;(2)《北京大学生中日关系舆论调查》(此项调查由北大单独进行),以北京大学、清华大学、中国人民大学、国际关系学院和外交学院等五所大学的1000多名学生为对象。第四届至第十届,北京大学方面参与舆论调查的为社会调查研究中心。从第十一届(2015年)开始,中国的主办方从中国日报社换成了中国国际出版集团。李玉教授提供了关于论坛历史的详细说明资料,特此致谢。"北京—东京"论坛详细资料和发展历程详见:http://www.beijing-tokyo.com/[2019-10-26]。

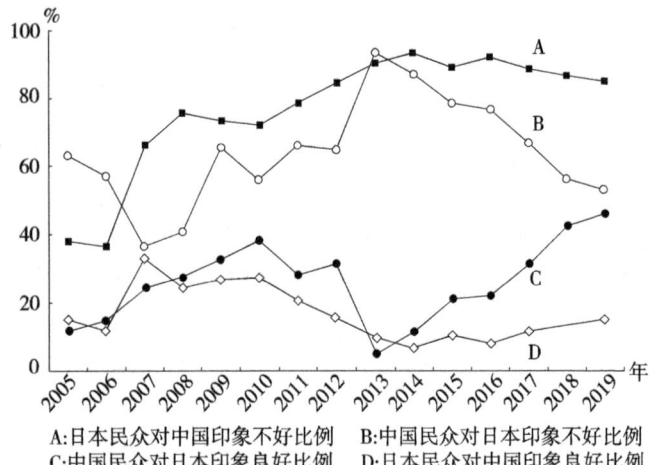

A:日本民众对中国印象不好比例　　B:中国民众对日本印象不好比例
C:中国民众对日本印象良好比例　　D:日本民众对中国印象良好比例

图 2　日本言论 NPO 对华认知舆论调查(1978—2018 年)

资料来源:日本言论 NPO,http://www.genron-npo.net/world/archives/7379.html[2019-10-26]。

从图 2 可以发现,从 2005 年以来,日本民众对中国感到亲近的最高峰是在 2007 年,有亲近感的比例达到了 33.1%,同时没有亲近感的比例最低是在 2006 年,为 36.4%。而到了 2014 年,对中国有亲近感的日本民众比例仅为 6.8%,而对中国没有亲近感的民众比例竟然达到 93%,虽然此后有亲近感的比例有所上升,没有亲近感的民众比例有所下降,但与 2018 年以来两国关系大幅改善,同时与中国民众对日本亲近感大幅上升相对比,日本民众对华不亲近感却持续走低,这种现象让人担忧。

日本言论 NPO 的代表工藤泰志认为,与中国人大量访日之后带来的对日亲近感上升相比,日本对华的亲近感并没有明显的改变,更令人吃惊的是,在 2019 年接受调查的中国民众中,认为中日关系"恶化"的比例,比 2018 年减少了近 10 个百分点,为 35.6%;而日本民众认为中日关系"恶化"的比例,不仅没有减少,相反从 2018 年的 39%,上升到 2019 年的 44.8%。当然,他也区分了普通民众与有识之士的区别,在调查中发现,对于当前中日关系"恶化"的评价,在有识之士中认为中日关系"恶化"的比例仅为16.2%,相反认为"良好"的比例达到42.9%,认为两国关系"逐步变好"的比例高达56.8%。①

如果我们担心日本方面的统计具有一定的倾向性,那么世界知名的皮尤公司对世界各国对中国的认知调查,可以帮助我们来进一步判断日本国内对华认知调查结果的可靠性,以及日本的对华认知在世界各国对华认知中的特殊性(参见表1)。

表1 皮尤公司关于世界各国对华认知情况的调查(2018年)(%)

	加拿大	英国	法国	德国	俄罗斯	印尼	澳大利亚	韩国	日本	肯尼亚	巴西	美国	25国均值
对中国无好感	45	35	54	54	21	32	47	60	78	17	33	47	43
对中国有好感	44	49	41	39	65	53	48	38	17	67	49	38	45

资料来源:Richard Wike, Bruce Stokes, Jacob Poushter, Laura Silver, Janell Fetterolf and Kat Devlin, *International publics divided on China*, Pew Research Center, October 1, 2018, https://www.pewresearch.org/global/2018/10/01/international-publics-divided-on-china/[2019-10-26]。

从皮尤公司的调查结果可以看出,2018年日本国内民众对华没有好感的比例大约为78%,有好感的比例大约为17%,这一结果与日本内阁府以及言论NPO的调查结果大体一致,由此可以看出这基本上反映出当前日本民众对华认知的严峻现实。当然,从表1还可以看出,日本对华的好感度无论是与欧美发达国家,还是与亚洲地区国家相比,都是非常特殊的,不抱有好感的比例基本上是被调查的25个国家中最高的,而对中国抱有好感的比例则是所有被调查国家中最低的,与世界对华认知的平均水平相比偏差很大,具有独特性。

---

① 参见工藤泰志《为什么日本人对中国的负面印象增大——如何解读第15次日中共同舆论调查结果》,https://www.genron-npo.net/world/archives/7381.html[2019-10-26]。

二、日本社会对华认知的代际差异表现

通过对日本对华总体认知的分析,日本对华认知现状不容乐观。但如果我们认真观察,会发现日本社会中对华认知存在着明显的代际差异,2018年10月日本内阁府的调查统计结果就是个很好的证明(参见图3)。

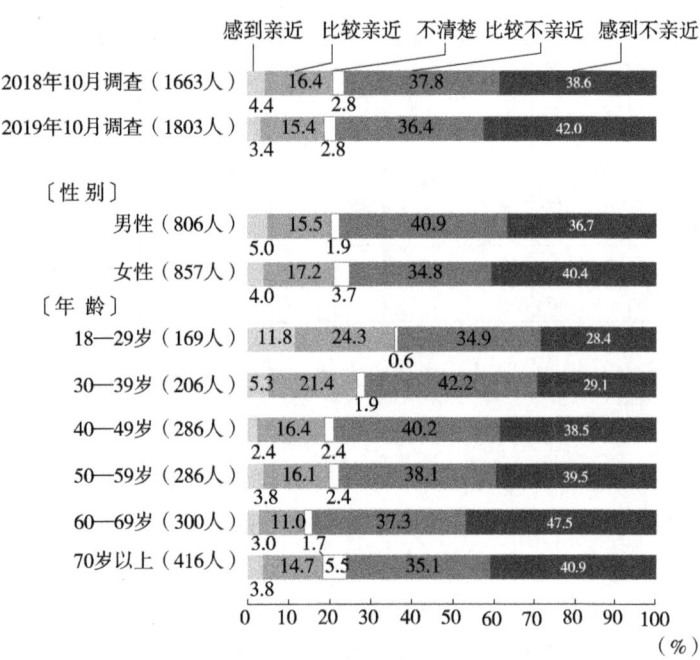

图3 日本内阁府关于日本民众对华认知情况的调查(2018年10月)
资料来源:日本内阁府网站,https://survey.gov−online.go.jp/h30/h30−gaiko/zh/z07.html[2019−10−26]。

从图3可以看到,与日本民众整体对中国没有亲近感(包括比较不亲近与感到不亲近两部分)的占76.4%和对中国有亲近感(包括感到亲近和比较亲近两部分)的占20.8%形成鲜明对比的是,受访者中,18—29岁的年轻人对华没有亲近感的比例

大约为63.3%,比整体低10多个百分点,而对中国有亲近感的比例则达到了36.1%,比整体高出了15个百分点。同时,我们还可以发现,在60—69岁的受访民众中,对华没有亲近感的比例大约为84.8%,比整体高出近10个百分点,而对中国有亲近感的比例仅为14%,比整体低了6个百分点。这种差异同样体现在对当前两国关系的评价之上(参见图4)。

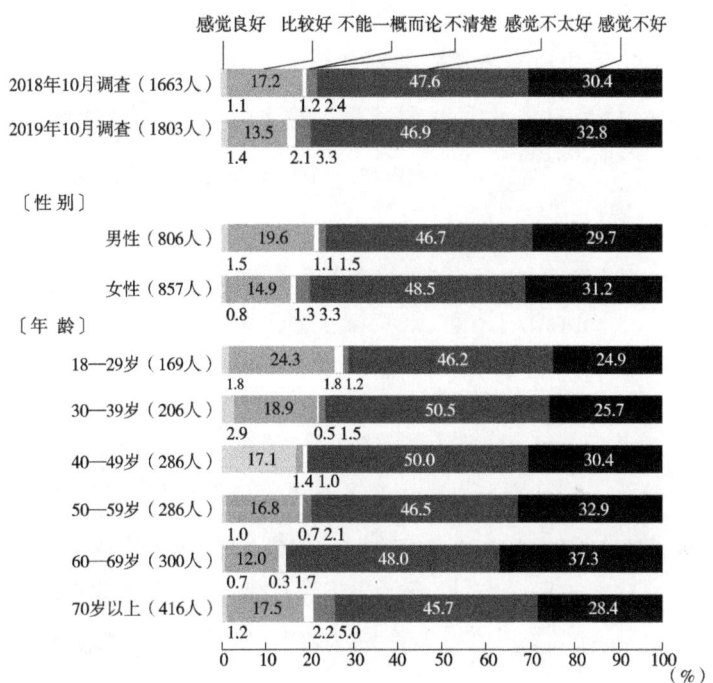

图4 日本内阁府关于日本民众对当前中日关系认知情况的调查(2018年10月)
资料来源:日本内阁府网站,https://survey.gov-online.go.jp/h30/h30-gaiko/zh/z08.html[2019-10-26]。

从调查结果中可以看出,受访民众总体评价目前中日关系为积极良好(包括感觉良好和比较好两部分)的占18.3%,认为关系不好(包括感觉不好和不太好两部分)的占78%。同样,

18—29岁的年轻人对目前中日关系持积极良好评价的占26.1%,持关系不好的评价占71.1%。而在60—69岁的受访者中,对目前中日关系评价良好的仅占12.7%,认为关系不好的则高达85.3%。同样呈现出明显的代际差异。

对如何看待两国未来关系发展的问题,在日本内阁府的调查中,包含一个"对于未来中日关系的发展是否重要"的选项,结果显示这种代际差异也同样存在(参见图5)。

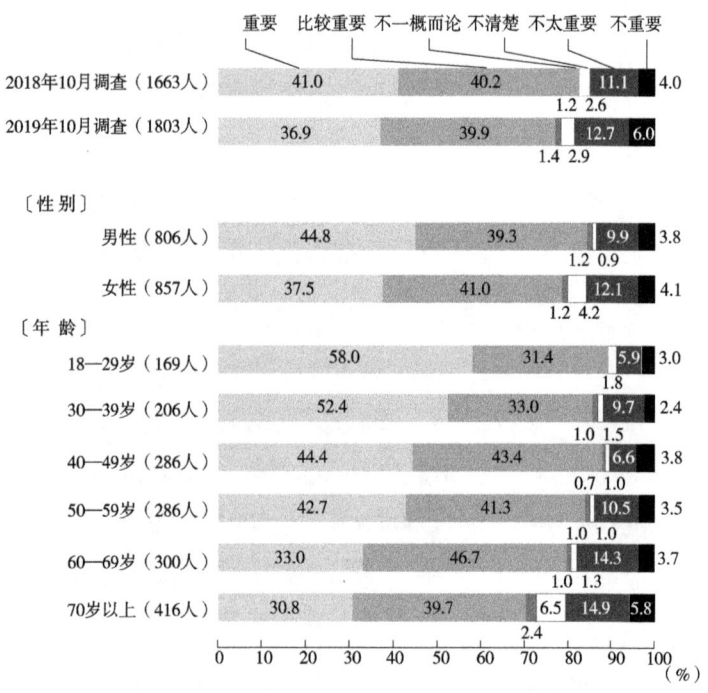

图5 日本内阁府关于日本民众对未来中日关系认知情况的调查(2018年10月)

资料来源:日本内阁府网站,https://survey.gov-online.go.jp/h30/h30-gaiko/zh/z09.html[2019-10-26]。

调查结果显示,受访民众总体认为未来中日关系重要(包括重要和比较重要两部分)的比例占到了81.2%,认为未来中日关系没有那么重要(包括不太重要和不重要两部分)的比例占了

15.1%。在18—29岁的年轻人中,认为未来中日关系重要的比例占到了89.4%,认为未来中日关系没有那么重要的比例仅为8.9%。同样形成对比的是,在70岁以上年龄段的受访者中,认为未来中日关系重要的比例为70.5%,认为未来中日关系没有那么重要的比例达到了20.7%。这里同样表现出代际差异非常明显。

在分析这种日本社会对中国认知的代际差异现状的时候,还需要回答这种现象在此前日本社会对中国的认知中是否具有普遍性,为此本文选取日本内阁府在过去十年调查中的日本民众对华亲近感的比例,进行一个历时性的比较,尝试找到背后的规律(参见表2)。

表2 日本内阁府关于日本民众对华亲近感代际差异调查(单位:年,%)

	2008	2009	2010	2011	2012	2013	2014	2015	2016	2017	2018
对华亲近感均值	31.8	38.5	8.3	26.3	18	18.1	14.8	14.8	16.8	18.7	20.8
18—29岁对华亲近感	40.5	38.5	5.7	32.9	31	33	25.7	25.8	31.1	31.5	36.1
60—69岁对华亲近感	29.1	37.6	12	27.1	17.1	12.4	12.7	8.3	12.8	12.7	14
对华不亲近感均值	66.6	58.5	88.6	71.4	80.6	80.7	83.1	83.2	80.5	78.5	76.4
18—29岁对华不亲近感	59.6	60.9	93.7	66.5	68.3	65.8	71.3	74.2	67.1	67.9	63.3
60—69岁对华不亲近感	69.4	60.1	85.5	70.4	82.1	86.5	84.7	90.1	84	84.3	84.8

注:2016年之前的统计中,18—29岁这一年龄段规定为20—29岁,需要说明的是,2015年的统计是在2016年1月完成。

资料来源:日本内阁府网站,https://survey.gov-online.go.jp/index-gai.html[2019-10-26]。

通过以上比较,我们大致可以发现,这种代际差异在2010年之前其实并不是非常明显,而从2011年开始,这种代价差异开始呈现出显著扩大的特征,而且有固化的趋势,值得进行全面分析。

三、日本民众对华认知代际差异的成因

探讨上述特征的成因,我们首先需要确认,这种代际差异在日本对其他国家的认知中是否同样存在?根据最近几年日本对外关系发展的特征,我们可以选取韩国为例,来分析在日本民众对韩国的认知中,是否存在这种代际差异(参见图6)。

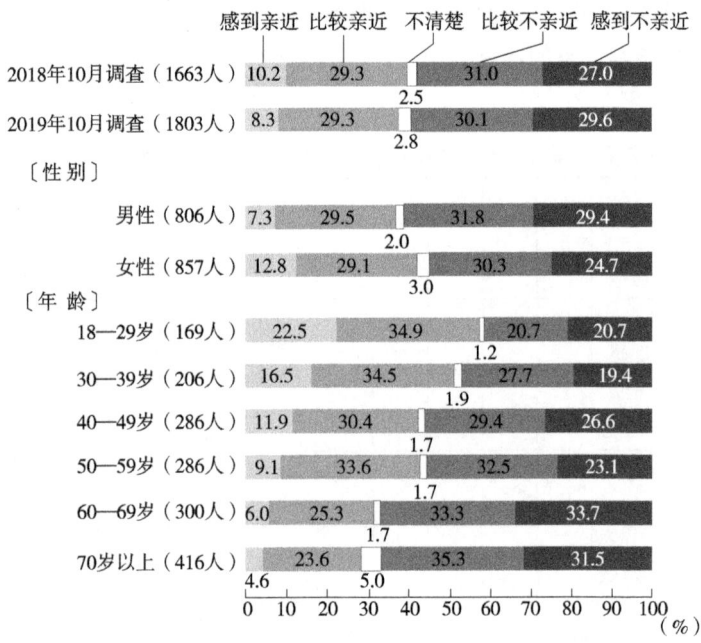

图6 日本内阁府关于日本民众对韩国认知情况的调查(2018年10月)
资料来源:日本内阁府网站,https://survey.gov-online.go.jp/h30/h30-gaiko/zh/z10.html[2019-10-26]。

从图6中我们可以同样发现,与日本民众总体对韩国没有亲近感的占58%和对韩国有亲近感的占39.5%形成鲜明对比的是,受访者中18—29岁的日本年轻人,对韩国没有亲近感的大约占41.4%,比整体低16个百分点,而对韩国有亲近感的比

例则达到了57.4%,比整体高出了18个百分点。同样,我们还可以发现,受访者中60—69岁年龄段的日本民众,对韩国没有亲近感的大约占67%,比整体高出9个百分点,而对韩国有亲近感的比例仅为31.3%,比整体低了8个百分点。

我们把视野放得更宽阔一点,参考一下皮尤公司在世界范围内对关于中国崛起以及对中国在世界上的地位的认知进行的调查。劳拉·西尔弗(Laura Silver)等学者发现:"在大多数受访国家中,年轻人对中国的态度往往更为积极。在19个国家,18—29岁的成年人比50岁及以上的人对中国更有好感。"①(参见图7)

国家	50+	30—49	18—29	差距
巴西	40%	52%	67%	+27
立陶宛	34	52	59	+25
墨西哥	38	51	61	+23
波兰	39	50	60	+21
澳大利亚	30	38	51	+21
印尼	27	35	48	+21
乌克兰	50	62	70	+20
突尼斯	54	63	72	+18
英国	33	40	49	+16
意大利	31	40	46	+15
加拿大	22	33	37	+15
斯洛伐克	33	45	46	+13
以色列	61	64	76	+12
南非	40	45	52	+12
美国	22	27	34	+12
日本	11	13	22	+11
俄罗斯	67	74	77	+10
菲律宾	36	43	46	+10
法国	27	37	39	+10

图7 皮尤公司关于中国好感度全球调查不同年龄段差异(2019年)

资料来源:Laura Silver,Kat Devlin and Christine Huang,*People around the globe are divided in their opinions of China*,Pew Research Center,September 30,2019,https://www.pewresearch.org/fact-tank/2019/09/30/people-around-the-globe-are-divided-in-their-opinions-of-china/[2019-10-26]。

---

① Laura Silver,Kat Devlin and Christine Huang,*People around the globe are divided in their opinions of China*, Pew Research Center, September 30, 2019, https://www.pewresearch.org/fact-tank/2019/09/30/people-around-the-globe-are-divided-in-their-opinions-of-china/.

从上述统计中可以清楚地看到,年轻一代(18—29岁)和年长一代(50岁以上)相比,对中国抱有好感的比例,在被调查的所有国家中都呈现出明显不同,部分国家差距相当明显。也就是说,日本社会中对华认知的代际差异并不是日本社会对中国认知的特殊现象,而是日本社会对外认知,甚至是世界各国对中国认知的普遍现象。因此,我们需要从人类认知共同属性和日本对华认知的特性等不同层面来分析这种现象的成因。

首先,就人类共同属性而言,年轻一代与年长一代之间由于生理和阅历方面的差异,而出现了思维方式、价值观念、行为方式等各方面的区别,年轻一代在接受新鲜事物、好奇心以及探索精神等方面,与老一代之间存在着代沟。玛格丽特·米德(Margaret Mead)早在40年前就曾经有过前瞻性的分析,"因为世界上所有的人都置身于电子化的互相沟通的网络之中,任何一个地方的年轻人都能够共同分享长辈以往所没有的、今后也不会有的经验。……这种体验是史无前例的。因此,代际之间的这种决裂是全新的、跨时代的,它亦是全球性的、普遍性的"[①]。如今,我们正处于一个巨大转折的时代,无论是人们的认知手段还是认知对象,都在发生着深刻的前所未有的变化。越是在这样一个激烈动荡的时代,对纷纭复杂现实进行判断的代际差异就会越大,并且随着全球范围内新旧势力的改变、权力的转移而日益凸显。

其次,作为普遍意义上代际差异的分析,仍不足以充分说明日本对中国认知的代际差异。上述数据表明,2010年之后日本对中国认知的代际差异开始固化而且泾渭分明,这不能不让人联想到,正是在2010年,中国的国内生产总值(GDP)超过日本,成为世界第二经济大国,同一年中日钓鱼岛冲突激化。到2019年,中国的GDP规模接近日本的三倍。对这样一个现实,日本

---

① 玛格丽特·米德:《文化与承诺:一项有关代沟问题的研究》,周晓虹、周怡译,河北人民出版社,1987,第75页。

国内有过激烈的争论。以对华政府开发援助（ODA）为例，从2007年开始日本对华ODA援助规模不断缩小，且援助项目逐渐转向医疗领域的技术支援及农村学校建设等，而且相关资金逐年减少，到2017年度只剩下向中国派遣医疗和教育领域专家等人员合作项目。2018年安倍首相访华时宣告这个从中国改革开放之后持续40年的对华ODA援助彻底终结。这种急速的变化，对于日本目前60—69岁年龄段，也就是出生于战后日本高速增长时期，刚刚告别或者准备告别生产工作第一线的人来说，的确是很难愉快接受的现实。2016年3月8日，王毅外长在十二届全国人民代表大会第四次会议新闻中心记者会上，回答日本《每日新闻》记者提问时说："对于中日关系而言，病根就在于日本当政者的对华认知出了问题。面对中国的发展，究竟是把中国当作朋友还是敌人，当作伙伴还是对手？日方应认真想好这个问题，想透这个问题。"[①] 相比于老一辈的失落，出生于平成泡沫经济崩溃时期的年轻一代，他们对日本的自我认知与对世界的认识，都发生了微妙的变化。2019年6月日本内阁府进行的《我国与外国年轻人意识相关调查》显示，日本年轻人对当下日本感到满意的比率是：治安良好（46.7%）、历史与文化遗产（45.7%）、文化艺术（38.8%），而在国家未来发展的支柱方面，如科学技术（27.6%）、教育水准（11.8%）则普遍不满意，对于将来发展的可能性（7.3%）和在世界中的影响力（4.1%），则处于所有被调查的发达国家中最低的水平。[②] 在这样的总体认知情况下，日本年轻一代相对比较容易平静地接受中国崛起这一事实，这是日本不同年龄层在对华认知形成的过程中非常重要的差别。

再次，日本言论NPO的代表工藤泰志谈及目前日本对华

---

① 《外交部长王毅就中国外交政策和对外关系回答中外记者提问》，2016年3月8日，中华人民共和国外交部网站，https://www.fmprc.gov.cn/web/wjbz_673089/zyjh_673099/t1346058.shtml[2019-10-26]。

② 日本内閣府『我が国と諸外国の若者の意識に関する調査』，2019年、https://www.cao.go.jp/youth/kenkyu/ishiki/h30/pdf/s2-2.pdf[2019-10-26]。

认知没有明显改善的诸多因素,他认为,从短期来看,在过去一年里,由于中美贸易摩擦引发的日本产业界和广大民众的担忧,以及香港持续的社会动荡等因素都对日本民众的对华认知造成了负面影响。他专门提及中日两国互动的具体差异,与中国一年800多万人访问日本相比,日本的受访者大多数没有到过中国,即便是来过中国,也是十多年前的经历。也就是说,大部分受访日本民众对最近十年来中国的真实情况缺乏亲身体验。相比较而言,由于中日官方与民间不断推动两国青少年交流,日本青年一代访问中国的机会相对比较多。而且,这几年随着中国高等教育,尤其是建设世界一流大学的进程不断加快,中国高等院校在世界高校排名中逐年上升,以北京大学和清华大学为代表的中国名校接受日本政府和高校交换学生的人数有很大增长,这些也都对提升日本年轻一代对华的客观认知创造了条件。

最后,还有一点值得注意的是,从日本受访者的信息接收特点来看,日本民众接受传统媒体影响仍然比较大,也就是从日本的电视和报纸上获取关于中国的知识相对比较多,多年来日本传统媒体对中国的全面和正面的介绍一直引人关注。① 日本言论NPO关于日本民众对中国认知来源的调查中,排在前三名的一直是:日本的新闻媒体、日本的电影电视节目以及包括教科书在内的书籍。而当前世界范围内更为热门和流行的,是通过家人、朋友,通过网络和社交网络服务(SNS)获得信息,这一渠道的信息传播在日本所占的比例相对比较低。与报纸、电视等传统媒体相比,这些新媒体传播有很多新的特点,如将传统的线性传播转变为多人对多人的传播,传播成本降低,传播行为更为

---

① 中国的相关研究有很多,参见王磊《媒体对中日两国国民感情的影响——以2008年〈人民日报〉和〈读卖新闻〉为例》,《合肥学院学报(社会科学版)》2010年第6期;洪媛《〈朝日新闻〉的中国国家形象报道——以2010年9月7日钓鱼岛撞船事件为中心》,中山大学硕士研究生论文,2012年;杨本明《日本对华舆情调查及中国的对日传播策略研究》,《重庆科技学院学报(社会科学版)》2013年第6期。还有一些基于宝贵的调查基础上的分析和研究,参见王正《日本青年对华刻板印象形成和改变机制——基于对日本青年访华代表团成员的调查和访谈》,中国人民大学社会与人口学院硕士研究生论文,2017年。

个性化,传播和接受方式从固定到移动,传播实时化,等等。而且,"新媒体最大的特点是它具有巨大的消解力量——消解传统媒体(电视、广播、报纸、通信)之间的边界,消解国家与国家之间、社群之间、产业之间的边界,消解信息发送者与接收者之间的边界,消解社会权威,使整个社会处于去中心化状态"①。日本年轻人目前通过新媒体获得信息的比例正在不断提高,甚至来自中国的创意短视频社交新媒体"抖音"(Tik Tok)也大受欢迎,登上2018年日本热门应用程序(App)排行榜的榜首。信息来源的多元化无疑也为年轻一代摆脱传统媒体对华的刻板印象,从而自主建构对华认知发挥了重要作用。

四、结 语

张云于2013年在言及日本对华主流认知时认为,日本对华新认知形成时间短,认知的逻辑和实证基础并不扎实,而且也没有完全固化,目前负面认知在一定程度上还存在着逆转的可能性。另外,日本主流认知受到美国对中国主流认知的影响程度很深,因此既要对这种负面认知的顽固性有所估计,同时也要相信事在人为,注意其脆弱性和可重塑性。② 显然,日本对华认知的持续性和固化特征可能还是超出了预期,同时,中美关系的发展与转变,尤其是中美之间旷日持久的贸易摩擦,对日本民众主流的对华认知都已经并将继续产生负面的影响。

王毅外长于2019年10月26日在第15届"北京—东京"论坛开幕式的演讲中讲道:"在中日关系经历重要和积极变化的同时,国际形势也在发生重大和深刻调整,人类再次走到新的十字路口。作为世界上第二、第三大经济体和拥有重要地区国际影响的大国,中日之间拥有越来越多的共同利益和关切,承担着越

---

① 刘行芳主编《新媒体概论》,中国传媒大学出版社,2015,第42页。
② 张云:《可控的紧张:中日美之间的认知与误认知》,浙江人民出版社,2016,第34—36页。

来越重的共同责任和使命。新时代要求我们共同打造更加成熟稳定的双边关系,书写合作共赢的新篇章;新时代要求我们共同促进地区的发展繁荣,引领亚洲的新未来;新时代要求我们共同承担应尽的国际责任,为地区和全球稳定发展做出新的贡献。"为了真正实现这一目标,王毅提出:"我们应该学会从历史文化的渊源中挖掘精神认同,从新时代的交往互动中增加共同认知,要使两国民众心灵相通,相互好感度不断提升。要让中日关系更有温度、更暖人心。"[1] 我们应该更深刻地分析日本对华认知形成的规律和特点,根据不同年龄层对华认知的代际差异,针对不同年龄层的日本民众,探索不同的交流方式,尤其是要坚定不移地加强中日年轻一代的相互交流,为在未来建立更为成熟、更为理性、更为平稳的中日关系打下长远的坚实基础。

(作者系北京大学国际关系学院教授、日本研究中心主任)

---

[1] 《王毅国务委员兼外长在第15届"北京—东京"论坛开幕式上的致辞》,中华人民共和国外交部网站,https://www.fmprc.gov.cn/web/wjbz_673089/zyjh_673099/t1710957.shtml[2019—10—26]。

日本与澳大利亚南太平洋捕鲸诉讼研究
——试论国际法框架下如何维护国家利益

徐博晨

内容提要：国际法体系正在成为世界上重要的争端解决方案，但其管辖范围的扩大也使得原本追求严谨的国际法面临边界模糊、组织松散的问题。人本化与碎片化是现代国际法体系的两大趋势，也是在国际法框架下维护国家利益的重要条件。澳大利亚与日本围绕南极调查捕鲸在国际法庭内外展开的对抗，充分诠释了上述两大特征。日方在庭内的败诉以及在后续处理中绕开国际法庭，都具有深刻的启发作用。近距离观察与分析这一案例，有利于理解当前的国际法体系，从而找出在国际争端中维护国家利益的路径。

关　键　词：国际法　人本化　碎片化　捕鲸

近年来，以国际法院为代表的国际法体系和仲裁机构越来越多地出现在中国和世界人民的视野之中。一方面，"国家利益"的概念突破传统的边界不断延展，包括贸易问题、企业管理等经济课题，都已经成为国家利益的重要表现方式，由此产生的世界各国的利益争端也越来越复杂化；另一方面，冷战后的国际法体系的管辖范围也日益扩大，越来越多的国际问题有了用国际法手段解决的先例。笔者认为，在当前的国际形势下，找出在众多国际法体系中维护国家利益的策略至关重要。为此，有必要超越国际法中的某些具体争议，深入探讨冷战结束后国际法的两大趋势——人本化与碎片化。

一、国际法体系的人本化与碎片化

在冷战结束后的国际社会中,美国倚仗自身霸权干涉并轰炸南斯拉夫,发动伊拉克战争,这些行为都明显违反了《联合国宪章》等最重要的国际法。另外,包括美国在内,越来越多的国家开始从国际法体系中寻找行动的合理依据,并运用各种国际法的仲裁机构来维护自身的国家利益。对于这两个看似矛盾的现象,国际法学界归因于现行国际法框架下两个同时发展的趋势——人本化和碎片化。

在1990年的《欧洲国际法杂志》首篇论文上,科斯肯涅米就主张对国际法的不同解释会给国际政治留下更多而不是更少的空间。① 在此后的一系列论文中,科斯肯涅米与雷诺等学者重新阐述了人本化和碎片化这两大问题:② 在他们看来,国际法人本化的本质除了人权和人道主义之外,更在于每个涉足国际法的法官和学者都不能再单纯依靠现成的国际法条,而必须从自身的理性和价值观出发进行判断。而在国际法框架碎片化的过程中,不仅国家会受到因国际法体系不同而做出不同判决的影响,大国选择何种国际法体系来解决争端,也影响着各个国际法体系的效力本身。③ 进入21世纪后,这一观点得到了哈夫纳等学者的支持,④ 国际法体系的变化正在成为学界的研究焦点。

为进一步阐述国际法体系变化所带来的影响以及各国的应对策略,本文选取了从2010年开始到2015年结束的"澳大利亚诉

---

① Martti Koskenniemi, "The Politics of International Law," *European Journal of International Law*, Vol. 1, No. 4, 1990, pp. 1—32.

② Martti Koskenniemi and Päivi Leino, "Fragmentation of International Law? Postmodern Anxieties," *Leiden Journal of International Law*, Vol. 15, No. 3, 2002, pp. 553—79.

③ 相关论文皆收录于:Martti Koskenniemi, *The Politics of International Law* (London: Bloomsbury Publishing, 2011)。

④ Gerhard Hafner, "Pros and Cons Ensuing from Fragmentation of International Law," *Michigan Journal of International Law*, Vol. 25, 2003, pp. 849—63.

日本南太平洋捕鲸"案作为案例来进行具体分析。选取此案有两个原因:其一,虽然本案的后续发展还在进行中,但正因为其时间很近,故而能够完全展现国际法框架的变化和现行国际法体系的特点;其二,本案发生于两个发达国家之间,日本是捕鲸大国,而澳大利亚是反捕鲸的急先锋,两者又都是美国的亲密盟友,双方的对抗能体现出西方价值体系内部的分歧与平衡,具有很大的启示作用。

二、商业捕鲸被禁,日本开展"调查捕鲸"

关于捕鲸,最早的国际法出现在 20 世纪 30 年代。当时渔业技术不断更新,引发各国相互竞争,以蓝鲸为首的鲸鱼数量锐减。于是,《日内瓦捕鲸管制公约》在 1931 年、《捕鲸管理国际协定》在 1937 年分别获得通过,但因为随后到来的第二次世界大战,日本、苏联、德国等主要捕鲸国家均未参加这些条约。第二次世界大战结束后,《国际捕鲸管制公约》(*International Convention for the Regulation of Whaling*)继承了上述国际条约,于 1946 年由 15 国在华盛顿特区签署。同年,国际捕鲸委员会(International Whaling Commission,IWC)成立,日本在美国占领期结束后也迅速加入了这一国际组织。国际捕鲸委员会设计了以每条鲸鱼可生产鲸油为标准的"蓝鲸单位"[①]来限制捕捞鲸鱼的总量,但并未就鲸鱼的种类进行限制,故而未能阻止蓝鲸等高利润的鲸鱼继续被大量捕杀。截至 20 世纪 70 年代,全世界有大约 38 万条蓝鲸被猎杀,原在南极最大的集团数量下降到捕鲸开始前的 0.15%。[②] 鲸鱼数量的骤减给捕鲸产业带来了极

---

① 蓝鲸单位(Blue Whale Unit,BWU),以可从一条鲸鱼提取的鲸油为基准,由此规定 1 条蓝鲸(1BWU) = 2 条长须鲸 = 2.5 条座头鲸 = 6 条赛鲸,其曾被用来对商业捕鲸进行管制。如《国际捕鲸管制公约》在 1946 年签订时规定南极圈的捕鲸上限为 16000BWU,等等。

② Trevor A. Branch, K. Matsuoka and T. Miyashita, "Evidence for Increases in Antarctic Blue Whales Based on Bayesian Modelling," *Marine Mammal Science*, Vol. 20, No. 4, 2004, pp. 726–54.

大的打击,英国、荷兰、澳大利亚等国家纷纷被迫停止捕鲸。最终,蓝鲸和座头鲸在1966年被列入禁止捕捞的名单。1982年,国际捕鲸委员会决定暂停商业捕鲸,从1985年起全面禁止对大型鲸鱼的商业捕捞。与此同时,日本根据《国际捕鲸管制公约》第八条规定的允许以科学研究为目标的捕鲸活动(scientific permit),开始向一部分原先从事商业捕鲸的渔船发放"调查捕鲸"的执照。其中,依照在南极附近海域的第一期调查计划(Japanese whale research program under special permit in the Antarctic, JARPA I),日本于1988年捕杀小须鲸273条,之后的捕杀数量逐年上升,到2004年第一期调查结束为止,共计捕杀小须鲸6795条。2005年,日本启动第二期南极调查捕鲸计划(JARPA II),除将小须鲸捕捞数量从第一期的每年最多440条提高到935条之外,还增加捕捞长须鲸和座头鲸各50条,[①]而上述三种鲸鱼都在国际捕鲸委员会禁止商业捕捞的名单之列。

对于日本的调查捕鲸,以绿色和平(green peace)与海洋守护者(sea shepherd)为首的民间组织进行了多次直接和间接的抗议活动。活动包括在海上直接干扰日本的捕鲸船,以及在各国和网络媒体上进行反捕鲸宣传。2007年,澳大利亚工党在大选中正式提出:一旦执政,将以澳大利亚政府身份与日本展开谈判,即使须诉诸国际法手段也要阻止日本在南极地区捕鲸。[②] 在选举胜利后,工党政府正式向日本提出交涉,但因为日本拒绝停止调查捕鲸,澳大利亚政府于2010年5月31日向国际法院提出诉讼。

三、澳大利亚诉日本南极调查捕鲸案

在接受本案件后,国际法院于2010年7月13日命令澳大

---

① 日本水産庁『捕鯨をめぐる情勢』、2016年2月、https://www.jfa.maff.go.jp/j/whale/pdf/160205whaling_japanese.pdf[2018-01-10]。
② Donald Anton,"Dispute Concerning Japan's JARPA II Program of 'Scientific Whaling'(Australia v. Japan),"*ASIL Insights*,Vol. 14,2010,pp. 322-32.

利亚和日本分别在期限内提交申诉书,其后澳大利亚于2011年3月9日,日本于2012年3月9日——也是命令中的最后期限,① 提出了各自的申诉书。

澳方的申诉书长达1251页,而日方的反驳更有1757页长。根据双方陈述的总章部分,可以大致总结出两国的主要观点如下:

表1　澳大利亚诉日本南极调查捕鲸案双方主张总结

澳方主张	日方主张
(1)国际捕鲸委员会在1979年、1982年和1985年通过的条例明令禁止商业捕鲸 (2)对于服从国际捕鲸委员会之商业捕鲸禁令的国家,可允许的捕鲸行为仅限于原住民的捕鲸和国际捕鲸管理条约第八条所规定的以科学调查为第一目标之捕鲸 (3)日本的调查捕鲸本质上是为了获取和贩卖鲸鱼肉、维持捕鲸船与日本鲸鱼研究所等机关以及相关官僚的福利,而前述的科学调查并非其第一目的,与国际捕鲸管理条约第八条不符 (4)日本的调查捕鲸对于管理鲸鱼资源的科学贡献几近为零 (5)除了日本学者的研究以外,没有任何科学证据支持日本"调查捕鲸"计划提出的庞大捕捞数量 (6)假使日本所提出的捕捞数量真的有合理依据,日本调查捕鲸也没有完成这些目标。事实上,日本2013年只捕捞了小须鲸103条,而非计划中的850条,而这完全是因为鲸肉滞销和库存过剩。由此也可见日本之捕鲸与科学调查关系甚微	(1)澳大利亚早在2002年的宣言当中,就已经明确将有纷争的领海和专属经济区,以及与此相关的开发利用从国际法院的强制管辖权中排除出去。日本的调查捕鲸,是在澳大利亚所主张的南极领土附近专属经济区进行的,而澳大利亚在南极领土的主权和相关专属经济区的权利本身是有争议的。故此,国际法院对本案不具有管辖权 (2)日本调查捕鲸对鲸鱼资源的科学管理做出了巨大贡献。因此符合捕鲸管理条约第八条中"以科学研究为目标"的例外规定,是合法的捕鲸 (3)日本没能达到计划中的捕鲸数量,原因在于受到了海洋守护者组织的暴力抗议活动干扰。澳大利亚不仅允许海洋守护者的船只靠岸补给,更有积极支援该组织的政府人员。另外日方没有捕捞座头鲸是服从国际捕鲸委员会规定的捕鲸国与反捕鲸国相互谅解的大局,体现出日方尊重各方意见的妥协精神。澳方的主张完全无视了日方的努力,因此不能接受

---

① International Court of Justice,"Reports of Judgements, Advisory Opinions and Orders: Whaling in the Antarctic (Australia v. Japan) Order of 13 July 2010," 2010.

续表

澳方主张	日方主张
(7)综上所述,日本的"调查捕鲸"并非如条约第八条所述之以科学为目的,是违反国际捕鲸管理条约的行为 (8)澳大利亚所承认的国际法院之强制管辖权的例外,① 仅在和他国有领海或专属经济区划界纷争时才适用。本案不属于此种例外,故而国际法院对本案有管辖权	(4)调查捕鲸的意义确实存在争议,但科学研究自古便是在争议中产生。澳方是在擅自定义科学的标准,将日本视为"科学的异教徒"。科学的真伪应当由学术讨论来判断,而非交由法庭裁决 (5)在按照管理条约第八条进行的捕鲸活动中,捕捞数量等可以不受国际捕鲸委员会的制约,而是由当事国自行决定

资料来源:*Memorial of Australia*,Vol.1,Ch.1,2011;*Counter-Memorial of Japan*,Vol.1,Ch.1,2012。

审判的经过不在此赘述,仅简单总结判决如下:(1)16名法官一致认为,澳大利亚在2002年的声明中,只提出在和诉讼对方有领海或专属经济区纷争的情况下,才不接受国际法院的强制管辖权,而日方和澳方在南极海域并无类似争议,故而国际法院对本案有管辖权;(2)关于日本的调查捕鲸是否为科学研究,澳方所提出的标准虽然有合理性,但并未包含在国际捕鲸管理条约之中,故而不能以此断定日本的调查捕鲸"不科学";(3)是否发放科学调查的捕鲸许可证,每年允许捕捞的鲸鱼数量等问题,应当有明确的科学标准,而非由各国任意定夺,日本的调查捕鲸既不能证明所捕鲸鱼数量的必要性,更从未认真探讨不杀死鲸鱼而进行调查的方法,其在计划执行中的调整亦显示出调查捕鲸的商业性质;(4)国际法院承认南极调查捕鲸在广义上有科学研究的性质,但日方所提之证据难以证明其捕鲸计划和具体实行能够实现科学研究的目标,并判定日本

---

① "本公告不包括……(b)关于领海、专属经济区与大陆架等海域之划界的纷争,以及关于相关纷争海域的开发问题"(笔者译),International Court of Justice, *Declarations Recognizing the Jurisdiction of the Court as Compulsory*, https://www.icj-cij.org/en/declarations[2016-01-05]。

对调查捕鲸发放许可证的行为不属于管理条约第八条"科学研究"的范畴。①

由此,国际法院判决日本政府必须停止对南极调查捕鲸计划(JAPRA II)的发放许可,也就意味着日本的捕鲸船将不能再在南极附近海域进行调查捕鲸。

关于本案,日本学者对于法庭辩论的过程有较详细的论述,② 国内也已经有论文③进行了追踪。本文想指出的是,虽然法庭使用语言选择不当,④ 辩护人在学术讨论上的准备有所疏漏,⑤ 以及日本水产厅和鲸类研究所未出庭辩论等因素都在一定程度上影响了法庭的最后裁决,但是纵观双方的观点和辩论过程本身,是澳方以"调查捕鲸并非科学"为核心的论点,击败了日方以"国际法不应裁定科学"的反驳。在整场诉讼中,日方很明显地是从国际法的"法理"角度出发,从质疑国际法院对本案的强制管辖权开始,到强调国际法(即《国际捕鲸管制公约》)并未对"科学调查"作明确规定,再到反驳国际法院不应当裁定某项研究"是否科学",日方的辩论更多的是围绕着国际条约本身,以及国际法的有限适用范围来进行的。

应当认识到,日方的失败是因为忽视了近年来国际法的巨大变化之一:人本化。作为最明显的例证之一,北约轰炸南联盟

---

① Sonia E Rolland,"Whaling in the Antarctic (Australia v. Japan: New Zealand Intervening),"*American Journal of International Law*,Vol. 108,No. 3,2014,pp. 496—502.

② 真田康弘「南極海捕鯨事件:暫定的解題」,Iruka & Kujita (Dolphin & Whale) Action Network、http://ika-net.jp/ja/ikan-activities/whaling/298-temporary-bibliographical-essay-on-the-antarctic-whaling[2018-01-16]。

③ 何田田:《国际法院"南大洋捕鲸"案评析》,《国际法研究》2015年第1期,第95—109页。

④ 没有将日语增补为工作语言,也没有使用为大部分法官和澳大利亚、新西兰所熟悉的英语,而是主要以法语答辩。

⑤ 日方聘请的辩护人——国际法权威艾伦·博伊尔(Alan Boyle)在辩论中半开玩笑地说"我完全不懂这个公式(日方提供的捕鲸数量计算公式)是什么意思",而另一位辩护人沃恩·劳(Vaughan Lowe)则直接承认了日方的调查捕鲸数量缺乏合理依据。

的行为被大多数国际法学者认为是"形式违法而道德上必要的"①。因为多数类似事例发生在人道主义干涉之中,"人本化"的趋势很容易和"人道主义"或"人权"在国际法体系中的扩张混同起来,但事实上国际法体系正在发生的变化远不止于此。在本案中澳方的胜利,并不一定代表着"动物保护"的环保人士的主张在国际法中的地位提升,但一定代表着以下事实:国际法院和包括澳方在内的国际法工作者,均承认国际法可以对包括"科学研究"在内的诸多国际条约之外的理论和实践做出裁决,而裁决的结果则更多地取决于每个法官基于伦理观念的个人判断。

问题的核心在于,愈发复杂而变化多端的国际形势,已经逐渐模糊了国际法之中"常规"与"例外"的边界。在这样的环境下,一方面仅依据国际条约中的硬条款已经无法对新的案例和纷争做出裁决;另一方面,国际社会又越来越强调国际法在解决这些问题上的作用。其结果就是国际法层面上的国际冲突从过去制定规则和解释规则的层面,扩展到了在话语权、价值观和伦理道德上的全面争论。纵观南极捕鲸的诉讼过程,日方正是没有注意到这一现实,②才一味咬死国际法的条款,最后输给了澳大利亚"动之以情、晓之以理"的全方位攻势。

四、日本宣布不接受国际法院的强制管辖权

2015年10月,日本向联合国秘书长潘基文正式提交了"将一切有关海洋生物调查、保护、管理和开发的诉讼"排除出国际

---

① Martti Koskenniemi," 'The Lady Doth Protest Too Much' Kosovo, and the Turn to Ethics in International Law,"*The Modern Law Review*, Vol. 65, No. 2, 2002, pp. 159—175.

② 值得注意的是,这也是日本在2007年重新确认国际法院强制管辖权后第一次被提起诉讼。

法院强制管辖权范围的新宣言,[①]并在当年12月提出了"新南极海鲸类科学调查计划"(NEWREP-A)。日本相关机构在计划中虽然也提出了非致命性的调查方法,但仍设定了每年捕杀小须鲸333条的目标。而在2019年,日本正式恢复了商业捕鲸。本文并不展开讨论日本的新捕鲸计划对于鲸鱼种群的影响,仅就日本这一行为在国际法和国际关系上的意义展开分析。

在现行国际法体系下,如果要将国家间的争议提交国际法院解决,争议的双方必须都承诺接受国际法院对该案的管辖权。例如,日本曾在2012年将竹岛(韩国称"独岛")的主权争议提交国际法院裁判,就因为韩国拒绝国际法院的管辖而没有成功立案。而国际法院章程的第36条也即强制管辖权,规定缔约国必须强制接受国际法院的管辖权。正如前文澳大利亚和日本的行动所表明的,国家不仅可以自由选择是否接受这一条款,也可以选择和改变接受强制管辖权的范围。[②] 日方此次将海洋生物相关问题移出承诺的强制管辖范围,虽然不能改变国际法院之前的判决结果,但释放出强烈的信号,表明不再接受国际法院在相关问题上的诉讼。一方面,日本政府变相承认了调查捕鲸在国际法上是经不起推敲的;另一方面,其他国家也不能再在国际法院对日本的新捕鲸计划提起诉讼。

那么,日本是否就此退出国际法的体系了呢?并非如此,日本外务省在声明中表示,今后关于海洋生物的相关争议"将交付更加专门而具体的《联合国海洋法公约》(UNCLOS)"来管理。[③]日方的司马昭之心路人皆知,问题的核心在于,海洋法公约关于

[①] "(3) Any dispute arising out of, concerning, or relating to research on, or conservation, management or exploitation of, living resources of the sea," in International Court of Justice, *Declarations Recognizing the Jurisdiction of the Court as Compulsory*, https://www.icj-cij.org/en/declarations[2016-1-5].

[②] 真田康弘「日本の調査捕鯨は違法か」、Iruka & Kujita (Dolphin & Whale)、Action Network、http://ika-net.jp/ja/ikan-activities/whaling/319-istherwlngillegal[2018-01-16].

[③] 日本外務省国際司法局法務科「国際司法裁判所(ICJ)について」、2015年、https://www.mofa.go.jp/mofaj/files/000103330.pdf[2018-01-20].

相关争议的解决办法,较之国际法院的诉讼程序又要复杂得多,公约第286条规定"有关本公约的解释或适用的任何争端……经争端任何一方请求,应提交根据本节具有管辖权的法院或法庭"。如果争议双方在选择哪个法院上无法达成一致,将由一个仲裁法庭来进行裁决。这个仲裁法庭由五名仲裁法官组成,当事双方各提名一人,再从第三国的仲裁员中选出双方都能同意的三人。

不难想见,如果澳大利亚或其他国家再就调查捕鲸问题对日本提起诉讼,双方从仲裁方式开始到仲裁人员的选定,都必将有一番争夺。而最后的裁判结果则有很大的未知数。且不论近几年来澳大利亚舆论对日本捕鲸问题的关注度不断降低,即使澳大利亚政府有心将二次诉讼提上日程,也必将面临比前一次更大的挑战。

对于日本的这一系列行为,大多数西方媒体都进行了猛烈的抨击。然而,这正显示了日本接受失败教训后,对于现行国际法体系的一次合理运用。这就涉及了近年来国际法发展的第二个特征——碎片化。如前所述,若干不同的国际法体系并存于现在的国际社会之中。他们之间存在着或多或少的矛盾和冲突,而各国可以同时加入若干相互冲突的国际法体系。日方正是利用了两个国际法体系中的重叠部分,实现了转移阵地、绕开国际法院的目的。

科斯肯涅米、本韦尼斯蒂和唐斯等国际法学家都曾指出,国际法的碎片化与其说是国际法多样化的必然结果,不如说是各种学派与价值观争论的结果,更是大国之间政治博弈的道具。而国际法碎片化的现象不只是在海洋法领域,在国际贸易、金融等领域也广泛存在。[①] 在现今的国际社会中,不同的国际法体系对应着不同的专家、组织和国际制度,相互争夺对于特定国际

---

① Eyal Benvenisti and George W. Downs, "The Empire's New Clothes: Political Economy and the Fragmentation of International Law," *Stanford Law Review*, Vol. 60, 2007, pp. 595−632.

问题的控制权。而且,在国际法体系之间、国际法体系内部都存在着政府、专家与国际法从业者对话语权和主导权的竞争。在此情况下,不仅国家有实现自身利益的需求,各个国际法体系、各个学术流派也都希望扩大自身的管辖权,将自己对国际问题的定义和解释推行成为国际标准。因此,不单国际法体系的裁决能够左右国际纷争的走向,大国对于国际法体系的选择、国际组织内部的权力博弈同样也可能左右国际法对于某个问题的解释和判断。[①]

在此意义上,日本此次宣布将海洋生物开发的有关问题移出国际法院的强制管辖范围,不应说是日本放弃了"用国际法体系来解决国际争端"的口号,而更应将其看成是在不同国际法体系之间的一次"战略转移"。进一步讲,虽然受到舆论抨击,但日本今后在国际法体系中的影响力并不必然下降。因为对于争夺管辖权的不同国际法体系来说,一国政府选择用何种方式解决争端,对于相应的国际法体系和组织也意义重大。日本的调查捕鲸计划才刚刚开始,目前还没有足够的证据表明本文的推论是正确的,但众多评论家和媒体就此问题引申出日本在今后解决海洋问题上必然吃亏,显然是为时过早了。值得一提的是,日本不仅在 2015 年将海洋生物开发问题移出国际法庭的强制管辖范围,而且更早在 2007 年提出的宣言中就将"宣布接受国际法院管辖权不到一年"的国家作为例外。也就是说,即使周边国家突然在有争议的岛屿问题上对日本提起诉讼,只要日方预测裁判结果或将对其不利,就可以通过该管辖权的例外不接受该国的诉讼。而国际法院在一方缺席(不接受管辖)的情况下是不能进行审理的。对于日本这种"未雨绸缪"的做法,我国不仅应给予充分关注,同时也应研究其中值得借鉴的地方。

[①] Martti Koskenniemi,"The Politics of International Law—20 Years Later," *European Journal of International Law*,Vol. 20,No. 1,2009,pp. 7—19.

五、结 语

本文回顾了自2010年开始的澳大利亚与日本在南太平洋捕鲸问题上的国际法院诉讼经过和日本事后的对应办法,结合理论分析,相信能够展示近年来国际法框架变化趋势背后的深层原理。虽然限于篇幅,不能进行更多的实例分析,但本案例已经足以说明在国际法环境中适应和运用这些变化的重要性。

一方面,充分考虑个人价值判断在国际法体系中的重要作用,以及发挥软实力来影响这些判断,是在国际法仲裁中获取有利结果的重要条件。另一方面,细致了解每一个国际法体系的特点,利用当前多个国际法体系并存、并行的特点,合理选择国际法的"战场",是在现行国际社会中维护国家利益的重要手段。笔者认为,从这一角度深入理解国际法框架的变化,并充分适应这一变化,是在当前国际社会中维护国家利益的必要方法和取胜之路。也就是说,个人的意识与判断在国际法框架中的作用不断提升,而文化、舆论、学术争论的影响,乃至有意识地选择特定组织和人物来进行仲裁,都能在不修改既有条约章程的同时影响仲裁的结果。在捕鲸案中失败以后,日本政府正在逐渐学会利用这样的新特性,来弥补在各种国际法体系制定阶段缺位的损失。而这样的趋势,也非常值得我们研究与借鉴。

(作者系东京大学综合文化研究科国际社会科学专业国际关系学博士生)

试论当代日本产业的演变

——关于全球金融危机后丰田汽车和东芝半导体的前沿动态

金载勋　赵大熙

内容提要：本文对2008年全球金融危机后日本产业的演变进行了研究。在此过程中，针对代表当代日本产业界的汽车和电子产业，笔者进行了丰田（汽车）和东芝（半导体）的案例研究。具体来讲，围绕在资本主义世界经济中单一国家无法控制的来自宏观层面的冲击，本文对丰田和东芝各自在微观层面选择的不同应对策略和由此产生的结果进行了分析。全球金融危机后，尤其是在2009—2010年前后，丰田在美国市场遭遇大规模召回事件，蒙受巨大损失。东芝为掩盖逐渐恶化的内部经营业绩，以结构性方式进行财务造假。随着造假事实在2015年曝光，东芝遭受致命的打击。从结果上看，在前所未有的巨大挑战和危机中，丰田在微观层面大力推进组织改革和意识改革。此外，随着第四次产业革命时代的来临，过去丰田的悠久传统，特别是跟承包商（或子公司）之间的垂直供应链结构正在以更加横向的方式演进。从本质上讲，丰田洞悉了失败的本质，最终获得了本业的成功。与此相反，东芝在宏观层面对政府主导型核电站建设事业的大战略和新赢利模式进行了大规模的投资。但是，在财务造假事件的解决过程中，东芝不得不将过去公司的核心部门，即东芝半导体，在第四次产业革命的萌芽时期出售给其他公司。从本质上讲，东芝没有认清成功的本质，免不了本业的失败。

关　键　词：全球金融危机　第四次产业革命　日本产业　丰田汽车　东芝半导体

---

* 感谢朴贤京女士在收集日文文献、翻译和分析等方面的很多宝贵意见。

一、资本主义世界经济与日本产业的兴衰周期

(一)宏观层面的冲击与时代的变化

冷战结束以后,对日本产业来讲,无论是资本主义世界经济还是国内经营环境,都在以惊人的速度发生变化。从名义国内生产总值(GDP)的角度来讲,1994年日本经济占世界GDP的比重大约为17.9%,而2015年却下降至约占5.9%,最高点约是最低点的三倍。① 回顾历史,自18世纪中叶到20世纪70年代初,日本稳定地把握了两个黄金周期②的绝好机会,作为亚洲的先行者,在产业发展方面取得了空前的成功。冷战初期,日本产业渐渐起飞,再受1965年开始的"伊奘诺景气"(いざなぎ景気)的积极性影响,最终在较短的时间里实现了经济的恢复与复兴。到70年代的石油危机期间,通过"省能源政策"和"技术革新"等一系列政策措施,提高了日本产业和企业的核心竞争力,日本确立了作为资本主义世界第二大经济大国的地位,并持续了42年(1968—2010年)。

然而,自20世纪90年代初房地产泡沫经济破灭以来,日本的繁荣和经济力量从根本上开始动摇。随着基于华盛顿共识的新自由主义的兴起,"全球化"与处于第三次产业革命胎动期的"数字革命"带来了世界产业大转折时期。此时日本企业和产业界都日益面临与韩国、中国以及中国台湾等的激烈竞争和挑战。在资本主义世界经济中,日本被视为20世纪东亚地区发展过程中"雁型模式"的起点,即亚洲国家的技术升级和成功经验的发源地,同时也被认为是在"干中学"(learning by doing)方面的理想榜样。但是,1985年的"广场协议"和90年代初房地产泡沫

---

① 参见全球经济数据库,https://www.theglobaleconomy.com/Japan/gdp_share[2019—05—20]。对此,如果从购买力平价(purchasing power parity)的方式来评价的话,这与上面可能会有一定程度的不同结果。参见:OECD, *The World Economy* (Paris: Development Centre of OECD, 2006), p.214。

② 两个黄金周期指的是在英国主导的资本主义世界经济背景下的第一个黄金周期(1870—1914年)和在美国主导的资本主义世界经济背景下的第二个黄金周期(1945—1970年)。参见王正毅《国际政治经济学通论》,北京大学出版社,2010,第42页。

经济的崩溃,以及此后持续的"日元升值"现象,从根本上动摇了日本的整个产业。其中,特别是基于高水平的"工匠精神"(もの造り精神)而诞生的日本产品在全球市场上的核心竞争力,也开始逐渐动摇。与此同时,日本在传统意义上的支柱产业,即半导体、造船、家电、电子产品等行业,都逐渐失去了往日的风采。

(二)微观层面的应对与传统范式的演化

过去每当日本面对国家危机,如20世纪90年代初房地产泡沫经济破灭和2011年福岛核电站事故时,人们就会提及1984年出版的《失败的本质》一书。它是当前在关于危机的分析和研究中引用频率较高的参考文献之一,不仅决策者和企业家们,就连普通群众都将其视为能够汲取历史教训的名著,为日本在二战期间所面对的急剧变化的国内外环境与现在的情况进行比较提供了参考。日本社会基于历史经验,试图重新解释悬而未决的问题,以求成功的极大化与失败的极小化。在这样的背景下,2018年伊始,日本的主流媒体和产业界都逐渐形成了所谓的"中国学热"[①],这应是出于正确理解当今作为崛起中大国中国的企业和产业现状。那么,截至2019年5月,中国学术界对日本企业和产业界的最新动向,要从什么角度进行分析和研究呢?

一般来说,在目前已有的针对日本产业或制造业的国际竞争力方面的研究成果中,研究重点常常侧重于日本如何确保高质量的核心竞争力,以及如何将这些经验应用于提升或完善中国产业的核心竞争力上。[②] 因此,在对日本企业和产业的研究过程中,在宏观或微观两个层次上存在着一些重要因素或核心变量被忽略或遗漏的倾向。从结果上看,在中国的日本学研究领域,针对全球金融危机后日本企业和产业在结构调整

---

① 「中国 vs. 日本 50 番勝負:中国の強さは本物か」,『週刊東洋経済』2018 年 9 月 15 日;「チャイノベーション」,『日経ビジネス』2018 年 12 月 10 日。其中,新名词"中国革新"(チャイノベーション)译成英文为"Chinovation",这是"China"和"innovation"的合成词。

② 苏宏伟:《日本制造业产业结构合理化与高级化研究》,博士学位论文,吉林大学东北亚研究院,2017,第 169—176 页。

方面最新动向或演变过程的案例研究不够充分。在这样的现实和学术背景下,本文对日本传统的两大产业——汽车和电子产业,分别以丰田(Toyota)汽车和东芝(Toshiba)半导体为例,深入研究其在全球金融危机后的最新动态和有关内容。

本文将深入研究在日本国内的微观层面,各个企业和产业如何选择不同的应对策略,以及10年后产生的不同结果。为此,我们首先将讨论当代日本产业界的变迁和现状。随后,从宏观层面的冲击和微观层面的反应的角度,深入分析丰田汽车的成功案例和东芝半导体的失败案例,最后得出结论。

二、全球金融危机后日本产业的变迁和现状

自1971年布雷顿森林体系崩溃以来,每次在由美国主导的资本主义世界经济出现一种周期性的"泡沫与爆破"的金融危机时,全球投资(或投机)势力都倾向于将日元作为安全资产,继而导致了持续的日元升值现象。与此相反,在世界市场上作为竞争对手的其他国家的货币价值却大起大落。这削弱了日本的国内制造业和有关产业的国际价格竞争力。从1997年亚洲金融危机到2000年IT泡沫崩溃,再到2008年全球金融危机与2010年欧元危机,"日元升值"现象长期存在。因此,针对从宏观层面传播的经济冲击波,日本企业在微观层面通过降低成本、技术创新、结构重组等多种方式不断演化。除此之外,也存在另一个从非经济领域开始的巨大冲击波。

(一)第四次产业革命与日本产业的化学化

随着第四次产业革命[①]的加速,技术的本质和产业生态系统正在发生巨大变化。其中,除人工智能(AI)领域的大发展以

---

① 到目前为止,对第三次产业革命的期间划分和概念定义,全球学术界尚未有充分的共识。尽管如此,2016年1月在世界经济论坛(World Economic Forums, WEF)上还是提倡"第四次产业革命"(人工智能)的时代)。按照他们的说法,目前全球技术和科学发展现状并不是第三次产业革命的延续。虽然全世界的学术界还没有达成明确的共识,但是本文为了更快、更准确地解读日本国内企业和产业界的最新动态,从肯定WEF"第四次产业革命"时代来临的角度进行研究分析。

外,"日本产业的化学化"①也可以说是代表性的事例。日本历来是汽车和电子产业的世界强国。但是,如果仔细解读最近日本工业统计资料,就不难发现日本的产业结构正在发生根本性的变化。根据图1的内容,以(全球金融危机后)2010年日本产业的附加价值(value-added)额为准,日本按产业分类,汽车(或运输用机械)、化学(和塑料产品)、电子产品(零件和电气机械)分别占15.1%、11.2%和12.1%(电子零件为6.3%、电气机械为5.8%)。而在2016年,汽车(或运输用机械)、化学(和塑料产品)、电子产品(零件和电气机械)则分别占18.3%、15.6%(化学为11.3%、塑料产品为4.3%)和11.1%(电气机械为5.7%、电子零件为5.4%)。

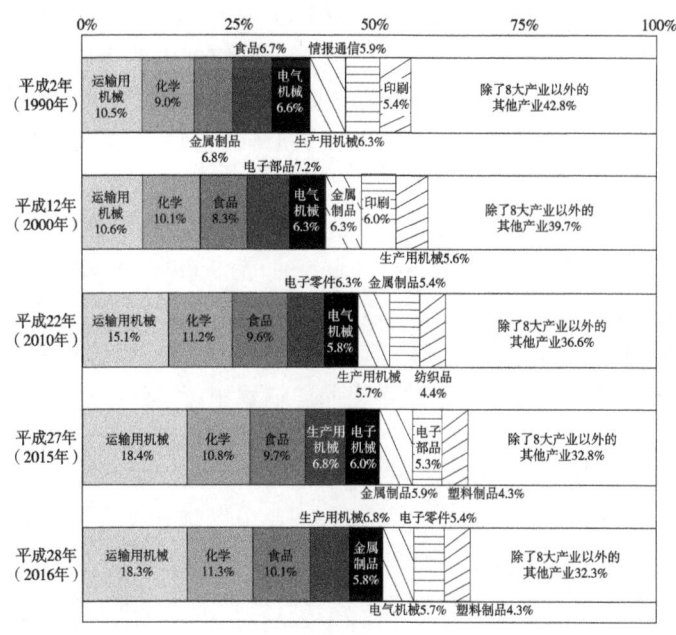

图1 日本在附加价值额方面主要产业的演变②

① 伊丹敬之「日本産業の化学化」、『化学と工業』2009年2月号。
② 経済産業省「平成29年工業統計速報」(2018-2-28)、https://www.meti.go.jp/press/2017/02/20180228003/20180228003.html[2019-05-20]。

也就是说,在全球市场和商业模式快速变化的时代背景下,化学产业(或化工产业)也已经开始成为日本经济中占据领先地位的核心产业。对此,专家认为这种"日本产业的化学化"趋势今后还会持续下去。但是,与汽车或电子产业相比,中国学人可能对日本的化学产业还感到陌生,因为日本的汽车产业有丰田、日产雷诺、本田、三菱等大型企业,而电子产业则有东芝、索尼、松下电器、日立制作所等大型企业。

在这样的背景下,以全球金融危机后的2009年为准,全球化学企业(或化工企业)排名前三位的分别是德国巴斯夫股份公司、美国陶氏集团、中国石油化工集团有限公司等跨国企业。在日本企业中三菱化学控股株式会社排名为第14位,日本住友化学工业株式会社排名为第17位。[①] 值得关注的是,日本的化学产业以中小型企业为主,而不是大型企业。除医疗和农业用肥料以外,基本上日本的众多中小型化学企业在超精密化学材料和配件领域,特别是在全球汽车、电子产品、飞机等高科技零部件和材料领域,在"量"和"质"两方面都处于世界领先水平。对此,甚至一些专家认为,日本化学产业在世界市场上生产和消费的整体价值链中实际上已经形成了(由供给方主导的)垄断市场(或寡头市场)。其实,以21世纪初为一个临界点,在第三次产业革命的"数字革命"逐步加速的时代背景下,日本的化学产业在向全球市场大量供应超精密IT零部件和化学产品的过程中,曾迎来巨大的复兴期。以2016年前后为第二个临界点,从第四次产业革命的"人工智能革命"开始,日本的化学产业又迎来了第二次复兴期。

值得关注的是,在汽车和电子产业中燃料电池、尖端化学的新材料和配件等的全球总需求量正在剧增。因此,日本的化学产业正在成为在汽车和电子产业方面核心竞争力的一种源泉。

(二)日本企业的"六重苦"和国内回归现象

2008年全球金融危机以来,日本企业在长期的日元升值、

---

① "Global Top 50," *Chemical & Engineering News*, June 7, 2010, p. 14.

偏向工作保障的法律制度、高企业所得税、环境保护标准的强化、电力供应不稳定和自由贸易协定的延迟等方面一直存在所谓的"六大难题"(六重苦)。① 同期,在日本国内政治中,2009年9月日本的民主党成功执政,但时隔三年三个月再次被自民党夺权。2012年12月,安倍再次执政,实行了所谓的"安倍经济学"和一系列政策措施,试图通过这些措施,在短期内提高日本企业和整个产业的核心竞争力。

通过这些措施,从长期来看,日本的经济体制正在向良性循环结构转变。具体地说,对于"六大难题",安倍政府实行了以下决策:(1)针对持续的日元升值现象,推行了大量发行日元、扩大货币供应的政策;(2)将高水平的国内企业所得税比率,从2010年的39.54%降低到2018年的29.74%;(3)对于偏向工作保障的法律制度,正通过高水平的生产自动化加以克服;(4)对于环保法规,正在向高附加值领域通过产业升级进行改善;(5)对于电力供应的不稳定,通过多品小量生产方式的多元化来调整;(6)对于自由贸易协定的推迟,正在试图通过跨太平洋伙伴关系协定(TPP)等对外经贸战略进行改善。在这样的背景下,日本企业的国内投资比率从2014年的70%逐渐上升到2018年的78%,日本企业的"回归"现象渐成现实。

值得关注的是,全球金融危机之后,中日两国间平均工资水平的差距不断缩小。与此同时,与日本已经拥有绝对优势的高科技化学产业不同,日本的汽车和电子产业与韩国和中国的技术水平差距正在逐渐缩小。

(三)日本产业政策的演变和传统范式的演化

从国家对市场的干预或产业政策的观点来看,20世纪70年代日本政府通过"通产省"(MITI)推行了"超LSI技术研究组

---

① みずほ総合研究所「日本企業の『六重苦』問題はまだまだ残る」、https://www.mizuho-ri.co.jp/publication/research/pdf/today/rt140318.pdf#search=%276%E9%87%8D%E8%8B%A6%27[2019-05-20]。

合"(super LSI technology research union)的1亿日元以上大规模的半导体产业复兴政策。由此,在较短的时间内,日本成功地缩小了与竞争对手美国之间的技术水平差距。但是,与70年代的成功不同,80年代日本政府推行的"第五代计划"和"西格马计划"等产业政策以失败告终。到90年代初冷战结束后,在基于华盛顿共识的新自由主义和全球化浪潮的时代背景下,日本政府内部的"框架派"在决策过程中逐渐掌握主导地位。一般来说,这些"框架派"比起宏观层面的政府政策,更重视微观层面的企业经营战略。从结果上看,这使得日本政府在国内产业界的角色相对缩小。但是从21世纪初开始,由于"失去的十年"引发的危机意识,政府的作用又开始被强调。经济产业省内部"目标派"(ターゲティング派阀)逐渐压倒"框架派",开始在决策过程中占据主导地位。正是在这种博弈过程中,所谓21世纪日本的国家主导型战略路线重新开始。

另一方面,全球金融危机后,第四次产业革命在全球层面进一步加速,以与过去传统范式根本不同的新的范式为基础。新范式以开放(open)、融合(convergence)、连接(connectivity)为代表,正在逐渐改变全世界整个产业界的游戏规则。具体来讲,在第四次产业革命的时代背景下,全球产业生态界的基本游戏规则正在发生根本性的变化,即从封闭性到开放性、从个别战略到平台战略、从供应商网络到消费者网络。因此,如果日本企业不能积极适应环境变化,不要说成功,甚至生存也会受到威胁。在这种宏观环境的剧变中,实际上全世界产业界的主导势力也在从根本上进行重组。21世纪美国的MAAAF的腾飞和全球金融危机后中国的TAPI等公司的飞跃充分反映了这一点。[①] 21世纪日本政府在经济产业省的主导

---

① 在这里MAAAF指的是微软公司(Microsoft)、苹果公司(Apple)、亚马逊公司(Amazon)、字母表公司(Alphabet inc)和脸书(Facebook),TAPI所指的是腾讯公司(Tencent)、阿里巴巴公司(Alibaba)、中国石油公司(PetroChina)和中国工商银行(ICBC)。

下积极推行了"新产业结构蓝图"①"信息大航海计划"② 和"未来蓝图"③ 等新产业政策,但成果并不显著。

值得我们关注的是,在全球金融危机后,2009—2010 年前后日本丰田汽车在北美市场上的大规模召回事件。此外,到 2015 年东芝半导体在某集团内部发生大规模财务欺诈事件的事实被揭露后,引发了前所未有的超级丑闻。从结果上看,无论是丰田汽车还是东芝半导体,两个公司都将受到无可挽回的致命打击。

三、全球金融危机后丰田汽车的逆境和演化

在全球金融危机全面爆发的 2008 年,日本的丰田汽车在全球汽车销售市场上超过传统强者美国通用汽车(GM)跃居榜首。但在 2009—2012 年,丰田汽车在北美市场销售的雷克萨斯发动机被发现存在缺陷,面临前所未有的大规模召回问题。在此后的几年里,丰田共召回了约 1200 万辆汽车,并承担了约 300 万辆的库存。另外,丰田不得不承担约 24 亿美元的召回费用、16 亿美元的消费者赔偿金以及 12 亿美元的罚款。④ 在这一过程中,2012 年 2 月日本丰田的首席执行官丰田章男也不得不参加美国议会的听证会,进行了公开道歉。更糟糕的是,到 2011 年东日本大地震和泰国大洪水同时发生,使丰田的全球供应链再次严重受损。其实,在全球金融危机爆发之前的 2005 年,丰田在日本国内已经经历了约 193 万辆汽车的召回事件。

---

① 経済産業省「新産業構造ビジョン」、https://www.meti.go.jp/press/2017/05/20170530007/20170530007−2.pdf[2019−05−20]。

② 経済産業省「情報大航海プロジェクト評価用資料」、https://www.meti.go.jp/policy/tech_evaluation/c00/C0000000H22/110107_jyouhou1/07−2.pdf♯search＝%27%E6%83%85%E5%A0%B1%E5%AF%BE%E8%88%AA%E6%B5%B7%E3%83%97%E3%83%AD%E3%82%B8%E3%82%A7%E3%82%AF%E3%83%88%27[2019−05−20]。

③ 経済産業省「フューチャーセッションの実施に関する報告書」、http://www.meti.go.jp/meti_lib/report/2016fy/000414.pdf[2019−05−20]。

④ Toyota Motor Corporation, *Annual Report 2013*, pp.90−95.

尽管如此,丰田在时隔五年后再次在美国市场发生了大规模召回事件。因此,当时的专家们判断丰田在未来相当长一段时间内可能无法恢复,同时对丰田的前景持悲观态度。

(一)第四次产业革命的宏观冲击与传统范式的演化

除了全球金融危机的冲击波和北美市场上的召回事件,丰田还面临另一大挑战。这不是来自日本国内外其他汽车企业的挑战,而是来自作为第四次产业革命先行者的互联网服务企业优步(Uber)和谷歌(Google)等的强烈挑战。特别是优步作为代表性的美国革新企业,在网络上向消费者提供汽车共享服务。虽然优步创业还不到十年,以2018年为例,年销售总额约相当于同期日本丰田的1/23。不可忽略的事实是,同时期,优步的市场资本总额约相当于同期丰田的1/3。目前在世界市场上,优步以"(通过无线网络的方式)共享(车辆)"和"(通过智能手机的方式提供交通)服务"为基础的商业模型创造收益。这与丰田传统方式的以"(消费者的车辆)所有"和"(生产者的车辆)销售"为基础的商业模式形成了鲜明的对比。目前在全球市场上,汽车产业有整体规模接近约3.5万亿美元的巨大市场(参见图2)。其中,按部门细分的话,整车销售达2.75万亿美元,售后管理部门达0.72万亿美元,"车辆共享和网络服务"部门达0.03万亿美元。据专家分析,到2030年,整车销售预计将达到约4万亿美元,虽有所增长但没有巨大的变化。与此形成鲜明对比的是,售后管理部门将增加到约1.2万亿美元,而车辆共享和网络服务部门将激增至约1.5万亿美元。换句话说,即在不久的将来,以丰田为代表的整车销售部门和以优步为代表的车辆共享和网络服务部门两者之间的差异将会急剧缩小。

从传统意义上讲,在全球汽车市场上,商业模式的基本结构是围绕"商品"(product)由"(生产商的)销售"和"(消费者的)所有"组成的。但在第四次产业革命的时代,不仅有这种传统的方式,还会产生全新的商业模式。具体来讲,新的商业模式本质上是基于"平台"(platform),具有"(车辆)共享"和"(交通)服务提供"的基本结构。从结果上看,除了传统的汽车销售市场外,

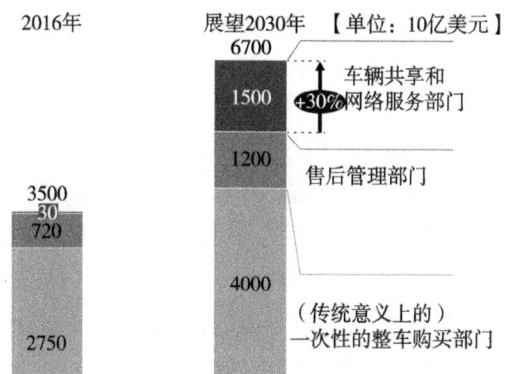

图 2　全球汽车市场的整体规模现状和展望

资料来源：McKinsey,"Automotive revolution－perspective towards 2030,"January, 2016,https://www.mckinsey.com/~/media/mckinsey/industries/high%20tech/our%20insights/disruptive%20trends%20that%20will%20transform%20the%20auto%20industry/auto%202030%20report%20jan%202016.ashx[2019－05－20]。

又诞生了一个新的"蓝海"。因此，优步和谷歌对丰田不是一时的威胁，而是根本的竞争对手。当代全球汽车产业的商业模式正在从根本上逐步由"商品"向"商品和平台"逐步演化。同样，从生产商的角度看，"销售"正在逐步演化为"销售和服务提供"。同时，从消费者的角度来看，"所有"正在逐步演化为"所有和共享"。在这一过程中，汽车也正从（传统意义上的）机械产品进化为（现实意义上的）电子商品。因此，在新商业模式下，汽车的硬件和软件将同时以开放、融合、连接等新标准为基础。而且在生产过程中，车辆会大量使用与"信息通信技术"（information and communications technology，ICT）相关的高科技零件和技术。因此，在汽车生产方面，信息技术（IT）领域的英特尔（Intel）、恩维迪亚（NVIDIA）和高通（Qualcomm）正在与丰田等汽车制造商建立更加密切的合作关系。相反，在通信技术（CT）领域的谷歌通过在"无人驾驶车辆"方面的商业化和产业化，正在逐渐与丰田形成竞争关系。

（二）失败的本质和本业的成功

2010年大规模召回事件之后，丰田认真思考了失败的本质原因,采取了独特的解决方案。这不是依靠在宏观层面的国家主导型产业政策,而是从丰田公司内部的微观层面出发,彻底地同时进行了组织改革和意识改革。正是通过这个过程,丰田才发现了两个根本问题:一是,在生产结构的组织网络中,个别或集体成员默认把"量"放在"质"之上;二是,在组织网络的生产结构中,个别或集团成员一直暗中追求"不合理的成本减少"。根据丰田的分析,第一个问题源于"1000万辆生产体系"的公司宏观战略本身。为了实现上述宏观目标,公司组织内部的个别或集体成员,在给定的激励结构下,都受到"量"大于"质"的意识的潜移默化的影响。同时,集体行动的心理也渐渐蔓延开来,也是导致局势进一步恶化的主要原因。第二个问题是源于"成本减少"的公司微观战略本身。为了实现上述目标,现场技术人员即使已经认识到潜在的质量问题,也未能积极向高层管理人员汇报,因此错失了根本解决的机会。这种个人或集体层面歪曲的集体行动心理和默认的路径依赖正是失败的本质原因。

从结果上看,这种根本的解决方案是从微观层面开始的。具体来讲,为了从根本上解决这两个问题,丰田在国内外的全体公司层面大胆推进了组织改革和意识改革:第一,丰田设定的"1000万辆生产体系"这种大战略的存在本身反而成为不少问题的元凶。于是,丰田对在国内外全体公司层面的所有组织都以"按功能划分的组织"为中心进行了结构调整;第二,为了解决"不合理的成本减少",现有的部门管理组织体制也是按照"按功能划分的组织体制"进行结构调整。在此过程中,为了强化丰田整体的核心竞争力,丰田把"重新分配最高人才""将决定权交给现场人员"以及"实现最佳产品设计和生产计划"作为基本原则。丰田果敢地重新调整了过去几十年里一直坚守的"垂直供应链结构"[1],并且以更横向的方式重新设定与承包商(或分公司)的合作关系。

---

[1] Asli M. Colpan, Takashi Hikino and James R. Lincoln, *The Oxford Handbook of Business Groups* (Oxford: Oxford University Press, 2010), pp. 130–136.

过去几十年里,丰田的承包商(或子公司)只能消极地负责按照丰田事先决定的要求而委托的生产阶段。从根本上看,丰田一直维持的核心技术开发方式也从过去的垂直方式转变为更加平等的横向方式,这是丰田应对宏观冲击的微观反应的结果。丰田的两大改革,即组织改革和意识改革,都被认为取得了巨大的成功。以 2018 年 3 月的结算为准,丰田生产了 1044 万辆汽车,突破了本公司历史上的最高生产纪录。不仅如此,丰田的净利润比前一年增加了 36%,达到 2.5 万亿日元。最终,同年丰田在世界市场上的年产量排名全球第二,实现了本业的巨大成功。

四、全球金融危机后东芝半导体的逆境和衰退

2015 年 4 月东芝的财务造假事件曝光后,很快成为超级丑闻。不久之后,东芝在解决问题的过程中不得不向投资方支付约 4600 亿日元的损害赔偿金。为此,东芝将属于主力部门的家电子公司出售给中国的美的(Media)集团。另外,东芝将图像传感器和医疗系统部门分别出售给索尼(Sony)和佳能(Canon)。通过这些操作,东芝勉强能够筹集到赔偿金。但随着 2016 年 12 月第二次超级丑闻曝光,东芝面临无法挽回的危机。具体来讲,这是指东芝在美国与西比埃(CB&I)正在进行的斯通·韦伯斯特(S&W)核电站建设事业,其当初设定的目标为 39 台,但只有 8 台(以 2015 年 8 月为准)在实际建设中。毫无疑问,这远未达到原定目标。因此,东芝无法承受巨大损失这一事实被公开。最终,在别无选择的状态下,到 2017 年 6 月,东芝决定出售其最为核心的东芝半导体子公司。但东芝决定出售其芯片生产部门,反而成为更大难题的开端。回顾历史,在日本房地产泡沫经济尚未破灭的 1989 年,在全球前十大半导体生产商中,共有六家是日本企业(参见表 1)。但是,到了 2017 年,东芝是全球前十大半导体生产企业中唯一一家日本企业。

表 1 全球前十强半导体企业排名变迁（1989—2017 年）

排行	1999 年 企业	国家	2000 年 企业	国家	2011 年 企业	国家	2016 年 企业	国家	2017 年 企业	国家
1	NEC	日本	Intel	美国	Intel	美国	Intel	美国	SAMSUNG 电子	韩国
2	东芝	日本	东芝	日本	SAMSUNG 电子	韩国	SAMSUNG 电子	韩国	Intel	美国
3	日本制作所	日本	NEC	日本	东芝	日本	Qualcomm	美国	SK Hynix	韩国
4	Motorola	美国	SAMSUNG 电子	韩国	TI	美国	SK Hynix	韩国	Micron	美国
5	TI	美国	TI	美国	Renesas	日本	Broadcom	美国	Qualcomm	美国
6	富士通	日本	ST Micro	欧洲	Qualcomm	美国	Micron	美国	Broadcom	美国
7	三菱电机	日本	Motorola	美国	ST Micro	欧洲	TI	美国	TI	美国
8	Intel	美国	日立制作所	日本	Hynix	韩国	东芝	日本	东芝	日本
9	松下电子工业	日本	Infineon	欧洲	Micron	美国	NXP	荷兰	WD	美国
10	Philips	欧洲	Micron	美国	Broadcom	美国	Mediatech	中国台湾	NXP	荷兰
美国企业	3		4		5		5		6	

续表

排行	1999年 企业	1999年 国家	2000年 企业	2000年 国家	2011年 企业	2011年 国家	2016年 企业	2016年 国家	2017年 企业	2017年 国家
日本企业	6		3		2		1		1	
欧洲企业	1		2		1		1		1	
韩国企业	*		1		2		2		2	
中国企业	*		*		*		1		*	

注:该表格中的全球前十强的半导体企业排名以年销售总额为准。

资料来源:转引自金载勋《限制与反限制——韩日半导体贸易摩擦中的双边博弈》,《日本研究》2020年第1期。参见高德纳(Gartner), https://www.gartner.com/en/;韩国半导体协会,https://www.ksia.or.kr/;世界半导体贸易统计(WSTS),https://www.wsts.org/;日本半导体装备协会(SEAJ),http://www.seaj.or.jp/。

(一)资本主义世界经济的宏观冲击与传统范式的变化

20世纪80年代,无论是"量"还是"质",日本半导体产业在世界市场上先后成功追赶(或超越)竞争对手,逐渐成为全球半导体产业的强者。对此,作为一种应对措施,美国开始正式牵制日本半导体企业的发展,并在1986年美日两国签署《美日半导体协定》。通过这些措施,美国贸易代表办公室(USTR)正式向日本政府施压,迫使日本大量进口美国企业生产的半导体。回顾历史,当冷战期间美苏两大阵营仍然处于对立状态时,美国主导的"巴统"(COCOM)[①]体制严格控制属于最尖端科技领域的商品在世界市场上的进出口。因此,除最高的科技水平和巨大的初始投资额等结构性地进入壁垒以外,世界半导体产业在美国主导的资本主义世界经济中还存在着"巴统"体制施加的策略性地进入壁垒。但是,冷战结束以后,事实上"巴统"体制也失去了实效性。与此同时,对美国的跨国半导体公司来讲,冷战后的日本半导体企业已经是真正意义上的唯一竞争对手。

在这样的时代背景下,从20世纪90年代初开始,日本企业在全球半导体市场上的绝对优势地位发生了动摇。尽管在产业宏观层面发生了一系列根本性变化,但是日本的半导体企业一如既往,基本上坚持了以高质量和高价格为中心的既有战略路线。20世纪90年代韩国的三星电子在世界动态随机存取存储器(DRAM)市场上首次占据全球占有率第一的位置时,日本也没有对此做出回应。之后,在第三次产业革命中诞生的"数字革命"开始以超乎想象的气势加速。与此同时,从传统范式的观点看,全球半导体市场的产业生态界也开始出现一系列根本性变化。最具代表性的事例是,从宏观层面上看,半导体生产的单一产业开始逐渐分为"铸造工厂"(Foundry)和"IC设计公司"(Fabless)两个不同领域。当然也存在着一些例外,但基本上,全球大部分的半导体企业只对其中一个领域做出专业化的战略性选择。但是,在

---

① COCOM(Coordinating Committee for Export to Communist Countries)指的是"巴黎出口控制协调委员会"(简称"巴统")。参见王勇《中美经贸关系》,中国市场出版社,2007,第208—210页。

传统范式发生根本转变的过程中,日本的大部分半导体生产企业都选择了固守所谓"百货店式经营方式",同时回避了在"铸造工厂"或"IC设计公司"的选择中转向某一边的战略性变革。此外,21世纪初在日本政府的主导下,日本国内的半导体企业之间也试图进行大规模的结构调整。但在复杂的协商过程中,日本企业之间未能达成一致意见,最终无果而终。从结果上看,日本的半导体产业未能适应从宏观层面开始的冲击,也未能在微观层面做出适当的调整,最终走上了不可逆转的衰落之路。

(二)成功的本质和本业的失败

从传统意义上讲,从创业时期到现在,东芝已经成功地培养出了日本国内企业界的多数代表性经营者。同时东芝被选为维持良好支配结构的企业,在日本国内名声很高。东芝公司前总裁土光敏夫(1896—1988年)是工程师出身,曾任日本经团联第四任会长。在日本人的眼里,他在日本社会曾被称为"(日本)涡轮机和喷气发动机技术之父",至今仍被称为"东芝之神"。东芝在以财阀为代表的日本企业文化中拥有经营和所有权完全分离的支配结构。因此,直到2015年在财务造假丑闻曝光之前,东芝一直被认为是经营和所有权两方面都理想的企业。但是,在集中调查两次财务造假事件的过程中,东芝实际上存在非常典型的"委托代理问题"(principal-agent problem),这一点得到了新的证实。特别是全球金融危机以后,在东芝的经营业绩急速恶化的过程中,作为东芝公司的最高决策者,即现任社长和前任社长,都在自己任职期间因过度回避责任,逐渐累积了更为严重的问题。根据日本证券交易所审计委员会的报告,东芝从2009—2015年七年间虚增税前利润2248亿日元。[①] 而且,在此

---

① Toshiba Corporation, "Notice on Restatement of Past Financial Results, Outline of FY2014 Consolidated Business Results, Submission of 176th Annual Securities Report and Outline of Recurrence Prevention Measures, etc.," https://www.toshiba.co.jp/about/ir/en/news/20150907_1.pdf [2019-6-6]; "Toshiba Slashes Earnings for Past Seven Years," *Wall Street Journal*, https://www.wsj.com/articles/toshiba-slashes-earnings-for-past-7-years-1441589473 [2019-06-06].

过程中所涉及的人员和部门不仅包括东芝公司的高级管理层、职员、监事和会计师事务所等,还包括日本政府下属的经济产业省以及有关高级政府官员。因此,从本质上看,这绝不是微观层面偶然性的个人问题,而是宏观层面必然性的结构问题。

事实上,在宏观层面受到类似冲击的过程中,全球金融危机后日本国内不少的大型企业接连发生了超大型丑闻事件。具体来讲,从 2015 年 4 月东芝的财务造假事件开始,2016 年 4 月三菱汽车(Mitsubishi Motors)也发生了油耗数据造假事件。超级造假事件并未就此停止,到 2017 年 6 月,高田(TAKATA)因安全气囊爆炸事故而面临破产。特别是 2017 年 10 月神户制钢公司(KOBELCO)伪造质量数据的事实也被揭发之后,在三菱重工业的 MRJ 飞机、丰田汽车、新干线等约 500 家日本企业中引发了连锁性的质量问题,至今仍处于难以收拾的局面。[①] 在世界市场上以卓越的高品质为代表的日本企业正令人难以置信地逐步成为超大型质量问题的发源地。在这种宏观背景下,从失败的本质来看,东芝开始财务造假的根本原因就在于其在微观层面做出了错误的战略选择。具体来讲,21 世纪东芝将核电站建设项目设定为新的核心事业,到 2006 年决定收购美国的核能发电公司西屋(Westinghouse,WH),并支付庞大的收购费用。据专家分析,正是这种收购决定成为东芝走向衰落的决定性原因。不可忽视的是,在东芝收购西屋的决策过程中,当时的日本政府通过各种渠道对核能源的事业部门发挥了巨大的影响力。事实上,2006 年东芝决定收购美国的西屋时,日立制作所(Hitachi)也开始与美国的通用电气公司(GE)的核能发展部门积极合作,三菱公司(Mitsubish)与法国的阿海珐(Areva)公司进一步加强合作。当时日本政府的大战略是,到 2030 年以后,核能

---

① "Kobe Steel's Falsified Data Is Another Blow to Japan's Reputation,"*The New York Times*,https://www.nytimes.com/2017/10/10/business/kobe-steel-japan.html[2019-06-06].

发电量将占日本国内总供给的约30%—40%。正是基于此,当时的日本政府积极鼓励日本国内的大型企业开展新时代的核能源事业及有关的大规模投资项目。

从结果上看,经历2008年全球金融危机和2011年福岛核事故后,曾经代表日本半导体产业的东芝,在全新的核电站建设领域将面临无法挽回的巨大失败。最终,东芝或许在没有认清成功的本质的情况下,本业的失败也在所难免。

五、结 论

本文对全球金融危机后日本产业的演变进行了研究,主要针对代表当代日本产业界的汽车和电子产业,进行了丰田(汽车)和东芝(半导体)的案例研究。具体来讲,围绕在资本主义世界经济中遭受单一国家无法控制的来自宏观层面的两种冲击,本文对丰田和东芝各自在微观层面的不同应对策略选择和由此产生的后果进行了深入分析。其中,从宏观层面看,两个冲击是指2008年发生的全球金融危机(新经济冲击波)和2016年开始加速的第四次产业革命(新范式冲击波)。

值得关注的是,全球金融危机后,2009—2010年前后丰田在美国市场遭遇大规模召回事件,蒙受巨大损失。对此,专家们普遍认为,丰田在相当长一段时间内难以恢复。在宏观层面遭受同样的冲击波下,东芝为掩盖逐渐恶化的内部经营业绩,以结构性方式进行财务造假。随着这一事实的曝光,东芝遭受了致命的损害。另一方面,在第四次产业革命的大转折时期,丰田遭遇诸如优步和谷歌等新的竞争对手,而东芝则面临来自全球半导体企业更强劲的挑战。

在前所未有的巨大挑战和危机中,从结果上看,丰田在微观层面大力推进组织改革和意识改革。在此过程中,相较高级管理层,丰田大幅强化了专业技术人员的权限和发言权。另外,随着第四次产业革命时代的来临,过去丰田的悠久传统,特别是跟承包商(或子公司)之间的垂直供应链结构正在以更加横向的方式进化。从本质上讲,丰田认清了失败的本质,最终获得了本业的成功。与此相反,东芝在宏观层面对政府主导型核电站建设事业的大战略和新赢利模式进行了大规模的投资。在此过程中,比起专业技术人员,高级管理层的权限和决定权大幅加强。从结果上看,在第四次产业革命的萌芽时期,东芝不得不将过去公司的核心部门,即东芝半导体,出售给其他公司。从本质上讲,东芝认不清成功的本质,免不了本业的失败。

(作者系北京大学国际关系学院博士研究生)

试论日本海洋养殖业的升级和产业化过程
——关于珍珠、鲑鱼和金枪鱼养殖产业的演变和最新动态*

赵大熙　金载勋

内容提要：本文通过分析珍珠、鲑鱼、金枪鱼海洋养殖业的升级和产业化过程的案例，研究产业的发展过程中发生的危机以及相应的突破战略。三个案例的升级过程与产业化过程的时期和方法虽然都不同，但这三个行业皆用不同以往的创造性方式解决了所面临的危机，并且使克服危机的经验成为增强竞争力的机会。虽然日本国内外政治、经济和社会发生了巨大变化，但从 21 世纪日本社会的微观层面来看，"日本人之心"和"工匠精神"还是不断进步，一直维持着命脉。现代日本社会发挥着这种传统价值，所以在资本主义世界经济机制内在的不确定性增加时，这种传统价值能成为克服危机的动力。这是中国学术界应该关注的地方。

关键词：海洋养殖业　蓝海市场　福岛海产品　企业家精神　日本人之心

2019 年 3 月，世界贸易组织的争端解决机构（Dispute Settlement Body, DSB）对日韩贸易争端的二审判决引起了人们普遍的关注。它撤销了一审的决定，承认了韩国政府对福岛产进口海产品提出的安全隐患是正当的。[①] 该判决下来后，各地的主流媒体、各国的学术界和相关产业人士更加关注日本海产品

---

* 感谢朴贤京女士在收集、翻译和分析日文文献等方面的很多宝贵意见。

① Dispute Settlement Body, *DS495: Korea—Import Bans, and Testing and Certification Requirements for Radionuclides*, April 26, 2019, https://www.wto.org/english/tratop_e/dispu_e/cases_e/ds495_e.htm[2019-05-20].

进出口的现状。①

目前国内学术界对日本海产品或养殖产业的研究,没有特别提到日本海洋产业。海洋养殖产业自20世纪初期一直在推进升级或产业化,而大多数研究根据一些统计数据对相关产业的现状进行了分析。② 当今日本国内养殖产业被认作海洋资源开发的一部分。日本建立了从大型国家项目到小型单个企业的多种产业模式,以推动海洋资源开发。

将关于海洋资源的研究作为未来学领域的食物资源安全研究的一部分,具有重要意义。近年来,海产品的需求量在全球市场上不断增长(参见图1),继而推动了全球性的"鱼价通胀",而主导鱼价通胀的高级海洋资源即为养殖产业,由此看来,领先世界的日本海洋养殖产业的最新动态研究兼备学术性和实用性。因此,本研究以最近的现实背景为基础,介绍日本代表性的三种海洋养殖业——珍珠、鲑鱼、金枪鱼的升级和产业化的过程,并分析了与海洋养殖业相关的最新动向。

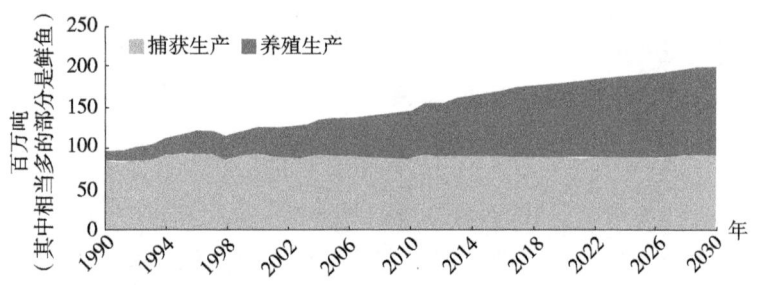

图1 全球捕获鲜鱼与养殖鱼类生产量的演变与展望(1990—2030年)

资料来源:Food and Agriculture Organization of the United Nations (FAO), The State of World Fisheries and Aquaculture 2018:Meeting the Sustainable Development Goals, p.184, http://www.fao.org/3/i9540en/i9540en.pdf[2019-05-20]。

---

① 截至2019年4月15日,中国、美国、韩国等七个国家和地区禁止进口福岛海洋产品,另外还有收紧进口条件的以欧盟为代表的23个国家和地区。
② 扈丹平:《我国海洋新兴产业国际竞争力研究》,哈尔滨工程大学经济管理学院硕士学位论文,2010,第14—16页。

一、珍珠养殖的升级过程与产业化过程

在资本主义世界经济中,珍珠和钻石是中上流阶层女性最喜欢的宝石,而二者相比有四大不同点:第一,珍珠不是掠夺性商品。目前,珍珠的全球市场规模达到约107亿美元,而且流通的95%的珍珠都是通过人工养殖生产出来的,所以它不太可能如钻石产业一样,引发内战或国际冲突。第二,珍珠可以进行人工生产。只要具备养殖条件与相关技术,即可产出珍珠。第三,珍珠养殖产业一般具有非零和博弈的特点。养殖珍珠在从生产到销售的"价值链"结构下,对所有相关人员和企业提供物质和精神两方面的满足感。因此,更多的珍珠养殖的生产或消费有利于更多的生产者和消费者。第四,珍珠是可持续生产的宝石,钻石是在自然界中开采出来的。从根本上说,钻石的价值本质是稀缺性,而珍珠的价值本质却是生产性。而且如上所述珍珠的代表性特征是以养殖来实现的。事实上,养殖珍珠产业的背后,暗藏着御木本库吉(1858—1954年)的不屈灵魂和创造精神。

(一)珍珠的升级过程

御木本库吉被尊为代表现代日本民众的创造性和挑战精神的人物。19世纪末,他投身于养殖业时,选择了珍珠蚌养殖。而随着时间的推移,他做出了一些变化,开始直接生产养殖珍珠。他为了成功地养殖珍珠,倾尽了所有财产。养殖珍珠只有在0.5微米左右的碳酸钙结晶结构体上堆积大概千层以上才能生成。由于过去没有人掌握相关的技术或知识,他对此发起的挑战看起来似乎有些鲁莽,加上日本自然环境特有的季节变化,每年都要经历台风、赤潮、低温等,导致其珍珠养殖研究不断失败。然而,在经历了15年间的无数次失败之后,1893年,在三重县相岛(现为御木本岛),御木本库吉成功生产出世界首批半圆养殖珍珠。这一成功,成为后来御木本库吉的圆形珍珠生产

技术研发和养殖秘诀升级的动力。此后,又经过12年的艰苦努力,在1905年,御木本库吉终于成功生产出圆形养殖珍珠。[①]

事实上,在御木本库吉将事业方向从珍珠蚌的养殖转向养殖珍珠的生产之前,日本政府已经试图生产养殖珍珠。可是几经周折之后,政府放弃了养殖珍珠产业。当时日本政府虽然预想到收益会很大,但推进现代意义上的国家主导型的珍珠产业政策是很难实现的,而相关业务也没有实际的可行性。与此相反,御木本库吉却抱着坚定的信念和意志,挑战了连政府也放弃的超大型珍珠养殖事业。当时的御木本库吉发明了这一史无前例的创新型产品,并开辟了批量生产养殖珍珠的道路,创造了一个巨大的产业基础与生产系统的宏观蓝图。

(二)养殖珍珠的产业化过程

1918年,御木本库吉成功地大量生产出高品质的珍珠,第二年,他开始向伦敦珠宝市场供应珍珠。然而当地的反应却与日本国内的赞誉和好评相反,被介绍到欧洲的珍珠遭到了强烈的抵制和批评。因欧洲珠宝商担心自己在欧洲和世界珍珠市场上的垄断地位受到挑战,主张养殖珍珠是假货。关于养殖珍珠的真伪判断持续了长时间的争论,导致1921年欧洲开始所谓的"御木本库吉养殖珍珠真伪判定的审判"。这样,御木本库吉要实现其大批量生产,形成珍珠的产业化,并供应全球市场的计划遇到了巨大难关。

御木本库吉并没有屈服于逆境,做了严密周到的准备工作,突破了"珍珠审判"这一重大危机。他以当时欧洲珍珠鉴定领域最权威的专家为首,试图证明养殖珍珠与天然的没有区别。在此过程中,1924年5月24日在法国巴黎举行的"珍珠审判"公布,御木本库吉大量生产的养殖珍珠与天然珍珠没有任何区别。1927年,法国裁定的再次鉴定,也声明了御木本库吉的养殖珍

[①] 制作养殖珍珠的过程如下:生产珍珠蚌苗—育苗—避寒(养殖场水温降至8℃以下时,将养殖珍珠蚌苗转移到其他地方)—育苗—避寒—插核手术—从珍珠蚌中取出珍珠。

珠与天然珍珠没有区别。① 经历漫长的审判后,养殖珍珠成为全球公认的珠宝,同时也达到了向欧洲社会宣传养殖珍珠的价值的效果,由此养殖珍珠的全球规模产业化得到划时代的突破。

御木本库吉在20多岁时作为年轻的企业家开始养殖珍珠蚌,在认识到它不值得作为一种事业模式后,他试图转向,最后成功生产出养殖珍珠。通过这一珍珠养殖产业化的事例,可以看出世界第一次将珍珠养殖产业化并在日本取得成功的决定性动力并不是宏观层面上的日本政府主导的现代意义上的产业政策,而是微观层面上的御木本库吉个人的执着和企业家精神。② 也就是说,御木本库吉在开拓新产业的过程中,结合技术开发和企业家的创造精神,克服了当时所面临的难关。

二、养殖鲑鱼的升级过程与产业化过程

在全球化的时代,各个地区的生活方式日趋同化,而这种现象在食品文化领域最为明显。进一步说,趋同化的饮食文化已经发展成为一个效益可观的市场,生活水平的提高带来了质量层面上食品文化的发展与市场逻辑的结合,形成了食品文化的根本性变化。

在趋同化的食品文化特征中,两个典型的质变是当地食物(local food)的扩展和超级食品(super food)的扩散。③ 随着持续的健康食品热潮,美国食品市场开始关注超级食品,并逐渐扩

---

① 参见御木本珍珠网站:https://www.mikimoto.com/jp/history/index.html。
② 1952年,作为《珍珠产业保护培养法》的一部分,日本政府制定了所谓的"海外珍珠养殖的三个原则":第一,确保日本资本的主导地位;第二,不公开珍珠养殖技术;第三,日本必须全部收购海外生产的养殖珍珠。虽然在1998年该法因放宽限制而被废止,但其为日本养殖珍珠产业发展做出了巨大贡献。
③ 当地食物是指以当地农民和农场直接生产的农产品为中心消费的食品,超级食品是指富含人体所需营养素并有助于增强免疫力的食品。

散到全球社会中。①其中,鲑鱼作为超级食品中唯一的海产品,在欧洲、美国、日本已经跻身高级食品的行列,并已经开始在中国等新兴国家中被大量消费。

(一)鲑鱼食品的升级过程

在上述背景下,日本政治界、产业界、学术界等已经开始关注中国高档海产品总消费量的增长趋势。因为他们预计收入不断上升的中国消费者在不久的将来会关注以鲑鱼和金枪鱼等为代表的高档鱼类为材料的刺身和寿司。此外,日本政府希望在不久的将来在中国形成一个巨大的高端海鲜产品消费市场,并正在扩充日本国内养殖品的供应和运营系统。其中,鲑鱼在日本养殖产业中所占的比重不小,而且今后相关供应链和运营系统将进一步得到扩充和增设。这与在全球市场以鲑鱼为食品原料或保健补充剂的消费和销售趋势,以及鲑鱼和鲑鱼沙拉的消费量增长密切相关。在此之前,我们有必要了解直到18世纪中期一直是欧洲普通人的主食的鲑鱼,为什么自19世纪起被提升为欧美高端海产食品,并且鲑鱼食品的生产成功实现了产业化。

鲑鱼食品的升级过程与产业化过程是基于历史和经济原因。首先,从历史上看,鲑鱼料理在18世纪后期开始发展起来。当时,法国凡尔赛宫的皇家厨师,为了以口味挑剔而著称的美食家路易十六,决定将鲑鱼作为新的食材来使用。然而,直到18世纪的欧洲,鲑鱼一直被认为是一种非常普通的食料,只有普通人吃,因此皇家厨师必须设计一种特殊的烹饪方法。在这个过程中,一种现代形式的鲑鱼烧烤诞生了。通过这一新的食谱,鲑鱼从法国宫廷开始慢慢地得到国王与贵族的认可。19世纪末,随着作为法国历史上顶级厨师之一的奥古斯特·埃科菲开始在巴黎丽兹酒店最好的餐厅销售鲑鱼烧烤,鲑鱼逐渐在人们的意识中树立起法国资产阶级和世界各地上层人士的美食海产品的形象。

---

① 代表性的事例就是现在代表世界大势的无麸质(Gluten-Free)潮流和食品的流通,并且在销售领域中线上线下(On-Off line)之间的界限逐渐消失。在此过程中,美国相关行业的企业主动引导着这两个领域的发展。

18世纪末至19世纪在法国被高级化的鲑鱼烧烤料理,后来在20世纪传播到美国的上层阶级的餐桌,并进一步形成只能在凡尔赛宫和巴黎丽兹酒店才能品尝到的高级海鲜料理的宣传效果,增加了对鲑鱼烧烤的流行效应,同时增强了吃鲑鱼的雅致形象。

(二)养殖鲑鱼的产业化过程

鲑鱼得以升级之后再次成功得以产业化的原因可以用经济学的需求和供给之间的平衡原理来解释。在供应方面,19世纪工业技术的快速发展使运输和制冷技术发生了革命性的变化,对供应商来说,运输和储存成本大幅度下降,因此海产品也能进行长途运输。换言之,技术的进步使以前仅限于沿海地区的海产品消费和销售克服了时间和空间的限制。例如,欧美之间建立航运路线、增加横跨美洲大陆的铁路线、大型海洋捕鱼船的出现等,使鲑鱼和海产品的消费扩大到欧洲内陆地区和美国大陆全境。在这一过程中,鲑鱼烧烤受到欧美地区越来越多的消费者的欢迎。这逐渐导致鲑鱼价格上涨,使得生产者、贩运者和销售者都获益匪浅。不断上涨的鲑鱼价格引导更多的供应商参与其中,在鲑鱼的生产、运输和销售过程中出现了更多的投资,因而逐渐实现了规模经济。最终,很多消费者习惯于消费鲑鱼烧烤,鲑鱼开始供不应求,通过鲑鱼市场的规模经济创造了一个良性循环,鲑鱼产业逐渐形成巨大的规模。①

---

① 鲑鱼的产业化过程与美国的另一个代表性高档海产品龙虾产业的成功升级与产业化过程相似。自17世纪初至19世纪中期的约200年间,龙虾作为"贫穷的象征",始终是美国基层民众的主食。当时,龙虾大多是在美国普利茅斯海岸捕获的,而且很常见,因为它们被认为是没有价值的商品,甚至被用作农业堆肥,而不是人类食物。19世纪20年代,美国国内出现了专用捕龙虾的渔船,1842年,自缅因州至芝加哥铁路建成,1869年,横贯大陆铁路完成,因此从19世纪中期,新鲜的龙虾通过铁路网供应到美国全境。这成为美国全境对龙虾总需求激增的契机。总需求量的激增逐渐超过总供给量,在龙虾价格暴涨的过程中,龙虾也形成了高端形象。之后,龙虾在美国社会逐渐成为只有上层阶级或者成功企业家才能享用的最高级料理。持续上涨的龙虾价格进一步加强了龙虾作为高端食品的定位。因此,越来越多的需求再次带来了整个美国龙虾消费增加的良性循环结构。最终,在全世界逐渐形成了龙虾消费市场。

第二次世界大战结束后,鲑鱼产业再次在日本成功地实现了升级和产业化。不仅在当代日本社会,而且在世界各地,鲑鱼生鱼片和寿司作为代表"酷日本"(cool Japan)饮食文化中的高端食品而广为人知。① 而实际上,代表日本食物文化的鲑鱼生鱼片和寿司只是二三十年前从挪威引进的在日本历史中较短的食物。日本在传统上认为,鲑鱼与其他海产品不同,由于担心被在太平洋中捕获的天然鲑鱼中的寄生虫所感染,日本一直就有对鲑鱼进行烹饪的习惯。挪威为了开拓鲑鱼销路并进入日本市场,专门研究日本人对鲑鱼的烹饪习俗,进而展开积极的市场营销战略。这样的研究和营销战略成为改变日本人饮食文化的契机。

20世纪60年代末,挪威成功地实现大西洋鲑鱼海洋养殖及对其的产业化,但是在当时鲑鱼的主要消费市场欧洲已经面临供过于求的局面。② 因此,如果不开拓新的"蓝海",欧洲市场将变为"红海",而鲑鱼价格将暴跌,继而导致鲑鱼养殖者的收入也会急剧下降。因此,挪威政府将日本定为一个蓝海市场,打算将生鲑鱼出口到日本。然而,与挪威早先的预测相反,生鲑鱼进入日本市场后的反应低于预期目标。因此,挪威政府和养殖企业界共同制定了名为"日本计划"(project Japan)的生鲑鱼出口战略,此后十年,继续实施促销活动以改善日本对挪威鲑鱼的认识。③ 在日本把生鲑鱼仅做寿司原料的条件下,20世纪90年代中期,挪威以低廉的价格向日本的流通企业签订了出售5000吨鲜鲑鱼的订单。此后,在日本全国范围内供应的生鲑鱼价格下降。总之,挪威为解决当时在欧洲海洋养殖鲑鱼供应过剩问题而

---

① 経済産業省「クールジャパン政策について」、https://www.meti.go.jp/policy/mono_info_service/mono/creative/file/170802CooljapanseisakuAug.pdf[2019-05-20]。

② 挪威工党曾经把扶持地方各地发展养殖业作为中央政府权力分散到地方的办法之一。John Phyne,"A Comparative Political Economy of Rural Capitalism: Salmon Aquaculture in Norway, Chile and Ireland," *Acta Sociologica*, Vol. 53, No. 2, 2010, pp. 173-74.

③ "Norway's Introduction of Salmon Sushi to Japan," Norway Exports (2011-04-08), https://www.norwayexports.no/norways-introduction-of-salmon-sushi-to-japan[2019-05-19].

开始的日本计划,凭借十几年的不懈努力,在日本国内市场成功实现了鲑鱼的产业化,再进一步通过"酷日本"战略,在全球范围内传播日本生鲑鱼饮食文化,并在全球鲑鱼产业方面取得了巨大的成功。

三、养殖金枪鱼的升级过程与产业化过程

在资本主义世界经济中,日本人将金枪鱼与被他们称为"鱼之王"的鲷鱼相提并论,认为其是顶级的鱼,再仔细按照部位分类,金枪鱼的大肚肉被认为是顶尖级的。目前世界上生产的约90%的金枪鱼都是在日本国内市场消费的。同时,金枪鱼生鱼片和寿司已经在欧美市场得到高档产品的认定,中国的高收入消费者也习惯了将金枪鱼生鱼片和大肚肉作为高档日式餐厅的招牌菜或顶级食材。与鲑鱼一起,金枪鱼料理也已经在各国美食家之间广受欢迎,成为"酷日本"的代表性文化商品之一。

然而,精通日本文学或日本史的日本研究者可能会想起日语俗语"猫跨步"(意指不好吃的鱼,连爱吃鱼的猫也跨过去不吃),而对当今人们对金枪鱼的高度评价感到诧异。实际上,在20世纪之前,日本人很少吃金枪鱼。纵观历史,金枪鱼在日本人的饮食文化中只存在了大约100年。不仅如此,金枪鱼在日本的流行时间只有50年左右,即日本的金枪鱼饮食文化,与其他国家具有代表性的饮食文化史相比也算是较短的。

(一)金枪鱼的升级过程

亚洲文明史中食用生鱼的饮食文化和传统起源于古代中国。然而,自明清以来,吃生鱼片的风俗在中国逐渐消失了。在日本的传统饮食文化中,吃生鱼片的文化是在中国抗倭援朝之后,日本通过迁都而开始兴起。[①] 具体来说,随着德川幕府从内

---

① 这与日本国内长期以来因政治原因而禁止吃肉的文化形成了鲜明的对比。在禁止肉食文化方面,自675年天武天皇宣布"家畜屠宰禁止及肉食禁令"至1871年明治天皇将解除肉食禁令作为明治维新重要的一环,该禁令持续了约1200年。

陆地区迁都到临近海岸的江户开始,一般民众自然会比过去消耗更多的海鲜。当时,运输和冷藏技术还没有发展起来,所以海产品被迫以类似海鲜酱的传统发酵食品的形式流通。当时作为发酵食物形态的海鲜开启了今天日本的寿司和生鱼片的先河。元禄时代以后,随着日本国内商业的发展,江户地区餐饮产业也走向发展之路,对海鲜加工食品的总需求也随之增加。可是传统的发酵方式,在鱼类食品的加工和销售过程中,需要花费大量的时间和费用。因此,为了更迅速地适合市场需求,1824年,江户地区首次出现了将未发酵的生鱼片放在米饭上出售的现代意义上的寿司。

传统的鲜鱼发酵食品"鱼饭寿司"逐渐被现代的生鱼食品"寿司"所取代。"寿司"比"鱼饭寿司"能显著缩短生产过程和流通过程,但价格却高于以前的鲜鱼加工食品。寿司从一开始就超过了传统的鲜鱼发酵食品,在市场上占据了优势地位。因此,从19世纪初开始,随着日本国内经济的发展和商业的发达,寿司作为一种升级的快餐,迅速在日本社会得以推广。

在这一时期,寿司的价格根据放在米饭上的生鱼片的种类和部位,在市场上按不同的等级加以计算,并决定了寿司的高低档次。此后,越使用高级海鲜的高级部位,就越被消费者认为是高档的寿司,但同时金枪鱼大肚肉被称为"猫跨步",也就是一种无味并廉价的鱼肉。出现这一现象的主要原因与上述的鲑鱼在被升级之前的经历非常相似。也就是说,到20世纪初为止,日本在金枪鱼的捕捞、保管、流通过程中所必需的交通运输和制冷技术尚不发达,难以期待金枪鱼的全国性需求,相关产业难以形成规模经济。

在18世纪的日本,金枪鱼是只能通过远海渔业才能获得的鱼类,再加上渔船上没有冷冻设施,所以在运输过程中很容易腐坏。尽管日本的制冷技术在19世纪有所改进,但仍不能在运输中保持金枪鱼的新鲜度。因此,在远海被捕捞的金枪鱼到达陆地时,只有脂肪含量最低的脊肉才能以盐浸的形式被食用,而脂肪含量较高的大肚肉和中肚肉较快就腐坏了,只能作为饲料出售。但是进入20世纪以后,情况发生了180度的大转变。1903年,当时美国一家沙丁鱼罐头制造商为了回收利用过剩生产的沙丁鱼罐头,将当时廉价的金枪鱼放入罐头进行销售,这成为现代日常生活中经常吃的金枪鱼罐头的原型。一般来说,食品先被商业化,再经过一段时间以后,才逐渐成为高档产品。但金枪鱼表现出不同于其他饮食的商业化和升级模式,可以说它是商业化与高级化几乎同时形成的一个特例。具体来说,到20世纪60年代末期,渔船内部的制冷技术已经非常发达,人们可以将捕获的鲜鱼在－60℃的条件下迅速进行冷冻,这样使金枪鱼可以在新鲜的状态下,被供应到日本国内的高档寿司店。制冷技术的发展即成为金枪鱼在相对较短的时间内实现商业化和升级的第一股动力。

(二)养殖金枪鱼的产业化过程

20世纪70年代,空运价格的下降打开了从北美进口金枪鱼的渠道,为进一步做大做强金枪鱼的产业化奠定了基础。当时,随着日本经济突飞猛进的发展,日本开始向欧美出口大量的产品,在此过程中,日本的航空运输事业亦取得了长足的发展。然而,日本企业向北美市场出口产品后,因找不到被装运回国的商品,大部分货舱又空着回到了日本。沉没成本的空运费与装运量无关,需要按照规定进行支付,因此不管装运数量如何,空飞机对航运公司的利润率产生了负面影响,但没有找到适当的替代方案。在此背景下,日本航空运输界关注到金枪鱼在20世纪60年代末开始在日本国内迅速商业化和升级化,与此相反,美国国内市场的海鲜价格低廉。因此,日本开始从美国购买大量廉价的金枪鱼,迅速加以冷冻,放入飞往日本的飞机货舱中,供应到日本。这样在较短的时间内几乎同时实现金枪鱼在日本国内的商业化和产业升级。

2002年,日本的金枪鱼养殖在世界上首次获得成功,其中又被称为"金枪鱼大学"的近畿大学下属的水产研究所起到了关键作用。金枪鱼与其他鱼类相比,鱼苗极小,需要用显微镜观察,而且养殖条件非常苛刻,因此长期以来,金枪鱼养殖一直被认为是不可能的。然而,在经历了自 1970 年以来的反复失败试验之后,在没有政府或企业支持的恶劣条件下,在时隔 32 年后,水产研究所终于在 2002 年成功实现了金枪鱼养殖。养殖成功后,该研究所与丰田商社合作,以年产 10 万尾金枪鱼鱼苗为目标,加快了金枪鱼养殖的产业化步伐。同时,研究所与三得利集团合作,于 2013 年开设了养殖鲜鱼专用餐厅。在此过程中,近畿大学学生亲自设计并制作了餐厅的碗和餐具,并且通过对营养均衡菜单的研究,参与了金枪鱼的商品化和产业化进程,即将金枪鱼养殖的生产、流通、销售等价值链的所有过程集中起来,以前所未有的创新方式推进了日本金枪鱼养殖的产业化。

四、结 论

本文从海洋资源升级和产业化的角度,研究了日本海洋养殖产业的三个案例。在珍珠养殖业的案例中,需关注以下三个事实:第一,珍珠养殖发展成为一个大产业,它不是在宏观层面上由政府主导的产业政策所创造的,而是在个人创业精神所基于的微观层面上创造而成的。第二,御木本库吉最初为了生产珍珠蚌而开始养殖业,后来转向直接生产养殖珍珠。这成为升级与产业化的关键。第三,养殖珍珠在进入欧洲市场的过程中,与原先享有垄断地位的欧洲珠宝商出现了冲突,遭遇"珍珠审判"的绝境,但通过"珍珠审判"的胜诉,御木本库吉生产的养殖珍珠的价值正式得到认可,同时反而也成为产业化的动力。

在鲑鱼养殖业的案例中,也需关注以下三个事实:第一,到 18 世纪中期为止,鲑鱼在欧洲一直是普通民众的主食,随着鲑鱼烧烤这一新的烹饪方法的发展,以及其在法国上层社会和巴黎丽兹酒店中所展示的形象,鲑鱼作为食物开始被升级。随后它又以为欧洲各国国王、贵族以及美国新大陆资产阶级所青睐的高级海鲜菜而名声大噪,享有盛誉,进一步升级。第二,随着运输和保管核心技术的发展,人们克服了过去时空的制约,使鲑鱼实现了远距离流通和销售。第三,挪威政府和养殖企业界共同制定了名为"日本计划"的生鲑鱼出口战略,凭借十年以上的不懈努力和投资,在日本国内市场成功实现了鲑鱼的产业化。

在金枪鱼养殖业的案例中,也需关注以下三个事实:第一,金枪鱼作为最高级的海产品食物,被日本发现其真正的价值是在20世纪50年代至60年代,随着运输和交通的核心技术的发展而得以实现的。还有作为高档菜的金枪鱼,是自20世纪90年代以来,通过"酷日本"扩散到全世界的食物,其作为全球性食物历史较短。第二,20世纪60年代,金枪鱼开始进入日本国内的高端海鲜市场,进入70年代,利用飞往日本的飞机货舱空间,实现了产业化。第三,跨国公司、日本政府与日本国内最佳研究机构都默认放弃对金枪鱼养殖的研究,在20世纪70年代,通过日本近畿大学下属的不知名的研究团队32年的辛劳,终于在2002年获得了成功。

2011年12月,五木宽之的《下山的思想》出版之后,在日本国内引发了热烈的争论,从侧面证明了当代日本社会也正经历着巨大的变化。本文通过三个海洋养殖业的升级和产业化过程的案例,研究了日本产业发展过程中的危机突破战略。尽管日本国内外政治、经济以及社会在发生着巨大变化,从21世纪日本社会的微观层面来看,"日本人之心"和"工匠精神"依然在不断进步,一直维持着命脉。现代日本社会也发挥了这种传统价值,所以当资本主义世界经济机制本质上内在的不确定性增加时,该价值能够成为克服危机的动力。这是中国学术界应该关注的地方。

(作者系北京大学国际关系学院博士研究生)

日本的火灾预防:从硬件和软件方面的双层考察

廉 舒

内容提要:本文对日本的火灾预防政策及其措施做了一个考察。日本的火灾预防工作可分为两个层面。一个是硬件层面的建设,即由政府主导加强防灾防火机制,健全相关的法律法规。另一个是软件层面的建设,即对人员方面的培养和教育,其中有推广普及防灾防火知识,加强民间的防灾减灾自救组织力量,致力于形成防灾减灾责任人制度,以及注重消防队伍的建设和培养。

关 键 词:日本火灾预防对策 日本火灾预防措施 日本民间防灾组织

防灾减灾救灾工作事关人民群众生命财产安全,事关社会和谐稳定,是一项关于民生的重要工作。随着城市化的急速发展,居住人口的密集化,建筑的高层化和大面积化,与群众生活密不可分的市场、商街的大规模出现,防灾减灾工作面临着许多新的挑战。中国政府历来重视减灾防灾工作,火灾预防工作也是其中重要的一项。2008年10月,全国人大常务委员会批准了新的"消防法",对消防安全管理、消防责任以及消防监督检查等法规作了大幅度的修改,使消防工作进一步规范化。此后,中国政府又于2016年底推出国家综合防灾减灾规划,推动防灾减灾救灾体制机制的各项改革。①

日本是一个自然灾害多发国家,在防灾减灾方面积累了丰

---

① 《国家综合防灾减灾规划(2016—2020)》,新华网,2017年1月13日,http://www.xinhuanet.com/2017-01/13/c_1120306620.htm[2019-10-05]。

富的经验,拥有一套相对完备的防灾体制,其火灾预防方面的经验很值得借鉴。① 在日本,高层建筑火灾偶有发生,但最终都被控制在了小范围内,未形成大面积火灾。例如,1989 年在东京都江东区的一幢 28 层居民楼的 24 层发生火灾,但很快就被控制住,没有造成蔓延。这与日本健全的消防法制法规、高层建筑防火措施的积极实施密不可分,同时也与日常消防人员队伍建设、向群众普及防火知识并开展全民防灾防火运动不无关系,是硬件机制和软件建设有效结合的结果。本文就日本在防灾防火方面的机制建设和人才培养问题做一个考察。

一、强化硬件机制:日本在防灾防火方面的法律法规、机制建设

日本在防灾减灾方面有一套比较完整的机制。首先,我们考察一下日本在防灾防火方面的硬件机制建设。

(一)日本预防灾害方面的法律法规建设

日本旧时多为木造建筑,容易引起火灾。明治晚期,明治政府曾采取张贴"小心火灾"标语、举办防火讲演会等方法,唤起群众的防火意识。1927 年 3 月 7 日,丹后地区发生地震,震后引起的大火烧毁了 3000 多间房屋,大量百姓在火灾中丧生。这场大火成为日本开展防火教育的契机。早在 1926 年 2 月日本就成立了消防俱乐部。1930 年 3 月该俱乐部组织了大规模的宣讲防火知识和救火演练活动,从此防火运动在日本全国普及开来。②

日本有关防灾法律法规的制定始于第二次世界大战后。1959 年发生在伊势湾地区的强台风,造成数千人死亡。日本政

---

① 山田常圭「我が国の戦後の火災史概観」,『コンクリート工学』、Vol. 45、No. 9,2007 年、14—20 頁。
② 東京消防庁「火災予防運動のあゆみ」、https://www.tfd.metro.tokyo.lg.jp/libr/qa/qa_49.htm[2019-10-02]。

府从此开始摸索建立综合性的、有计划性的防灾机制,并于1961年出台了《灾害处理基本法》。1995年阪神淡路地震发生后,日本在吸取这次灾害经验的基础上强化了防灾体制的建设,特别是加强了危机管理体制的建设。①《灾害处理基本法》大致有以下八项内容:一是明确防灾责任,二是关于防灾组织机构的建设,三是制订防灾计划的重要性,四是如何预防灾害的发生,五是关于灾害发生时的应急措施,六是如何开展灾后重建,七是关于救灾方面的财政预算,八是关于发生紧急情况时政府的应急机制。②《灾害处理基本法》也同样适用于火灾预防方面。日本在法制法规建设方面的最大特点是,不断总结经验教训,不断完善法律法规和防灾体制的建设,每年都会根据上一年的灾害发生情况出台新的规定。

(二)日本的防灾体制建设

日本的防灾体制大概由以下几个层面组成:第一是政府层面。防灾工作的最高责任人是内阁总理大臣,下面设立一个叫中央防灾会议的机构,由其制定并推广防灾基本方针。中央防灾会议是根据《灾害处理基本法》设立的,总理大臣是该机构的最高负责人,其成员分别由内阁大臣、各大公共团体的领导人和有经验的专家学者组成。该机构成员要参加各项重要事项的审议,并向总理大臣和特命防灾责任大臣提供咨询和建议。日本政府还指定23个国家机关和63个公共团体如日本银行、日本红十字会、日本广播协会(NHK)等,以及电力公司、煤气公司和日本电信电话公司(NTT)等公益事业法人一同参与制定、实施政府的防灾基本方针。第二个层面是地方政府层面。日本在县、市、町等地方政府分别设立由县知事和市、町领导的地方一级的防灾会议,根据自身所处地理位置和具体情况分别制订和

---

① 高見尚武『災害危機管理のすすめ—事前対策とその実践—』、近代消防社、2004年、44—49頁。

② 日本消防庁防災課編『災害対策基本法』、ぎょうせい出版社、1995年、16—18頁。

实施适合于本地区的防灾计划和方针。① 最后一个层面是群众层面,即动员和组织群众积极参与到防火运动当中来,加强群众的防灾防火意识和民间自救组织的建设。② 这也是我们在加强防灾防火建设过程中最值得借鉴的地方。

2001年在整顿政府机构时,日本在内阁府增设了负责防灾事务的防灾特命责任大臣一职,另外还设立了负责防灾工作的政策统筹官,负责协调政府和行政机关的相关工作。从1995年到2004年,日本政府拨给防灾方面的财政预算平均是4.5万亿日元,占总预算的5%左右。其中,有关防灾科研方面的预算占1.3%、防灾方面占23.6%、有关水土流失保护方面占48.7%、灾后重建方面占26.4%。可见,日本十分重视防灾方面的工作。③

日本的内阁府设有防灾情报网,如有灾情发生,随时发布灾情进展情况以及日本政府的应急措施。日本总务省每半年组织一次全国性的防火运动,公布上半年发生火灾的情况以及人员伤亡情况。④ 近年来日本加强了对人为故意纵火防范措施的研究,并将研究成果公布在官网上,供广大群众了解和参考。

由于日本重视在政策法规和防灾体制方面的建设,近几年来日本未发生造成重大人员伤亡的火灾,维护了民生和社会安定。

二、软件机制建设:群众防灾的意识培养和民间防灾组织建设

无论硬件机制多么完善,政策和方针的落实最终还是要落

---

① 「防災体制」、日本内閣府編『日本の災害対策』、2015年3月、6—10頁、http://www.bousai.go.jp/1info/pdf/saigaipamphlet_je.pdf[2019—10—15]。
② 「国民の防災活動」、日本内閣府編『日本の災害対策』、2015年3月、40—43頁、http://www.bousai.go.jp/1info/pdf/saigaipamphlet_je.pdf[2019—10—15]。
③ 「防災関係予算」、日本内閣府編『我が国の災害対策』、http://www.bousai.go.jp/kyoiku/panf/pdf/saigaipanf.pdf[2019—10—20]。
④ 日本総務省消防庁「災害情報一覧」、https://www.fdma.go.jp/disaster/info/2019/[2019—10—16]。

到具体人头上。日本在火灾预防方面最成功的一个经验,是加强全民防火意识方面的建设。通过加强全面普及防灾防火知识、建设民间防灾组织、培养消防人才等软件层面上的建设,达到全民防火防灾、防患于未然的目的。

(一)全民防火意识的培养和建设

日本十分注重普及防灾防火知识和培养群众的防灾意识。[1] 其中以培养群众的自我防火防灾意识为最高目标,即"自己的生活自己保"的意识。日本把每年9月1日定为"防灾日",把每年8月30日到9月5日定为防灾周。此期间相关机构和地方公共团体在全国各地举办各种各样的防灾商品展销会、讲演会、防灾防火训练以及防灾宣传画评选活动,以此推广和普及防灾防火知识。[2] 日本还注重防灾防火方面的教育,特别是有意识地培养孩子们的防灾防火意识,日本学校利用一定的教学时间对孩子们进行防灾防火教育。[3] 此外,日本还在社区里开展防灾防火活动,通过组织居民参观自己的生活环境,帮助他们了解和熟悉住地情况,组织大家一起制作防灾地图。政府还向群众介绍救火救灾实例,分享救灾经验。[4] 这些活动一方面可以强化民众防灾防火意识,同时还可以避免在灾情突发时,群众不知所措,造成混乱。

(二)加强防灾防火自救组织的建设

日本消防团的活动有深远和坚实的基础。消防团是根据《消防组织法》在市、町、村地方上设立的消防组织。他们与专业消防队不同,属于非专职的地方公务员。平时他们从事其他工作,灾害发生

---

[1] 武田文男『日本の災害危機管理』、ぎょうせい出版社、2006年、467頁。
[2] 日本内閣府防災情報のページ「『防災の日』及び『防災週間』について」、http://www.bousai.go.jp/kyoiku/week/bousaiweek.html[2019—10—15]。
[3] 今村文彦編『防災教育の展開』、東信堂、2011年、128—147頁;林春男「HTRWM」特集 学校の防災・安全 これからの防災教育—新しい防災訓練—」、『日本教育』2013年7月、6—9頁。
[4] 日本国土交通省「マイ防災マップ・マイ防災プラン—安全の避難のために—」、https://www.kkr.mlit.go.jp/himeji/iin/gouu_higai/pdf/tebiki.pdf[2019—10—15]。

时再救火救灾,有些像以前我国的民兵组织。消防团员在第二次世界大战结束初期曾有 200 万人左右,现在人数有所下降。到 2014 年 4 月,日本全国共有消防团 2221 个,消防团员 86.4 万人。截至 2015 年,登记在册的女消防团员有 2.3 万人。2013 年 12 月,日本颁布了关于强化以消防团为核心的地区防灾力量的法律。该项法律规定,对消防团、水防团等民间自救组织提供防灾教育训练,为他们编排标准的救灾救火训练课程以及提供训练信息等帮助,是政府和公共团体所应有的义务。[①] 现在,消防团面临人员不足的问题。随着老龄化社会的加速,特别是平成时期以后,日本实施的劳动制度改革带来了贫富不均、社会地位不平等问题,参加自救防火组织学习和训练的人员逐渐下降。[②] 面对这种情况,日本也采取了相应措施,扩建消防团队伍。如在消防团内部增设特定职能(機能別)消防员等制度,争取让更多的自救消防组织的负责人加入消防团当中,这样一来,既可加强消防团自身力量,又可加强消防团与地方自救消防组织的连带感。[③] 通过强化社区防灾组织建设,来实现建设"防灾都市"或者"防灾社会"的目标。

1995 年发生的阪神大地震,让日本进一步意识到开展群众自救的重要性。大型灾害发生时,消防厅、消防团应接不暇,群众在第一时间开展自救才是根本。在灾害的预防、应急、灾后重建等方面,也应该重视群众自救的力量。在此之后,日本开始重视民间自救团体的建设,同时推广防灾志愿者的活动,希望能够进一步挖掘和发挥群众在救灾活动中的潜在作用。[④]

日本把每年的 1 月 17 日,即阪神大地震发生日定为"防灾志愿者日",把每年的 1 月 15—21 日定为"防灾与志愿者周"。在此期间

---

① 日本総務省消防庁編「消防団等地域防災力の充実強化」、https://www.fdma.go.jp/publication/hakusho/h26/items/special_section2.pdf#search[2019—10—15]。
② 小林恭一「自事態消防 70 年の歩み」、日本防火・防災協会編『地域防災』、2018 年、8—9 頁;後藤一蔵「町内会と消防団」、吉原直樹編『防災コミュニティの基層』、お茶の水書房、2011 年、110 頁。
③ 日本総務省消防庁編「消防団等地域防災力の充実強化」、https://www.fdma.go.jp/publication/hakusho/h26/items/special_section2.pdf#search[2019—10—01]。
④ 吉川弘之編『防災』、東京大学出版会、1996 年、112—113 頁。

内阁府要举行"防灾和志愿者集会",与其他相关部门一起,总结和分享志愿者的活动成果,并就他们在活动中所遇到的问题进行探讨,还将集会情况总结汇集成一本叫"信息与启示"的小册子,发放给一般群众和志愿者团体。政府还积极配合完善志愿者的活动环境,为防灾志愿者活动提供各种便利条件。[①]

(三)妇女防火俱乐部和少年消防俱乐部

妇女防火俱乐部和少年消防俱乐部是日本民间的自救消防组织。日本在2013年发布的关于强化以消防团为核心的地区防灾力量的法规当中,第一次将妇女防火俱乐部、少年消防俱乐部明确记载在这条法律条款当中。

妇女是家庭生活的重要成员,也是生活区域的重要纽带。妇女在防灾防火方面有着极为重要的作用。日本妇女防火俱乐部自1962年成立以来已经有50多年的历史,现在在日本全国大约有8174个组织,有成员121万人,是日本最大的民间消防组织之一。[②] 除了从事家庭和生活住地的防火活动,她们还向住地居民普及火灾应急知识,以及发生火灾时如何向受灾者提供救助等知识。为了强化妇女防火俱乐部的组织能力,提高地方妇女防火俱乐部的干部水平,日本防火防灾协会为她们举办干部研修班,加强她们对火灾预防知识的学习,提高她们对住地连带防火的意识,还组织她们进行跨地区的交流,通过经验交流,加强区域之间的相互合作,通过培训,有意识地将她们培养成俱乐部的骨干力量和俱乐部未来的接班人。众所周知,在火灾现场开展第一时间急救,可以减少生命损失。

日本少年消防俱乐部成立于1950年,至今已有70年的历史。现在日本全国有少年消防俱乐部4674个,有41万名会员和1.4万名辅导员。[③] 少年消防俱乐部成员日常学习防火防灾知识和参加防火训练,并将学到的防火防灾知识在孩子们当中进行推广。少年

---

① 日本総務省消防庁編『消防白書』(2018版)、https://www.fdma.go.jp/publication/hakusho/h30/chapter4/para2/38331.html[2019—10—20]。
② 同上。
③ 同上。

消防员也是家庭、学校和其生活住地的防灾防火骨干力量,同时也是潜在的民间防灾防火组织的接班人。日本在加强提高少年消防俱乐部辅导员工作的同时,也大力支持少年消防俱乐部开展的各项实践活动。在每年5月12日的全国防灾减灾日,中国政府也组织一些防灾宣传教育活动。如果能成立一些像日本少年防灾俱乐部这样的组织,从小培养防灾救灾的意识,掌握救灾救火的知识,并将其作为一个长远的战略来开展,一定会更加有益于未来。

日本还有一些在居委会领导下的,基于住地居民的连带感而成立的自救防灾组织。这些组织很多已经有70多年的历史了。他们平时举行防灾训练,普及防灾知识,进行消防巡逻,购买用于住地使用的消防器材。火灾发生时,他们第一时间参加灭火,并组织居民避难、救人、救治伤员,收集情报并将情报及时传达给上级消防机关,另外他们还为居民提供食物和饮用水,检查由火灾带来的各种隐患。[①] 到2016年4月1日为止,在日本1741个市、区、町、村当中,1647个里有161847个自主防灾组织,其中81.7%的组织在开展活动。

(四)健全防火责任人制度

日本将防灾工作的重点之一放在如何培养防火防灾责任人方面。日本消防法规定,有众人出入的公共场所,必须任命防火责任人或者防灾责任人来专门负责防火工作。这些责任人需要持有防灾资格证书。要获得此证书,他们必须接受由日本消防协会等机构举办的学习培训。日本防火防灾协会是一个财团法人机构,他们举办防火防灾培训,发展民间防火防灾组织,普及防火防灾思想,推进社会防灾减灾的建设。该协会每年在全国举办700多场讲座,约有7万人取得防灾资格证书。该协会根据政府的防灾防火培训方针制订培训计划,以实际发生的火灾为例,讲解防火防灾的基础知识、消防设备基础知识及其使用方法,向学员说明消防训练以及消防教

---

① 庄司知恵子「町内会と自主防災組織」、吉原直樹編『防災コミュニティの基層』、87—88頁;小林恭一「自事態消防70年の歩み」、4—9頁。

育在防火防灾方面的重要性。通过这些培训,帮助民间培养防火防灾方面的骨干力量。每个单位的防火防灾责任人,必须根据其具体情况制订出相应的消防计划,并严格按照该计划进行防火防灾管理。防火防灾责任人还必须是所属单位的管理层干部。日本防火防灾协会还通过网络等途径,向群众提供防火防灾方面的新动向以及民间防灾组织的活动情况。另外,协会还将有关防灾最新信息、各地防灾活动情况汇总成一本名为"地域防灾"的小册子,免费发送至全国地方图书馆、大学图书馆、各界团体、报社、广播电视机构、地方政府领导和消防相关单位,供大家参考。①

日本还十分注重推广和提高企业的防灾能力。为了促进企业的防灾活动,日本把企业是否积极参加防灾活动与来自市场和社会的评价联系在一起。从企业领导到每一个普通员工都要加强防灾意识。为此,中央防灾会议的相关部门还特意制作了一种防灾项目表,让每个企业按照项目内容,对自身的表现做出评价,并对那些在防灾活动中表现突出的企业和个人进行表彰。② 从 2006 年起,日本政策投资银行设立了一个名为"防灾对策促进事业"的融资项目,鼓励支持在促进企业防灾对策方面的提案。2012 年 6 月 30 日天津蓟县莱德商厦火灾和 2015 年 8 月 12 日瑞海公司危险品仓库重大火灾爆炸事故至今让人们记忆犹新。如果能加强企业的防火意识,强化防火防灾责任,也许可以避免这些悲剧的发生。

综上所述,我们可以了解日本通过普及和强化群众的防火意识,加强民间自助救灾组织的建设,壮大志愿者力量和培训防火责任人等措施来加强防火防灾方面的软实力。这些软实力方面的建设,是日本防火防灾经验的最大亮点。

---

① 参见日本防火防灾协会网站,https://www.n—bouka.or.jp/[2019—10—06]。
② 日本総務省消防庁予防課編「放火火災の防止に向けて—放火火災防止対策戦略プラン—」,放火火災防止対策検討会,2014 年 12 月,9—11 頁,https://www.fdma.go.jp/mission/prevention/item/prevention001_26_hokakasai—b.pdf [2019—10—20]。

三、日本的火灾预防措施和对策

那么,日本具体有哪些防火措施呢?

首先,加强住宅的火灾预防。住宅火灾多发生在夜间人们入睡之后,引起火灾的原因可能是烟头,也可能是旧电器破损、电线短路等,因发现不及时,导致火灾蔓延进而引发大面积火灾,造成人员伤亡。在日本,由住宅火灾造成的死亡占整个建筑火灾死亡的九成以上。家庭防火,最根本的是及时发现隐患。①2001年,日本消防厅制定了《住宅防火基本方针》,其主要目的是推广火灾警报器和灭火器的设置。2004年日本实行了住宅用报警器义务化。根据日本的消防白皮书,至2011年日本大约有七成的家庭安装了火灾报警器。②

2009年2月在北京的中央电视台发生的火灾以及2010年在上海发生的高层住宅楼火灾给我们留下了深刻的教训。高层建筑失火,救助十分困难。那么日本是如何防止高层建筑火灾的呢?开发和使用耐火性能的建筑材料已经成为一种常识。③但最根本的措施还是要防患于未然,日本在高层建筑中采取了以下防火措施:首先,在楼内设置排烟区,以此确保避难通道和空间,这不仅便于居民避难,也有助于消防队灭火。其次,在楼内设置一个特定的房间,通过这个房间向外排气、加压等,确保楼内的烟雾能够飘向某个固定的方向。另外,日本还在指导避难方面做了细致的规定。④ 火灾发生时,如居民同时避难,不言而喻会造成混乱和堵塞,因此设置在楼内的防灾中心会首先拉响设置在出火层和其上下两层的警铃,再经相关人员确认现场,

---

① 山田常圭「住宅の防安全」、『そなえる防災』、NHKコラム、2012年、https://www.nhk.or.jp/sonae/column/20120524.html[2019—10—09]。
② 小林恭一「自事態消防70年の歩み」、9頁。
③ 室崎益輝『ビル火災』、大月書店、1982年、160—162頁。
④ 同上书,第178—182页。

使用紧急广播系统向住民说明情况,视情况再指导居民的下一步行动。高层建筑一般都设有烟雾难以进入的避难楼梯。[①] 避难时指导住民尽量不使用电梯,将其留给消防人员和老弱病残使用。

1995年阪神大地震的死亡人数是五千多人,其中十分之一死于由地震引起的火灾。多处同时发生火灾时,由于消防力量有限,很多时候只能眼睁睁地看着火灾肆意蔓延。这是阪神地震的沉痛教训之一。日本在总结这次地震教训的基础上,采取了以下措施:首先是拓宽道路,其次是推广耐火建筑材料的使用,最后就是改造木造建筑集中的老城区。同时,对群众提出了一些具体要求,例如地震发生后务须及时关闭煤气等火源。在消防队不能及时赶到的情况下,居民在第一时间开展自救灭火,确保有足够的消防用水、可移动的消防水泵等消防设备。[②] 另外,要求将如何有秩序地组织群众避难的各项具体措施明确地写入地区的防灾计划当中。

现代城市的地下空间发展很快,2001年韩国大邱市地铁发生的人为火灾造成192人死亡。日本虽未发生如此惨烈的地下火灾,但也有一些地下火灾事故发生。2012年,大阪市营地铁仓库失火,烟雾流出,造成了混乱,因为地下多为密闭空间,即使有少量烟雾产生,也会在群众避难时造成很大困难。那么,日本在防止地下火灾预防方面又有哪些措施呢?最根本的措施还是要防患于未然。日本地下设施的地面、墙壁和天花板,尽管都使用了非易燃的建筑材料,但仍有可能发生由地下店铺不慎或者行人携带的易燃物品引起的火灾。为了把火灾限制在局部范围内,日本在地下空间采取了与高层建筑相同的防火设施。日本

---

① 山田常圭「超高層建物の火災安全対策を考えよう」、『そなえる防災』、NHKコラム、2012年、https://www.nhk.or.jp/sonae/column/20120815.html[2019−10−08]。

② 室崎益輝「阪神・淡路大震災における火災からの教訓」、http://www.bousai.go.jp/kaigirep/chuobou/senmon/shutochokkajishinsenmon/7/pdf[2019−10−02]。

政府规定地下店铺和地铁设施必须配备自动洒水灭火装置。地下街过道上必须设有地下防火挡门，以此来阻止火灾和烟雾的蔓延。① 为了避免火灾发生时影响防火挡门的正常使用，防火挡门下方严禁放置任何物品。日本还汲取韩国地铁火灾的经验，为了使大家在黑暗中容易辨别避难路线，在防火挡门的旁边设置了诱导灯。日本还指导群众平时上班上学时留意避难标志，以减少火灾发生时不必要的混乱。地下街的中央部分和两端都保有一定的空间，这些空间能够发挥避难时临时中转地的作用，并设有多个通向外部的出口。② 平时普及这些常识，在火灾发生时，有助于群众自主避难。

由人为纵火引起的火灾已成为一个严重的社会问题。为此日本消防厅制定了"防止纵火战略"。通过整备生活环境，不给有意纵火者任何纵火机会，是这项战略的核心，如禁止在公共场所随便放置私人物品，严格管制垃圾放置等。③ 另外，日本在防止森林火灾方面也做了规定。在容易发生山火的季节，加强对山林周围的居民和进山人员的防火宣传，限制山上火源的使用，加强巡逻，对违规者进行批评和教育等。④

在日常生活中我们使用的一些商品也会导致意外火灾的发生。"商品火灾"是指由于商品在设计和制造方面的不当而引起的火灾。热水器、电脑、充电器和汽车等都可以引发火灾。如何防止商品火灾的发生呢？首先，日本加强了这方面的法律和机制建设，日本于1995年颁布了产品制造责任法，又于2009年颁布了消费者安全法，还于同年成立了消费者厅，由其制定相关的商品火灾预防对策。技术革新日新月异，导致火灾发生的原因多种多样，日本政府和制造商及时公布和分享商品火灾事故信

---

① 室崎益辉『ビル火災』、186—189頁。
② 山田常圭「地下空間での火災に備える」、『そなえる防災』、NHKコラム、2012年、https://www.nhk.or.jp/sonae/column/20121110.html[2019—10—20]。
③ 日本総務省消防庁「放火火災防止対策」、https://www.fdma.go.jp/mission/prevention/suisin/post22.html[2019—10—20]。
④ 武田文男『日本の災害危機管理』、467頁。

息和调查结果,以生产厂家为主,消防厅、经济产业省、消费者厅和国土交通省等相关机构保持沟通,将事故原因和调查结果及时公布于网络,以便群众可以随时确认危险商品信息,防止事故的重复发生。① 生产问题商品的厂商,要花费大量资金在电视等媒体上反复播放回收问题产品的广告,避免事故重演。因为采取了这些措施,近年日本商品火灾的发生有所下降。

根据日本消防法及其实施规则,在重点防火对象内部需要设置专门的负责防火的部门。防灾中心就是代表之一。防灾中心平时监视火灾隐情,监管消防设备,在火灾发生时,充当自救消防组织的指挥所。发生特大灾情导致政府和地方公共团体不能行使其职能时,防灾中心作为临时应急指挥中心发挥作用。作为一个集中管理部门,防灾中心须配备一套完整的功能齐全的监控设备,如接收火灾报警信息设备、监管自动喷水灭火器和室内消防栓等灭火设备、监管并远程操作消防水泵等消防设备、通信和紧急广播等设备。最重要的是,要在中心内部配备一台可以监督和操作上述各种设备的综合操作系统。防灾中心一般设置于高层建筑、百货商店、大学、医院的一层或者地下室内,那里还需要驻扎设备管理员和警备员。与防灾中心相似的机构还有中央管理室,负责监督管理紧急电梯的使用、排烟设备、中央空调等设备。② 近年来,很多地方都实行了两者一体化,通过监视显示器统一管理防火工作。

四、结 语

综上所述,我们可以了解到日本在预防火灾方面的措施是

---

① 山田常圭「身近な製品火災の実態と火災安全対策」,『そなえる防災』,NHKコラム、2017年、https://www.nhk.or.jp/sonae/column/20170204.html[2019-10-10]。
② 日本総務省消防庁「総合消防防災システムガイドラインについて」,『防災センターについて』,https://www.fdma.go.jp/.../kento276_22_dai2_sankou-siryou2[2019-10-19]。

分两个层面的。一个是硬件层面,即是由政府主导的,在不断总结经验的基础上,加强防火防灾机制的建设,同时健全法律和法规。另一个是软件层面,即加强人员方面的建设。具体来说就是加强防火防灾知识的普及,以及民间防灾减灾自救组织的建设。同时加强防灾减灾责任人和消防队员的教育和培养工作。

在硬件建设方面,一个值得我们借鉴的经验就是不断总结经验,加强防灾减灾政策措施方面的研究。中国近年来经常举办各种防灾减灾会议。但仔细考察一下,就会发现这些会议大多与工程建设方面的防灾减灾有关,与人民群众日常生活直接有关联的防灾减灾会议为数不多。然而,在日本,政府机关每年都要举行有专家学者、公共团体和消防机关负责人出席的有关防火安全的研讨会。研讨会对上一年在日本各地发生的各种灾情进行分析和总结,针对新的情况和新的问题提出新的对策和意见。① 另外研讨会还要将其会议情况公布在网上,供所有政府部门和群众参考学习。这是我们在硬件建设方面值得借鉴的地方。

在软件建设方面,日本注重强化防火防灾知识的普及,强化每个人在日常生活中的防火防灾意识,落实防火于未然是日本在预防火灾方面的一个重要经验。

日本在软件层次建设方面最值得我们学习的应该是民间自救组织的建设。在火灾现场展开的群众自救,是最有效的救助方法。日本的妇女防火俱乐部、少年消防俱乐部以及居委会一层的基层自救组织的经验也是值得借鉴的。另外就是加强志愿者队伍的建设。中国政府于 2008 年颁年布了新消防法,把专业消防队和志愿消防队的设置规定为义务化。全国志愿消防队于

---

① 日本総務省消防庁「超大規模防火対象物等における自衛消防活動の現状と課題」,『超大規模防火対象物等における自衛消防活動のあり方に関する検討部会』,2018 年 6 月 20 日、https://www.fdma.go.jp/singi_kento/kento/post-34.html[2019-10-13];「平成 30 年度火災危険性を有するおそれのある物質等に関する調査検討会」,2018 年 5 月 14 日、https://www.fdma.go.jp/singi_kento/kento/30.html[2019-10-13]。

1984年成立,截至2011年其队员只有120多万人,而且他们大多数是服务于本人所在单位,未与群众消防组织及一般居民形成连带感。[①] 发展建设民间自救组织,应作为政府社区建设的一环,国家在组织居民参加防火防灾和避难、救治伤员等训练方面应有一定的预算和拨款。这一方面有利于防灾减灾工作,另一方面可以增强居民之间的连带感,减少社会发展带来的人与人之间的关系疏离问题。只有发动基层群众,才是防火防灾工作的根本措施。

最后一点,就是在普及防火防灾知识方面充分发挥媒体和网络的作用。电视、网络已成为群众生活中必不可少的社交媒体。日本的国家电视台NHK利用其大众媒体的特点,制作了相关的火灾预防的系列节目,直接向群众普及防火防灾常识,加强群众的防火防灾意识。中国的电视等媒体也应制作一些帮助群众认识防火防灾重要性的节目,以及灾情发生后如何应对等方面的常识。现在是网络的时代,利用网络将发生了的灾情和政府的对策及时传播给群众也不失为一个好方法。

(作者系筑波大学人文社会科学系副教授)

[①] 田中敦仁『海外消防シリーズ6—中国の防火事情—』、日本海外消防情報センター出版、2015年、45—46頁。

向阳而生:东日本大地震海啸遗址札记

林　昶

内容提要:东日本大地震及其引发的巨大海啸,对日本东北地区造成了严重破坏。在巨大的灾害面前,灾区人民保持着坚忍乐观的态度,通过参与救援和公益活动,从灾难中重新站起,走向未来的复兴之路。而中日两国民众在危难时刻同舟共济、相互支援,为中日友好关系增添了新的色彩。灾难激发出人们坚强不屈的意志和积极作为,东日本大地震海啸地区正焕发出勃勃生机!

关　键　词:东日本大地震　海啸遗址　坚强的向日葵　中日民众友好

初秋时节,日本东京的银杏叶刚刚泛黄,而位于东北地区的宫城县已是万山红遍。两地相距两小时车程,新干线这一四通八达的现代化交通工具,拉近了昔日地理遥远的城乡距离。在东日本大地震十周年之际,我们在创价学会国际总局涉外部的安排下,探访了位于宫城县的"3·11"东日本大地震海啸遗址。

一、东日本大地震海啸灾难中心

宫城县,日本东北地区面积最大、人口最多的府县,首府是号称"森林之都"的仙台市,面朝太平洋,外海是世界著名的渔场之一。

2011年3月11日,世界有记录以来的第五大地震、震级达9.0级的东日本大地震爆发。地震及其引发的巨大海啸,对日本东北地区的宫城、岩手和福岛三县造成严重破坏。据日本警察厅公布的统计数据,截至2020年3月1日,共有15899人在这场地震海啸中遇难,此外还有2529人仍处于失踪状态。[1]

作为地震海啸灾难的中心,宫城县是受灾最严重的地区,死亡人数居三县之首,共有9543人遇难,占遇难总人数的六成。在宫城县石巷市海啸遗址——临海的一片荒芜的黑土地上,有一根高高的木柱,上面刻画着6.9米的标尺,仿佛在述说着"3·11"大地震海啸袭来时的惨烈景象。

我站在长明火前,为死难者默哀,敲响志哀钟声……

站在海啸遗址环顾四周,可以看到经过这些年的清理整建,废墟现场平整,海啸痕迹依稀可见。不同于首都东京高楼林立、人口密集,这里鲜有都市的嘈杂而多了几分乡间的宁静。附近的工厂升腾起白烟,远处的高速公路上车辆往来穿梭。大地震后,灾区恢复和振兴被列入各级政府的优先日程,农副产品在税收、财政等方面享受倾斜政策,被海啸重创的水产业逐步恢复,宫城渔业产量已居各都道府县的第三位;为促进旅游业复苏,政府对前往宫城、岩手和福岛三县的外国游客实施免签政策或颁发多次往返签证,等等。[2]

在遗址现场,一家民营电视台的记者正在对来访者进行采访。面对电视屏幕前的观众,我想说的是,在巨大的灾难面前,灾区人民的坚强不屈、乐观隐忍、为他人着想的良好修为,令人感佩;灾难无国界,大爱无疆域,中日民众同舟共济、相互支援,传为佳话……

二、"坚强的向日葵"

孟子曰:"生于忧患,死于安乐。"日本因其特殊的岛国地理

---

[1] 参见《日本警察厅:2011年311大地震遇难人数已达15899人》,中国新闻网,2020年3月10日,https://www.chinanews.com/gj/2020/03-10/9120020.shtml [2020-10-10]。

[2] 参见《宫城县概况》,中华人民共和国驻新潟总领事馆网站,http://niigata.china-consulate.org/chn/lqgk/gongchengxiangaikuang/[2020-11-20]。

环境,地震、台风、海啸灾害频仍,造就了其民族性格中的忧患意识。而我在宫城县东北文化会馆的"东北福光未来馆"参观时,更感到了一种在灾难面前催人振奋、砥砺前行的精神意志。

"东北福光未来馆"是一个反映东日本大地震的展览馆。馆名"福光",寓意深刻,不仅是"幸福之光",其日文发音还与"复兴"相同,它的主旨是鼓舞人们从灾难中重新站起,走向未来的复兴之路。因此,展览内容充满正能量。

这里展示的,有地震海啸发生后,国家和社会团体领导人的坚定声音,有媒体对灾情和救援的详尽报道,有逆势而行的消防队员的防护服,有冠军棒球队签满队员名字的队服,有各方送来的形状各异的饭团包装纸上的感人留言,有用废纸板制作的可爱动物造型等卡通工艺品、色彩斑斓的图形文字,还有一架钢琴——那是在避难所为自己举行毕业典礼的小学生弹奏的钢琴……每一件展品背后的故事,都无不让人动容。

尤其让我印象深刻的是,在一整面墙的展板上,贴满了日本各地及世界不同肤色的人们与向日葵的合照。那是灾后的初夏,在一片死寂的废墟上,不经意间长出了几棵美丽的向日葵——面朝阳光,笔挺的躯干,鲜黄的花瓣,象征着生命的顽强、不屈与希望。向日葵的照片被发到网上,获得了无数点赞,还被赋予了"坚强的向日葵"的美名。秋天到了,人们收获并精心留下种子在来年播种,第一代、第二代、第三代……在东北文化会馆的一片空地上,每年都有幼儿园的小朋友在老师的带领下春天播种、秋天收获。网友们也纷纷索要。于是,小小的向日葵种子传向日本各地乃至世界,最远传到了巴西。

不消说,"坚强的向日葵"已经成为一种精神的象征。我们的探访活动结束时,创价学会宫城县委员长今村拓也送给我一枚"加油!石卷"的徽章和一个小纸袋。纸袋里面装着第十代向日葵种子。他特别对我说:"你是接受第十代种子的第一人。"顿时,我手中原本轻轻的、几乎没有分量的向日葵种子变得沉甸甸起来。

2020年夏天,第十代"坚强的向日葵"又开花结果了,人们拍下向日葵与"加油!石卷"徽章同框的纪念照片。

三、"加油!石卷"标语牌

说到"加油!石卷",还有一段感人的故事。

黑泽健一,是一位元气满满的中年人。在海啸遗址上搭建的木板房里,黑泽向我们讲述着当年的情景:3月11日海啸袭来时,黑泽正开车在路上,他来不及躲避到高处,就弃车抱住一棵松树,坚持了一夜,最后被救援者救下。他的自来水设计事务所连同家一起在海啸中被冲毁。灾后月余,黑泽在海边的废墟里看到几块尚好的木板。职业的习惯触发了他的灵感。他冲刷干净并拼接好木板,用涂料写下"加油!石卷",将这醒目的圆体大字标语牌立在废墟前。随后,他义无反顾地加入志愿者的行列,做起清理废墟的公益活动。

这块"加油!石卷"标语牌,成为人们目睹灾区现场时最先映入眼帘的景物。敏锐的记者赶来,标语牌的大幅照片迅速登上报纸头条。不难想象,在当年那段艰难灰暗的日子里,它曾感动和鼓舞了多少灾区的人们振作起精神,奋勇向前。即使今天,站在这块10.8米长、1.8米高的巨大标语牌前,依然能感到一种无声的顽强力量。

黑泽侃侃而谈,憧憬着未来。在废墟原址上,一个面积相当于六个东京巨蛋体育馆的园林式海啸遗址公园正在建设中,黑泽是主要的策划者和设计师。这里记录着地震和海啸的残酷无情,有扭曲的路牌和广告旧物、停摆的时钟、洗衣店熨斗,也有来自海内外的各种救灾援助行动展现、灾后复兴和公益活动,还通过声、光、电等多种形式普及地震、海啸的相关知识,指导防灾减灾,等等。

海啸遗址公园建设得到了各级政府的支持,设计方案广泛征求了居民意见。在设计方案中,黑泽还提出了一项暖心的创意——辟出一块地标性的区域,按照过去的街巷复原,让原来的居民能够找到自己的家,缅怀曾经的居所,慰藉逝去的亲人,鼓舞人们战胜灾难的信心。"加油!石卷"标语牌,也将作为实物标识物永久保留,每隔五年重新上色的方案都设想好了:由小学生来完成,从小就在他们的心灵中植入坚强的种子……

海啸遗址公园在东日本大地震十周年之际初现雏形。它的建设无疑被赋予了非同寻常的意义,人们对黑泽的义举肃然起敬。

四、热心公益的佐藤夫妇

傍晚时分,我们驱车前往宫城县东松岛市,访问佐藤千昌夫妇。佐藤的家是一幢两层独立小楼。热情的佐藤夫人一边指着满屋子的各式史努比玩偶,说她是史努比的粉丝,一边端出通常会在特别日子吃的红豆饭招待我们。

佐藤已经退休,后在石卷市一家加油站兼职,夫人是全职太太,不久前他们刚刚当上爷爷奶奶。温馨的家庭、爽朗的主人,让人全然想象不到他们曾经历了那场巨大灾难和人生变故:"3·11"大地震时,他们夫妇正在石卷市区办事,回家的路被地震破坏无法通行,眼睁睁地看着数米高的黑色海浪吞没了家园。当时,他们年迈的母亲和二儿子正在家中。事后据邻居说,刚好有一辆轿车路过,好心的司机让他们坐上汽车。不幸的是,滔天的海啸汹涌而至,载着母亲和二儿子的轿车连同那位好心人一起被海水吞没……

安顿好家人,擦干净眼泪,佐藤夫妇在避难的临时住所——被改造成避难所供无家可归的灾民居住的市民会馆——投入了救灾活动。社区的人们有组织地加入救灾当中,有的清理海啸现场的堆积物,有的用车辆运送捐赠物资,有的联络邻县购买紧缺物品……灾后恢复和重建有条不紊地陆续展开,岛国特有的集团主义精神发挥出了作用。

佐藤夫妇是创价学会会员,灾后当地创价学会支部组织开展了各种活动。在活动中,佐藤夫人发现有些灾民一直没有从失去亲人的阴影中走出来。她觉得,面对灾害人们需要相互的精神支撑和心理慰藉,于是就联系这些灾民参加学会的座谈会,并现身说法,通过自己的努力为他们做心理疏导,给予他们生活的勇气。佐藤则特意把在加油站的工作调到晚间,一方面收入能够多一些,另一方面更是为了能在白天休息之余做公益事业。

佐藤退休前曾在航空自卫队做地勤工作,我也曾在解放军后勤部队服役做宣传工作,共同的经历自然让我们多了共同语言,谈话变得无拘无束起来。我们的话题从军事力量在抢险救灾中的重要作用,慢慢聊到中日关系和两国民众的相互认识。"北京—东京论坛"每年都进行"中日关系舆论调查"。这项被认为是"反映中日两国民意、增进相互了解的重要途径"的民调显示,中国公众受访者对日本持有印象较好或相对较好的比例较高,而日方数据则不高。[①]

我问佐藤:如果说有对中国不好的印象,是怎么来的?佐藤略作思考后回答是媒体,电视中说中国军事力量加强,日本民众对此还是有所担心的,担心将来中日会发生冲突。我说,中国军队的现代化建设是出于防御目的。我还告诉佐藤,在中日关系陷于最低谷、网络上"中日必有一战"喧嚣的 2014 年,中国最权威网络媒体——人民网适时发出"中日关系完全破裂发生大规模战争几无可能"的理性声音,而这一判断正是出自我当时供职的《日本学刊》发表的中国著名国际问题专家张蕴岭的文章。[②]

坐在灾后重建的新屋里,面对诚恳热情的主人,联想到王毅外长在第 16 届"北京—东京论坛"上提到的媒体对中日民众相

---

① 参见《2020 年中日关系舆论调查报告在北京、东京发布》,人民网,2020 年 11 月 18 日,http://japan.people.com.cn/n1/2020/1118/c35421-31934815.html [2020-11-20]。

② 参见《日本学刊:中日关系完全破裂发生大规模战争几无可能》,人民网,2014 年 9 月 4 日,http://world.people.com.cn/n/2014/0904/c1002-25605311.html[2020-12-20]。

互认知的重要作用——目前两国八成以上民众主要通过电视、杂志、网络等媒体了解对方,媒体的作用至关重要——我顿感媒体人肩上的责任。

五、中日民众的友谊之海

"危难时刻见真情",宫城县日中友协理事长水户雄二、名誉会长江幡武在与我的交谈中,谈起面对灾难中日两国民众相互支援的感人往事,仿佛就在昨天。

2008年中国汶川大地震发生后,日本国际救援队迅速赶赴灾区,是第一支抵达的外国专业救援队。一张日本救援队列队向逝者默哀的照片在网络上热传,曾感动了无数中国人。三年后的2011年,东日本大地震发生后,日本人民也感受到中国人民的深厚情谊。在日本最困难的时刻,中国伸出援手,第一时间派出国际救援队,在余震不断的情况下全力抢救幸存者;在日中国留学生走上街头进行赈灾募捐;汶川的孩子们寄来祈福的千纸鹤……一片片真心,令人感动。

东日本大地震发生三个月后,温家宝总理赴日出席中日韩领导人会议,在抵达日本的第二天就赶赴福岛和宫城,代表中国政府和人民慰问灾民,与栖身避难所的日本百姓促膝谈心,并送上大熊猫玩偶。江幡还向我透露了当年的一个细节:他在现场对温总理说,要是中国送一只真的大熊猫就好了,一定会鼓舞灾区人民。温总理会心地一笑,答应让有关部门进行研究……江幡提起往事依然激动不已。

中日两国在危难时刻相互帮助的温馨场景,在2020年暴发的新冠肺炎疫情面前再次上演。"山川异域,风月同天""岂曰无衣,与子同裳",给中日关系增加了共同应对公共卫生安全挑战的新纽带,为中日友好增添了新的注脚,丰富了"人类命运共同体"的科学内涵。"在自然灾害面前,人类是命运共同体。中日是一衣带水的邻邦,更要相互帮助,同舟共济,加强合作。我们没有忘记在中国发生重大灾害时,日本政府和人民给予的大力支援。中国政府和人民将继续为日本救灾和灾后重建提供支持。中日友好的基础在两国人民……"① 当年温家宝总理如是说。创价学会名誉会长池田大作也说过,如果中日政治或经济是"船"的话,运载这条船的"海"就是两国民众与民众的纽带;有时"船"也许会遇到严峻的惊涛骇浪,但只要"海"俨然存在,那么友谊之心的往来就不会中断。②

东日本大地震尤其是海啸灾难,给日本东北地区造成了巨大的人员和财产损失。但正如恩格斯所说:"没有哪一次巨大的历史灾难不是以历史的进步为补偿的。"③

我不禁想起那向阳而生的"坚强的向日葵",在灾难面前,选择坚强,传递坚强,在坚强中获得勇气和希望。靠着这样一种坚强不屈的意志和积极作为,东日本大地震海啸地区正焕发出勃勃生机!

(作者系南京大学中国南海研究协同创新中心特任研究员、中华日本学会编辑出版部前主任)

---

① 参见《温家宝访问日本灾区》,搜狐网,2011年5月23日,http://roll.sohu.com/20110523/n308234693.shtml[2020−10−10]。
② 参见紫荆杂志《池田大作与中国》编辑部编《池田大作与中国——纪念〈中日和平友好条约〉签订35周年》,紫荆出版社,2013,第13页。
③ 恩格斯:《致尼古拉·弗兰策维奇·丹尼尔逊》,载《马克思恩格斯全集》第39卷,人民出版社,2016,第149页。

论沉香文化在日本的演化过程

滕 军

内容提要:文化的根基决定文化的表象。日本在引进中国文化的过程中,运用推崇自然、顺应自然的哲学理念对被引进文化进行了重塑。本文论述了沉香这一在日本国土上绝产的物质在日本的文化演化过程。日本人视沉香为有生命之体,在对沉香的细细品闻过程中建立了"六国五味"的香气分类体系,为了与每一块沉香对话而赋予了每一块沉香独特的名称,还出现了为沉香舍去性命的武士。研究沉香文化在日本的演化过程,对我们阐明日本文化的独特性具有重要的意义。

关 键 词:沉香　六国五味　赋香名　法隆寺　兰奢待

一、南国伽罗聚长崎——17世纪稳定的沉香供应

众所周知,日本从7世纪起,曾借助佛教的传播、遣唐船的往来、宋元商船的贸易,进口了不少包括沉香在内的各种香料,引发了熏香、闻香文化活动的展开。但真正地把闻香活动上升为"香道"[①],令香道普及至社会的各个阶层,是在17世纪初实现的。其实现的前提是通过长崎港的稳定而充足的沉香供应。

1603年,日本第三个武士政权在江户(东京)成立,称德川幕府[②]。开府将军德川家康实行了严格有效的地方诸侯管理制度。但在1637年,九州南部的天草地区发生了天主教徒的起

---

① 17世纪上半叶才出现"香道"一词。
② 之所以称幕府,是因为该政权仍然承认居住在京都的天皇的最高地位,德川家是由天皇任命的征夷大将军,所在地即是幕府。

义。德川幕府将其镇压后实行了锁国政策：不允许国人出国，不允许已经在外的日本人回国；禁止外国船只（除中国、荷兰以外）靠岸；贸易港口只限于长崎。这样一来，幕府完全掌控了贸易秩序，获得了完全的贸易利润。这虽然缩小了日本对外贸易的规模，但确保了日本对外贸易的稳定发展，沉香就是其中的受益产品。

这一时期，每年约有100多艘中国人经营的商船到达长崎港。这些商船被日本人分类为厦门船、宁波船、咬留吧（雅加达）船、暹罗（泰国）船、广南（越南）船等。一些以经营沉香为主的中国贸易船只从沉香盛产地东南亚的港口出发，沿岸北上直接抵达长崎港。船只到达长崎港的海面后，日方的翻译和沉香鉴定专家就会马上登船验货，将高级别的伽罗（顶级沉香）进行特别包装封印，护送至港口的仓库封存，以防丢失。这些高级别的伽罗全部由德川幕府买断，其余的沉香被下放到市面流通。那一时期，由于日本香道的繁盛，日本对沉香的需求很大，幕府特别欢迎经营沉香的贸易船。幕府曾给运来伽罗的中国商船的船员每人十块银锭以资鼓励。

在长崎有专门负责沉香交易的沉香鉴定专家。他们是由江户幕府派来的专业人员，主要任务是挑选可供给将军使用的伽罗。因为沉香贸易的利润巨大，很容易出现贪腐，所以，沉香鉴定专家在就职时有宣誓仪式。誓词如下：

1. 本人奉命参与沉香鉴定，须全力甄别，公平定夺，严禁人为的袒护褒贬。

2. 如发现可供将军使用的伽罗在市面上流通，必须立即上报。

3. 绝不参与民间的沉香鉴定，绝不参与民间沉香贸易纠纷的裁决。

被封存在长崎港口仓库里的沉香，将择天气晴好之日，在货主、沉香鉴定专家与长崎长官的现场共同监督之下被取出亮相。

第一个步骤是洗沉香,即将沉香表面附着的杂物洗净,同时测量沉香的比重(是否沉水),晾干。第二个步骤是对沉香进行初步分类,把沉香货物中的假货、下等货捡出,送至长崎商馆另作交易。第三个步骤是给留下的沉香编号,并用毛笔写在沉香木上,以防丢失。三个步骤完成之后,这些沉香被暂时收回仓库,等待定价。

接下来是一个紧张的价格交涉过程。先由沉香鉴定专家对伽罗进行定价,然后把价格出示给中国商船的船头。因为幕府将军把拥有和使用伽罗看作彰显权力地位的手段,所以一般都会出高价把伽罗买断。沉香鉴定专家们往往有一个不成文的价格尺度,即把当年运到长崎港的一块顶级伽罗按出产地价格的约 9 倍价格收购,其他的伽罗依次下压定价。但也常有例外,有时价格高到 12 倍,有时低到 7 倍。

对于幕府挑剩下的沉香,先由幕府规定的五大商埠(长崎、江户、大阪、京都、堺市)的沉香商人代表进行定价,然后把价格出示给中国商船的船头。船头如果对价格满意便成交,如果经几轮谈判仍不满意,可将沉香载回。事实上,载回的沉香几乎是零。虽然是政府垄断贸易,但载来的沉香都是日本不出产的短缺货物,所以,一般都能卖出不错的价格。据研究,在这一时期,一斤伽罗值四两白银。

就这样,从长崎进口的沉香通过五大商埠向日本各地流通,往往在唐物[①]店、药店、香店经营出售。其价格有时暴涨到 70 倍[②],也曾出现过墨染的假沉香。经营沉香的商人们往往用香气招揽客人,一时间,沉香的美妙气味飘荡在大街小巷,来自域外的奇特香气吸引了众人的百般追慕,这同时也促进了香道的繁盛。

[①] 中国物品、中国文物。
[②] 松原睦:《香的文化史》,雄山阁,2012,第 120 页。

二、六千绝品流传至今——德川美术馆的沉香收藏

日本将军[①]的沉香收藏可追溯至足利义政(1436—1490年)。据史料记载,足利义政收集了80余种名香,并从皇家国库的正仓院切割了两寸"兰奢待"。织田信长(1534—1582年)步其后尘,于1574年用武力逼迫东大寺,切割了一寸八分"兰奢待"。德川家康坐稳江山后,为彰显权力,也提出要切割"兰奢待",但遇到了来自皇家和寺院的强大阻力。至今,德川家康最终是否切割了"兰奢待"仍是一个历史之谜,有待考证。据神尾元知(17世纪茶人)的记录,德川家康于1602年切割了一寸八分的"兰奢待"[②],除此之外还有几宗史料记载此事。足利义政和织田信长在切割"兰奢待"之后都在切割处粘贴了字条"足利义政拜赐之处""织田信长拜赐之处",但却不见德川家康的留条。可实际上,根据大阪大学米田该典教授2006年的研究,"兰奢待"被切割过36次以上,并不是所有的切割者都留下了记录。德川家康性格外柔内刚,恐怕是在切割了"兰奢待"之后,退一步,放弃了粘贴纸条的举动。之所以这样推测,是因为在德川家康留给后人的《骏府御分物御道具账》中就包含有"兰奢待"。

图1 德川家收藏的"兰奢待"

---

① 日本的最高权力者,他们以"挟天子以令诸侯"的理念,尊天皇为国家元首,称自己是"为天皇守边的武将"。
② 神保博行:《香道物语》,明启出版社,1993,第71页。

德川家康对于沉香的收藏是狂热的。1606年,他亲自给越南国主送书,说日本已经有了不少中下级的沉香,只缺少顶级的伽罗香,请设法帮忙收集。同年,他又给柬埔寨、泰国国主送书要求帮助收集伽罗香。1607年,德川家康又指派丰光寺的乘兑① 送书给越南执事:"吾主德川家康希求的是绝对顶级伽罗,请在城中广泛求索收集,若有,将是吾主莫大欢喜之事。"在这前后,德川家康购买了27贯(约等于945公斤)的伽罗。德川家康还亲自接见过沉香商人,向他们询问沉香产地之事。他还使用过来自越南的纯正的伽罗油,并视其为至高无上的权力象征。由于日本对沉香的特别需求,沉香在日本的价位很高。各国商人纷纷把顶级伽罗运抵日本。

1616年,德川家康在其隐居的骏府城离世,留下了巨大的遗产,其中包括约2600件沉香和香具。德川家康将其遗产分给了三个儿子。其分产文书被称作《骏府御分物御道具账》。目前有两家的文书尚存,其中分给尾张(名古屋)德川家的沉香如下(1贯=1000匁=3.75公斤):

伽罗,四贯八百六十一匁七分,上之伽罗
伽罗,七贯六百二十匁,中之伽罗
伽罗,三贯,完整一根,中之伽罗
伽罗,十一贯三百三十四匁五分,中下之伽罗
真南蛮,十二贯二百三十九匁,上中下真南蛮
沉香,四十贯,上上沉香
沉香,二十七贯七百三十匁,上中下沉香
沉香,六贯八百匁,完整一根,有山下信浓守签章
沉香,一贯,下沉香,有袋子
真南蛮,一百八十匁,有袋子
以上共合,八十八贯七百六十五匁二分(约等于330公斤)

---

① 乘兑(1548—1607年),京都相国寺住持,临济五山派总管、幕府外交文书总管、汉学家。

这些沉香至今被保存在名古屋德川美术馆,再加上其他来路的沉香,目前德川美术馆大约共有沉香藏品6000余件。

关于日本在17世纪到底进口了多少沉香,有一宗史料可以参考。1676年,长崎长官末次平藏的后裔末次茂朝因染指走私贸易而被抄家灭族。从他家没收的物品中有大量的沉香:

伽罗1根,长一丈四尺,末口六寸二分
伽罗7根,各长九尺,末口五寸
伽罗60根,各长四尺五寸,末口五寸
伽罗18箱,但小木也
伽罗木屐5双

从贪官末次茂朝的沉香收藏情况来推测,德川家康的沉香收藏应该比史料记录的更多。

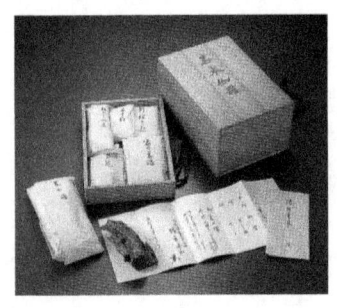

图2 被珍藏的伽罗

资料来源:翻拍自宫野正喜、石桥郁子:《香千载》,光村推古书院,2001,第59页。

三、六国五味米川定——独特的沉香识别分类体系的确立

自17世纪起,诸多的沉香被运送到了日本列岛,如何对这些沉香进行合理的识别分类是一个难题。沉香一木一味,沉香

在焚烧过程中的头香、本香、尾香多有变化，沉香在交易过程中转手频繁，这些都给沉香的识别分类带来了困难。但是最终日本形成了"六国五味"的独特的沉香识别分类体系：

六国：伽罗、罗国、真南蛮、真那贺、佐曾罗、寸门多罗
五味：辛、甘、酸、咸、苦

直到目前，日本香道各个流派仍在忠实地沿袭使用"六国五味"的沉香识别分类体系。[1]

(一)关于"六国"的形成史

在日本庆长时期(1596—1615年)以前，即在以长崎为贸易口岸的大量沉香进入日本之前，只有"四国"之说。"四国"分别表达的是四个不同的沉香产地：

伽罗：产自越南的沉香
罗国：产自泰国的沉香
真南蛮：产自印度西南海岸的沉香
真那贺：产自马来西亚的沉香

庆长时期以后，随着沉香进口数量的增长，又增加了"两国"：

佐曾罗：产自印度东海岸的沉香
寸门多罗：产自印度尼西亚的沉香

可见，在17世纪以前，"六国"表达的是沉香的产地。当时，除了六国的名称之外还有松根、麝雪等表达沉香产地的名称。六国在表达产地的同时也表达沉香的等级。即伽罗是最上等的，寸门多罗在品质上排六国最后一位，价格当然也是最低的。

---

[1] 各个流派的观点不同，御家流认为：伽罗，辛；罗国，甘；真那贺，无味；真南蛮，咸；佐曾罗，辛；寸门多罗，酸。志野流认为：伽罗，苦；罗国，甘；真那贺，无味；真南蛮，咸；佐曾罗，辛；寸门多罗，酸。直心流认为：伽罗，苦；罗国，辛；真那贺，甘咸；真南蛮，甘；佐曾罗，酸；寸门多罗，酸。

能入选六国的沉香都属于顶级沉香。至今日本香铺仍把顶级沉香编成伽罗、罗国、真南蛮、真那贺、佐曾罗、寸门多罗等六个级别来定价销售。

17世纪以后，六国的名称表达的是六类不同的香木气质，即把多种多样的顶级沉香归纳成六类，以便于记忆和识别。味道有些怪的寸门多罗也被常用，目的是把组香的气味区别明显化。六国又统称"伽罗"。这里的伽罗是顶级沉香的总称，相当于汉语的"奇楠"。日本香道中规定只使用六国级别的沉香，号称"不是伽罗不上炉"，即不是伽罗级别的不能用于闻香。所以，在香会上香主有一句定式用语："接下来，请各位尽享伽罗之美妙香气吧。"

（二）关于"五味"的形成史

日本至17世纪才有"五味"之说，它是由米川常白（1611—1676年）提出的。当时香道大兴，米川常白为了给众人提供记忆香气的方法而提出"五味"之说。"五味"本指味觉，用在表达香气上只是个代称，每个闻香主体都需要独自转换何为"苦"，何为"甘"。米川常白对"六国五味"进行了归纳：

"伽罗"者"辛"也。
——优雅有品位，隐约有苦味，譬如宫人。
"罗国"者"甘"也。
——淡定自然，有檀香的甜美气质，多带苦味，譬如武士。
"真南蛮"者"酸"也。
——多有甘味，含油量多，常挂油在银叶上，表达直白，譬如百姓。
"真那贺"者"无味"也。
——轻飘艳丽，气有回转，譬如心怀幽怨的女子。
"佐曾罗"者"咸"也。
——冷酸收敛，上乘者可比伽罗，譬如僧人。

"寸门多罗"者"苦"也。

——头香尾香酸气盛,可比伽罗,位薄品贱,譬如白丁。

米川常白还为门人的练习之用,遴选出了能表达五味的标准伽罗:

能表达"甘"味的标准伽罗是"浅间""先锋"
能表达"辛"味的标准伽罗是"薰风""孟荀"
能表达"酸"味的标准伽罗是"京极""赤旃檀"
能表达"苦"味的标准伽罗是"面白""志"
能表达"咸"味的标准伽罗是"白鹭""远里"

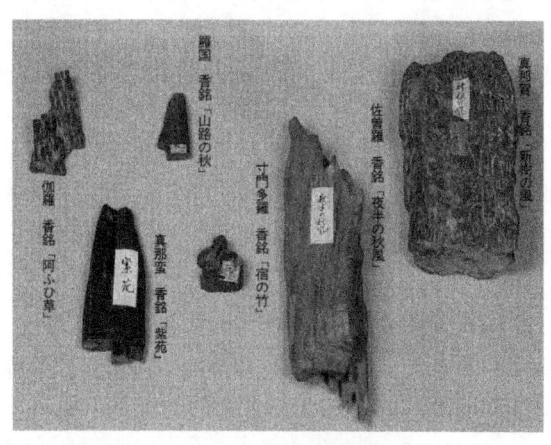

图3　六国五味

资料来源:翻拍自神保博行:《香与香道的历史》,载《香道入门》,淡交社,1997年,第31页。

笔者认为,香气不能保存,瞬间即逝。只有闻香者自己才能体验到即时的独特香气,每一个瞬间的香气都是世界上唯一的存在。"五味"说是不科学的。但米川常白用"即物教授法"来引导人们建立自己的香气识别体系是值得称赞的。在当前的日本香道教学中，老师们也经常把"辛"解释为"丁子"，把"甘"解释为"炼蜜"，把"酸"解释为"梅子"，把"苦"解释为"黄柏"，把"咸"解释为"汗气"，以此来引导学生形成自己的香气识别体系。其实，猜香游戏只是个游戏而已。据统计，老香客的猜中率是70%，而初次上阵的新香客的猜中率是30%。在香席上往往是心无挂碍的儿童获得满分。

四、一声入魂赋香铭——香木的命名

日本是一个崇尚"万物有灵"的民族。其实，这种萨满教式的思维方式在各个民族的原始阶段都曾有过，但随着社会的演进、科学的进步又都会减弱或消失。但日本民族却保留着较顽固的"万物有灵"信仰。笔者可以初步指出三个原因：

一是萨满教式的思维方式在日本存在的时期过长。日本有一万年以上的石器时代，这在世界历史上是最长的。以渔猎和采集为主的经济模式很容易令人相信所有的收获都是大自然的赐予。

二是日本的自然太具有两面性。大自然给予了日本民族太多的恩惠和太重的惩罚。日本四季美丽，雨水丰沛，树果繁多，鱼群环绕；同时又有剧烈的地震、火山喷发、海啸、台风。这些自然现象很容易让人认为山川海洋都具有灵性。

三是日本民族在其文化形成的早期，接受了过于完备的中华文明的强大冲击。这使其文化在表层表现为积极吸收模仿先进文化，而在其里层仍顽固留存着"原乡式"的乡愁，其思维方式没能自然发展，停留在了"初级阶段"。

"万物有灵"的信仰致使日本民族时时处处关心四周的环境，对身边的事物均施以"敬畏"之礼。特别是在艺术的、私享的领域里，"万物有灵"的信仰就特别被表达出来。

沉香因受土壤、气候、生成原因、生成年数、保存方式等多种复杂因素的影响，一木一味，每块沉香在赏闻的过程中还有初香、本香、尾香。其香气甜美至极、变化无穷，且沉香千年不朽。于是，日本人更认为沉香是有灵魂的存在,需要一一敬畏,一一对待。

传到日本的伽罗大都会被赋予一个香名。由三条西实隆(1455—1537年)首倡、志野宗信(1443—1523年)定稿的61种名香的确立就是重要的史证。每一个香名的诞生瞬间都是一个庄严的"入魂式"。因为在这一瞬间,伽罗被注入了灵魂,伽罗从长睡中被唤醒。命名式的主持人往往是天皇、贵族、香人。当今是由香道流派的家元们命名。命名的契机大约有以下10类[①]:

(1)天体名,参考天体运行现象给香木命名。如:天、月、北辰、星夜、风、梅雨。

(2)出所名,根据香木的所有者或保管机构给香木命名。如:东大寺、法隆寺、太子。

(3)色体名,根据香木的颜色给香木命名。如:红尘、残雪、夕阳红。

(4)姓氏名,根据历史人物给香木命名。如:玄宗、杨贵妃、李夫人、宋女。

(5)故实名,根据香木引发的典故命名。如:兰奢待、丹霞。

(6)木所名,根据香气的特点命名。如:林月,其香气的特点是时隐时现、忽强忽弱,就如同在林下看月,月亮时隐时现,香人们还把这种性质的香称为"会呼吸的香"。

(7)花草名,根据香与花草的关联命名。有的是因为香气类似,有的是因为令人联想起古诗文中出现的关于草的诗情。如:兰子、藤袴、夕颜、山樱、山吹、白梅。

(8)动物名,根据香木外形令人联想到的动物形状命名。如:鹫、虎、猫、孔雀、松虫、蝴蝶。

(9)干支名,根据从长崎进口香的年份或个人得到香的年份命名。如:辰年、子之长崎、辰之长崎、元禄五年。

(10)诗歌名,根据香气引发的诗境命名。如:花散里、须磨、明石、乙女、澪标、荒宿、鸟羽玉。

---

① 三条西公正:《香道的历史与文学》,淡交社,1985,第83页。

被命名后的伽罗就开始了繁忙的"社交活动"。她们往往出现在各类香会上。有时她们因独特的香气被宠幸,有时因与香会主题相宜的香名而受到注目。例如,在纪念《源氏物语》发表1000年的香会上,用"花散里"①是非常好的选择;在表达中日友好主题的香会上,用"杨贵妃"是再合适不过的了。

那么,在日本,冠有香名的伽罗到底有多少呢?

志野流香道门人的主要修道内容是体验识别"前61种""中120种""后200种"名香②。看过、闻过这些名香,了解它们的故事,知晓它们独特的香气,知道它们最适宜的火候,是门人们的追求目标。

荻须昭大在《香之书》第四章里收集整理了长达184页的《香名大鉴》。日本的和歌集是按照春之歌、夏之歌、秋之歌、冬之歌、杂之歌、恋之歌来分类的,《香名大鉴》也按照春之香、夏之香、秋之香、冬之香、杂之香、恋之香的分类法,收集了约3100个冠有香名的伽罗。荻须昭大还对每一个伽罗从香名、含义、六国、香位、五味等五个方面进行了整理。以下从中举出12例:

季节	香名	含义	六国	香位	五味
春之香	莺宿梅	此香由后水尾天皇(1596—1680年)命名。源自一首和歌。③村上天皇(926—967年)所住的清凉殿前的梅花树不幸枯死,于是命令把著名歌人纪贯之的女儿家的梅花树移植过来。纪贯之之女作歌一首:"帝宫命令移庭木,小女违令畏惧多,春来黄莺寻巢迹,吾辈如何对她说。"④	伽罗		辛咸甘

---

① "花散里"是《源氏物语》54卷中的一个卷名,也是该卷中的女子、光源氏妾的名字。
② 合计381种。
③ 荻须昭大:《香之书》,雄山阁出版社,2016,第193页。
④ 根据《大镜》的记述,纪贯之之女家的梅花树最后还是被移植到了清凉殿,但后来又被还了回去。

续表

季节	香名	含义	六国	香位	五味
春之香	碧桃	此香由佐佐木导誉(1306—1373年)命名。源自香气的特征。是200种名香之一。此款罗国的香气呈苦酸味,与未成熟的碧桃的味道类似,因而得名。①	罗国	上上	苦酸辛
夏之香	药玉	此香由足利义政(1436—1490年)命名。源自香气的特征。药玉是中国道教用的一个物件,即把玉石镂空,中间放入香料和草药,用于治病提神。后演化成挂在门口的辟邪挂件,装饰成草花球,下缀飘带。此香的香气有大黄、黄连的气味,因此得名。②	伽罗	上	苦甘辛
夏之香	五月雨	此香由三条西实隆(1455—1537年)命名。源自香气的特征。是120种名香之一。阴历的五月雨即指梅雨。在梅雨天,人们的心情就会闷闷不爽。此香的香气总是朦胧低沉,就如同梅雨季节里的人们的心情。③	真那贺		苦甘咸
秋之香	七夕	此香由足利义政(1436—1490年)命名。源自香气难以猜对的特征。是61种名香之一。七夕节的习俗传自中国。7月7日是牛郎织女一年一次难得的约会之日,但仍有仇星来捣乱,或因天下大雨而失去约会	真南蛮	上上	甘辛

---

① 荻须昭大:《香之书》,第212页。
② 同上书,第219页。
③ 同上书,第221页。

续表

季节	香名	含义	六国	香位	五味
		的机会。此香原名"八重云",曾出现在各类高级香会上。但此香的香气很不稳定,因火候不同会发出截然不同的香气,在组香会上很少被猜中。偶尔猜中者往往会获得很高的奖赏。由此,足利义政将这款香改名为"七夕"。①			
秋之香	八重菊	此香传自上古,命名者不详。是120种名香之一。香名源自一香多用的奇特历史。八重菊花的特点是花瓣层层叠叠。此香的香气因浓烈至极,曾经在9至10世纪参与梅花香、菊花香、卢桔香、荷叶香、莲花香等和香的制作。其一香多用的历史与八重菊多瓣的特点重合,故被命名为"八重菊"。②	罗国	上上	辛苦咸
冬之香	松雪	此香传自上古,命名者不详。是200种名香之一。香名源自独特的香型。"松雪"指落在松枝上的雪,日本的雪因水分多很重,常常把松枝压弯。此香的头香很凉,本香和尾香很稳定浓重,其风格类似"松雪",因此得名。③	新伽罗④	上	辛甘
冬之香	寒月	此香传自上古,命名者不详。是200种名香之一。香名源自独特的香型。此香的头香、本香和尾香都十分凉爽冰洁,类似"寒月",因此得名。⑤	罗国	上	苦辛咸

① 荻须昭大:《香之书》,第239页。
② 同上书,第246页。
③ 同上书,第255页。
④ 指庆长年间(1596—1615年)之后进口的伽罗。
⑤ 荻须昭大:《香之书》,第250页。

续表

季节	香名	含义	六国	香位	五味
杂之香	东路	此香的命名者不详。香名源自顺德天皇(1197—1242年)的一首和歌。"东路"指从京都至江户的一条交通要道。顺德天皇被流放到佐渡岛时,估计走过东路。其和歌中描写道:"东路松常绿,东路藤花香,行人过往来,不觉袖染香。"①	寸门多罗		辛苦甘酸
杂之香	山里	此香由圣护院道澄(1544—1608年)命名。香名源自加茂成助的一首和歌:"山里篱笆旁,梅花放清香,人从花前过,花入人心房。"②	寸门多罗	上上	辛酸咸
恋之香	遗爱	此香由米川常白(17世纪中叶)命名。香名源自白居易的诗句:"遗爱寺钟欹枕听,香炉峰雪拨帘看。"③	真南蛮		
恋之香	簪	此香传自上古,命名者不详。是200种名香之一。香名源自这款伽罗的外形。这款伽罗呈细长状,气味甜美,令人联想到杨贵妃头上的玉簪之柄,由此得名。④	伽罗	上	甘苦

五、一木四铭舍性命——高于生命的"名香"崇拜

上述谈到日本有冠名的伽罗3100种之多,但不是所有冠名

---

① 荻须昭大:《香之书》,第260页。
② 同上书,第345页。
③ 同上书,第354页。
④ 同上书,第359页。

伽罗的都是"名香"，只有其中的一部分香气特别馥郁、故事特别独特的才被称为"名香"。目前被公认的名香有：

(1) 佐佐木道誉曾持有的200种名香；
(2) 足利将军府曾持有的50种名香；
(3) 三条西实隆曾持有的66种名香；
(4) 志野宗信归纳的61种名香。

以上的这些名香是有重复的。由于由志野宗信归纳的61种名香形成得最晚，所以最具有信誉。这里不妨再列出如下：

法隆寺（太子）、东大寺（兰奢待）、逍遥、三芳野、法华经、红尘、枯木、中川、八桥、花橘、园城寺、似、富士烟、菖蒲、般若、鹧鸪斑、杨贵妃、青梅、飞梅、种岛、澪标、月、竜田、红叶贺、斜月、白梅、千鸟、法花、老梅、八重垣、花宴、花雪、明月、贺、兰子、卓、橘、花散里、丹霞、花形见、明石、须磨、上薰、十五夜、邻家、夕时雨、手枕、晨明、云井、红、泊濑、寒梅、二叶、早梅、霜夜、寝觉、七夕、篠目、薄红、薄云、上马。

在61种名香中最著名的是两大名香：法隆寺、东大寺。

"法隆寺"由圣德太子建于623年，是日本佛教最早的圣殿。伽罗"法隆寺"是圣德太子之遗爱，别称"太子"。其香气虽不出众，但其历史意义重大。"东大寺"由圣武天皇建于752年，是日本最高规格的国家级寺院，鉴真和尚曾教化于此。其所藏伽罗别称"兰奢待"，馥郁至极、兼备五味，可反复上炉十次仍芳香四散。日本香道专为此香考案了"十返炉"之礼法。

作为一种植物，沉香树本身有树干、树枝的不同部分。在香道里被称为"本木""末木"。由于沉香油的分布不均，即使是同一棵香木也会产生不同的香气。于是，日本自古以来，便产生了

"同木异名"的种种故事。如：

> 初音、白菊、柴舟、藤袴为同木异名，
> 月、斜月、明月、十五月为同木异名，
> 须磨、明石为同木异名，
> 名越川、名越为同木异名，
> 玉琴、松风为同木异名，
> 老梅、宰府为同木异名，
> 访友、信为同木异名……

细读起来，这些同木异名的组合充满了文学的意味。"须磨"与"明石"讲的是《源氏物语》中的主人公光源氏在须磨这个地方遇到明石姑娘的故事；"玉琴"与"松风"简直就是一幅松下听琴图；"老梅"和"宰府"讲的是10世纪的大汉学家菅原道真受到谗言被贬到九州太宰府的历史故事。人们在闻香过程中学习了历史和文学。"香会是日本贵族增进修养的一堂课"，这种说法非常确切。

出于对名香的崇拜，日本人把拥有名香看作一种身份的象征。几乎历代天皇、将军都以切割"兰奢待"为荣。天皇、将军们还把名香下赐给部下，以示对部下的奖赏。室町幕府的初代将军足利尊氏（1305—1358年）就曾把"八重菊"作为军功的奖赏下赐给了佐佐木道誉；12世纪，大武将源赖政打退了"怪兽"虎斑地鸫，于是，后白河法皇赐给他了一片"兰奢待"作为奖赏。

对于名香的使用也有许多特别的规定。一些名香在被焚烧时要使用专用的香炉、专用的灰、专用的炭，埋火的深度、理灰的步骤也有特别的规定。志野流规定，名香只在给神佛献香时使用，不能用于组香等日常香会。在香人们看来，名香是人类的共同财富，用一次就少一点，所以只能切成"马尾蚊足"来使用。保存名香要用竹皮纸或木棉纸包好后放进锡盒子里。对于从皇宫中留下的名香还要用青、紫双层纸或橙红、朱红双层纸包好收藏。此外，严禁滥用名香。

"一木四名"是日本香道史上发生过的一则著名的名香故事。[①] 据《翁草》(1772年)的记载,九州熊本颇有实力的大名细川三斋(1563—1645年)文武双全,平生爱好茶道、歌道,每听说长崎有外国贸易船入港,都要派部下前去淘宝。这一年,他命令家臣兴津弥五右卫门带领一名随员前往长崎收集奇珍异宝。二人到达长崎后,得知刚上岸了一根大伽罗木,品质极高。该伽罗木分成"元木"(干)和"末木"(枝)两部分,正在谈价出售过程中。于是,兴津弥五右卫门决定买下元木。此时来自东北仙台颇有实力的大名伊达政宗(1567—1336年)的家臣也非要买这根伽罗木的元木,双方竞价起来。数轮过后,元木的价格被炒得很高。这时跟随兴津弥五右卫门来到长崎的随员建言说:"何必如此,咱们就要便宜些的末木又何妨?"兴津弥五右卫门立即反论道:"主公命令我们买的是奇珍异宝,如果买回去的是末木,岂不是违背了主公的意愿?"二人在下榻的寓所争执不下。兴津弥五右卫门索性拔刀砍死了随员,最终买下元木,回到了熊本。

兴津弥五右卫门见到主公后,交上了大伽罗的元木,说明了情况,并要求切腹自杀。但是细川三斋听了以后说道,"你为奉公所为,虽有人命但不该切腹。"于是,细川三斋把被杀随员的遗子找来,让兴津弥五右卫门与随员的遗子当面交杯饮酒,促成了双方的和解。其后,主公细川三斋过世。在主公过世一周年之际,兴津弥五右卫门在京都大德寺清岩和尚的引导下,于京都船岗山的西麓切腹殉身。

由兴津弥五右卫门从长崎买回的这根大伽罗"元木"便成为传世的名香。先是由细川三斋命名为"初音"。其香名取自以下这首和歌:

　　きくたびに、
　　めずらしければ、

[①] 以下参见熊坂久美子:《一木四名的名香》,载《香道入门》,淡交社,1997,第124页。

ほととぎす。
いつもはつねの、
ここちこそすれ。

笔者译为：

一声黄鹂叫，
报知春来到。
初音令人醉，
阵阵脆且娇。

日本宽永三年(1626年)，江户幕府的第三代将军德川家光要在京都的二条城①招待后水尾天皇。德川家光为了显示幕府的政治经济实力，当然要亮出奇珍异宝。德川家光命令熊本的细川家献出名香，细川家立即割下一部分"初音"奉上。德川家光倍感欣慰，赐名"白菊"。其香名取自以下这首和歌：

たぐいありと、
たかはいはん、
すえにおふ。
あきよりのちの、
しらきくのはな。

笔者译为：

暮秋万花落，
独有白菊香。
挺拔洁如玉，
馥郁世无双。

---

① 二条城是江户幕府在京都的政务机构所在处。江户幕府在形式上尊天皇为国家元首，但在实际上制约天皇的行动。二条城修在离皇宫的不远处，曾发挥过监视天皇的作用。

图4 白菊

资料来源:翻拍自神保博行:《香与香道的历史》,载《香道入门》,淡交社,1997年,第125页。

再说伊达政宗的家臣只买回了"末木",一说回乡后那位家臣感到无比惭愧而自杀了。但此香不愧是名香,即使是"末木"也馥郁缭绕、香气喷鼻。伊达政宗日日赏闻,赐名"柴舟"。其香名也是取自一首和歌:

> よのわざの、
> うきをみにつむ、
> しばぶねは。
> たかぬさきより、
> こがれゆくらん。

笔者译为:

> 世间种种业,
> 舟中根根怨。
> 何时燃灰烬,
> 极乐至彼岸。

古代日本人认为砍伐树木是对生命的大不敬,被肢解了的树魂在柴舟中抱怨,这首和歌暗喻了伽罗的悲惨命运,受伤的伽罗期盼自己早日成佛、步入净土,同时也暗喻了那位自杀了的家臣。①

图 5　柴 舟

资料来源:翻拍自神保博行:《香与香道的历史》,载《香道入门》,淡交社,1997年,第124页。

又据记载,人们在长崎交易这块伽罗的时候,为了请天皇给这块伽罗赐香名,特地把最好的部分切了一块献给了天皇,后由天皇命名为"藤袴"。其香名也是取自一首和歌:

　　ふじばかま、
　　ならふにおいも、
　　なかりけり。
　　はなはちぐさの、
　　いろかわれども。

笔者译为:

　　佩兰生三月,
　　白绿紫且红,
　　花序总总密,
　　遍野芳香浓。

御家流桂雪会理事长熊坂久美子持有以上四种名香。关于四者的香气,她是这样描述的:"这四款名香是整个江户时代进口伽罗

---

① 此处是笔者的个人见解。关于这首和歌的解释尚需要进一步研究。

中的无上极品,芳香妙曼。因为是同木,其香气极为类似。但非要说出差别的话,'初音'更芳醇,'白菊'更高洁,'柴舟'更厚重,'藤袴'更清扬。四款伽罗均宛如升华了的武士之魂,将永传世间。"

17—18世纪,在日本香道繁荣时期,沉香格外抢手,供应紧缺。日本人尝试从本土的香木里寻找可供闻香用的香木。这些香木被称为"和香木"。其中有松、杉、楠、丝柏、梅等,并留有香名瑞香木、长柄桥、光远木、夏衣、千岁、末松山等。日本人还曾把一些奥州平泉中尊寺的杉、奈良法隆寺的古材、严岛神社鸟居[①]的古材等当作香木,以表达对神佛的敬仰。

关于香片的大小,原则上是马尾蚊足,但如果人多,可以是3毫米正方、1毫米厚。

原则上来说,能在香会中上场的伽罗都必须是有雅号的伽罗,主要按照主题安排香木的出场顺序,如果有的香木还没有名号,可以临时命名。选用沉香首先要考虑季节,不管是多么好的香,如果用的节气不对都是令人扫兴的。比如,在冬季的香会上用了"梅雨",在秋季的香会上用了"桃花",这都是禁忌。

关于鼻息的用法,有"右重左半"的说法。

或曰:阳时用左鼻孔,阴时用右鼻孔,亥子交时用两鼻孔。

或曰:子时用左,丑时用右。

或曰:亥子之间,巳午之间,申酉之间,用两鼻。

或曰:子辰午申戌为阳,用左。丑卯未酉亥为阴,用右。

夏季不适合闻香,下雪的早晨、下雨的黄昏适合闻香。

如上所述,沉香这一外来的物质,经过日本独特的文化根基的接种已经演化成了表达哲学、宗教、审美的重要载体。由一片小小的沉香木,引发了形态丰满的嗅觉的艺术——香道。而在沉香的生产地东南亚,却仍然停留在沉香的物质层面。

(作者系北京大学外国语学院日语系荣休教授)

---

① 即神社的牌楼。

内藤湖南时局评论中的"亚洲"构想

葛奇蹊

内容提要:内藤湖南是日本著名的东洋史学家,也是积极活跃的时局评论家。他在地理意义上的亚洲概念的基础上,构建了一个观念上的"亚洲",该构想所涉范围非常广阔,指的是以中国为主体的周边国家和地区。他以时局评论的方式为日本在这一范围内推行的外交政策建言献计。通过对内藤关于亚洲相关地域的时局评论的考察可知,他的亚洲构想与日本政府在相关地域的政策密切相关,是建立在日本亚洲战略框架之内的、具有强烈现实政治色彩的构想。

关键词:内藤湖南 时局评论 亚洲 南进论 北进论[①]

内藤湖南(1866—1934年)是日本著名的中国研究专家、京都大学教授。他有深厚的汉学素养,长年从事对中国的历史研究和时局评论工作,著有《中国史学史》《中国近世史》《中国论》《新中国论》等名篇。他从学术角度提出的"唐宋变革论"(中国历史区分法),从文化角度提出的"文化中心移动论""中日文化同一论",从政治角度提出的"中国保全论"等观点在日本的历史学和对外政治领域影响深远。因此,历来关于内藤湖南的研究均比较关注他与中国的关系。然而,内藤湖南作为京都大学东洋史学科的教授和日本历史学京都学派的创始人,对中国的研究绝非就事论事,而是始终将中国放在"东洋"(亚洲)[①]这一更

---

① 综观内藤湖南的文章,他倾向于将这一视域称为"东洋",但实际上其往往指代的是"亚洲"。日本学者山室信一认为:"'东洋'在当时是亚洲的代名词,其范围主要包括中国、朝鲜和日本等东亚国家和地区。西方人将'西洋'视为一个整体,并设定'东方'和'东洋'的概念与其并立。"山室信一『思想課題としてのアジア』、岩波書店、2001年、8頁。本文采用山室信一的这一定义。

广阔的视域下来观察和研究。尤其是在时局评论领域,除中国大陆之外,他的政论文章还涉及中国周边(如中越边境、中朝边境)、朝鲜半岛、中国台湾(当时为日本殖民地)、东南亚等国家和地区,为日本帝国主义的亚洲政策建言献计。其言论是该时期日本历史学界的一个缩影和典型,在一定程度上鲜明地反映出日本历史学界和言论界对日本亚洲政策的政治参与状况,以及日本帝国主义在亚洲的侵略态势。因此,本文欲从亚洲的角度出发,通过对内藤湖南围绕亚洲相关国家和地区的政论文章的解读,来探讨他关于以中国为主体的亚洲地域的时局评论及其特点,从而揭示内藤湖南亚洲构想的实质。

一、时局评论的发端

内藤湖南评论时局的文章,最早见于他在秋田师范学校读书时写给父亲的一封信(1885年3月4日),其中提到:"井上馨全权大使一行关于朝鲜事件的谈判陷入僵局,伊藤博文参议特派全权大使、西乡从道参议携井上毅参事院议官等数名随员启程共赴清国。由是观之,处理与清国之关系绝非易事。"[①] 朝鲜事件指的是1884年在朝鲜都城发生的甲申事变。由于以闵妃为首的闵氏一派(事大党)从亲日政策倒向宗主国清朝,开化派(独立党)在日本的援助下发动政变占领王宫,试图推翻闵氏政权。在清朝的介入下,政变失败。次年,中日两国签订《中日天津条约》,约定撤兵。自此以后,两国之间的对立加深,对东亚局势的变化产生了深远影响。内藤在此提及的是日本外务卿井上馨赶赴朝鲜就甲申事变的善后问题进行谈判的事件。井上馨在对朝关系的立场上比较温和,相比扶植开化派脱离清朝而独立,他更倾向于与清朝共同推进朝鲜开化的政策,极力维持与清朝

---

① 内藤湖南『内藤湖南全集』14卷、筑摩書房、1969年、370頁。

的友好关系,避免事态扩大。① 内藤评价此"绝非易事",看来他对当时中日时局的复杂性和日本的外交政策是有一定了解的。

在一个月后的另一封信中,内藤的关注点转向了围绕越南引发的中法战争。对此,他评论道:"清法不战不和,其间法国内阁大臣与议院意见相左而辞职。此两国是否以和睦收尾,与我国之谈判大有关系。谈判推迟谁之罪也?民间的不满事出有因。"② 当中提到"与我国之谈判大有关系",可见内藤是将中法战争和甲申事变的善后结合在一起来看的。中法战争虽然是中法两国围绕越南的宗主权展开的战争,却与日本大有关系。日本介入甲申事变正值中法战争交战期间,按照时任日本驻朝公使竹添进一郎的推断,清朝没有闲暇顾及朝鲜事务。③ 然而清朝接到闵氏一派的出兵请求后,即刻派遣两千官兵包围王宫。这一行动势必对支持开化派、企图使朝鲜脱离清朝庇护的日本外交策略构成威胁。从内藤的言论来看,其态度很可能是希望日本政府趁中法战争尚未结束、清朝将势力转向朝鲜半岛之前,尽快推进甲申事变的善后谈判,让局面朝有利于日本的方向发展。

日本学者三田村泰助认为,两封书信反映出内藤湖南在做学问早期就体现出批判政局的精神,亦是他在以后的文章中一以贯之的立场。④ 笔者认为,此处体现的另外一个特点是,与当时日本的言论往往将关注点集中在日本国内问题上相比,内藤湖南的时局评论从一开始便具有广阔的视野,他的对外认知和问题意识不仅限于日本国内,而是与日本政府对外政策的涉及地域紧密结合,涉及中国、朝鲜甚至越南,具有明显的区域化倾

---

① "对于此等意外的侵犯,我国拥有充分的权利要求挽回损失。但我政府重视两国和好,尤其此番事变并非出于彼国政府有意为之,故我国不愿煽动舆论徒生事端,而倾向于互相妥协来满足双方需求,并商议善后事宜,以期为两国人民带来和平幸福。"井上馨「伊藤清国特派大使に対する外務卿訓令」,『日本外交年表竝主要文書 上』所收、原書房、1965年、102頁。
② 『内藤湖南全集』14卷,372頁。
③ 池井優『日本外交史概説』、慶応通信、1991年、60頁。
④ 三田村泰助『内藤湖南』、中央公論社、1972年、85頁。

向。当然,此时的内藤只是初出茅庐,尚未明确提及"亚洲"的概念。

二、内藤湖南笔下的"亚洲"

不久后,内藤湖南前往东京,加入文化团体政教社,在其机关刊物《日本人》上发表论文《亚细亚大陆的探险》,第一次提及"亚洲"。从这篇文章中可以看出,内藤所指的亚洲在地理上包括的地域,以及区域概念的性质。

关于"亚洲"的一般性定义,按照山室信一的说法,其划定范围多种多样,所遵循的标准也不一(例如人种、民族等),当时各国学界尚未达成共识。但从地理上来看,亚洲一般指的是除欧洲之外的亚欧大陆全境,即由乌拉尔山脉、里海、地中海、红海构成的界线以东的东半球地区。① 结合山室的定义,来看内藤湖南的文章:

> 听闻欧罗巴人汲汲于亚细亚内陆的探险。英人深入掸族巢穴,法人入云南。俄国探险家入西藏,该国皇帝此番又欲向蒙古派遣一支探险队。试想尔后数十年,白色人种的足迹恐怕将遍布于葱岭东西。亚细亚面积五倍于欧土,人口为其一倍半。阿尔泰以南、葱岭东西、喜马拉雅以北,此地包举宇内,席卷坤舆,乃英雄辈出之处。大群人类起源于此,史学新材料堆积于此,如山川般绵延不息。由安南北部斜向西北可入西藏,北至预示地球未来命运的冰山冰海之西伯利亚,南至见证地球以往历史的灼热高温之印度洋岸。若入满洲,则一人所费不过千日元,十人所费不过万日元。②

---

① 山室信一『思想課題としてのアジア』、31頁。
② 『内藤湖南全集』1卷、536—538頁。

由此可见,在内藤来看,"亚洲"应指东至日本和朝鲜半岛,西至印度洋、帕米尔高原(葱岭),北至阿尔泰山脉和西伯利亚,南至越南(安南)和泰国(暹罗)等中南半岛(印度支那半岛)各国,其中包含着喜马拉雅山脉、云南、西藏、新疆、蒙古、"满洲"等中国大陆地域。比照山室信一对亚洲的一般性定义来看,本应属亚洲的地域(即乌拉尔山脉至阿尔泰山脉的俄国境内,里海以东的中亚地区,黑海、地中海周边的近东地区,红海以东的阿拉伯半岛等中东地区)不包含在内藤的"亚洲"当中,而西伯利亚这一往往被排除在亚洲之外的地域却位列其中。这便涉及内藤湖南是根据什么标准来划分亚洲的。如果是按照文中所提到的"人种"来划分,被他排除在"亚洲"之外的俄罗斯境内的斯拉夫人,中亚的雅利安人、波斯人,近东的奥斯曼土耳其人,中东的犹太人、阿拉伯人等,确实不属于纯粹的黄色人种,被排除在"亚洲"之外也无可厚非,但是将西伯利亚归入亚洲却看似不合道理。不过鉴于西伯利亚在历史上属于各游牧民族(匈奴、突厥、西伯利亚原住民)的杂居地区,后根据1860年的《北京条约》被正式划为俄国领土的历史事实,从人种角度很难明确界定其是否属于亚洲。

由上可知,内藤湖南所描绘的"亚洲"是以中国大陆为主体的一个较为宽泛的概念,其中没有明确的界限划分。从文章的字里行间来看,他认为区分亚洲与非亚洲的标准是人种,但在西伯利亚等比较有争议的地域的界定上并没有做进一步的说明和论证。毕竟上述文章提及"亚洲"概念的初衷只是向日本政府陈述对中国内陆进行探险和学术调查的重要性,不属于严谨的学术论文,不过其确实体现出内藤湖南具有广阔的观察视野。

三、内藤湖南与"南进论"

以1894年的甲午战争为契机,内藤湖南开始积极地在各家报纸杂志上发表时局评论文章,并且文章内容大多具有鲜明的政策指向性,除了关于中国问题的文章(如关于甲午战争的"日本天职论"、关于戊戌变法的"中国改革论"、关于义和团运动的"中国保全论"等)之外,也有大量关于日本针对亚洲的对外扩张的内容,主要是评价日本政府的亚洲政策的得失,并提出自己的建议。

日本在明治维新后不久,便开始不断谋求向南方和北方两个方向进行对外扩张,逐渐形成了所谓"南进论"和"北进论"两种不同的扩张论调。19世纪90年代以后,日本加剧对外扩张的步伐,通过甲午战争和日俄战争,获得台湾及澎湖列岛、库页岛南部等大片领土,以及在朝鲜的政治、经济、军事特权。日本对相关地域的关注度不断升高,围绕日本对外扩张政策的南进论和北进论也上升到国策层面,直至日本战败。内藤湖南是这一国策的积极拥护者和参与者。

南进论分为前后两个时期。前期主要指,日本进入明治时期以后,以贸易、投资、移民、实地调查为手段,在东南亚、密克罗尼西亚、美拉尼西亚开展的经济扩张;甲午战争后,转为以占领台湾为代表的殖民地攫取行动。后期主要指,日本在第一次世界大战后以委任统治的形式获取南洋群岛后的殖民地经营活动。"九一八"事变以后,随着与英美等西方列强关系的恶化,日本逐步走上外交孤立的政策路线,后期南进论的性质也彻底变为了对南洋地区的武装侵略和殖民统治。

内藤湖南所倡导的南进论包括两种:一是"殖民移居"[①],二是关于台湾的殖民地经营,属于前期南进论的范畴。关于殖民移居,他先后发表《空想的国民》等数篇文章,全面支持南进政

---

① 政教社成员加贺秀一在机关刊物《日本人》上发表《移居的利害》一文,对"殖民移居"进行了定义。加贺将移居分为三种类型,即归化移居、殖民移居和外出务工移居。关于殖民移居,加贺称"殖民移居指的是,为了移居国民个人的利益或本国军政、农工商业的利益,将国民迁往殖民地居住,我国对北海道的殖民事业便属此类"。加贺赞成归化移居和外出务工移居的方式,但反对殖民移居的方式。他认为当时日本国力尚不及俄国、英国等国,与列强争夺殖民地有可能让日本在外交关系上陷入不利局面。贺秀一「移住の利害」、『日本人(第一次)』25号、日本図書センター、1983年。

策。他认为日本明治维新后 20 年的社会发展是"无形的进步",即文学、哲学、政治、法律等形而上层面的进步。相对来说,生产、实业等与国民生活密切相关的有形事物的发展却停滞不前。日本应加速推行殖产兴业,充实国力,否则将成为被西方列强蚕食的对象。而当时逐渐兴起的海外殖民贸易事业"是可喜的",以殖民移居和对南洋的探险为代表的"远征气象"乃"国家百年之幸福"。作为政府,应鼓励发扬这种"兴国的气象""有为的气力"。[①]

内藤湖南关于殖民移居的主张,其着眼点在于谋求经济利益,以增强国力,这与前期南进论的主张基本一致。然而,日本通过甲午战争攫取台湾为殖民地后,南进论的主张由贸易、殖民移居、探险活动等温和的行动转为了以台湾为基石的对外扩张战略。如第二任台湾总督桂太郎的主张鲜明地体现了这一点:

> 仔细想来,台湾的设施经营不应止于台湾境内,而应进一步对外进取。台湾的澎湖列岛与中国东南沿岸隔海相望,与中国南部一带关系紧密。南接南洋诸岛,远可至南海,此形势正如九州隔日本海和对马海峡与朝鲜半岛相峙,交通密接釜山,以控制半岛局势。以往仅维持日本海之安全,便可保国威不失。将来应进而压制中国东海,连接中国南部沿岸,贯通南洋列岛,借台湾澎湖地利扩张国势,否则实乃百年之憾事。[②]

桂太郎将中国台湾视为向中国南部周边海域及南洋扩张的根据地。日本此后的台湾政策也基本遵循了这一路线,如第四任总督儿玉源太郎在《关于台湾统治的既往及将来的备忘录》中提到,台湾可保障日本"为实现南进的政策,对内巩固统治,对外善交邻邦,避免在国际上滋生事端,在与对岸的清朝和南洋的通

---

① 『内藤湖南全集』1卷、520—525頁。
② 桂太郎『桂太郎自伝』、平凡社、1993年、214—215頁。

商上占据优势"①。由此可见,占领台湾后,日本的前期南进论转到了以台湾为根据地向南扩张的路线上来。

受此影响,内藤湖南的南进论也发生了变化。1897年,他赴台担任《台湾日报》主笔,其间发表政论《台湾政治的大目的》,明确提出:"近世的领土开拓主义,一是转移本国过剩人口,开拓海外未开之地,如英国;二是脱离寒冷贫瘠之地,逐渐占据肥沃要地,以争天下,如俄国。而今我国以台湾为殖民地,不应效仿英国;以台湾为经略南方之根据地,亦不应效仿俄国。"②在他看来,台湾殖民地经营的价值,一是在于缓解国内过剩人口,二是作为向南洋扩张的根据地,可以说与日本政府南进论的转变如出一辙。

四、向"北进论"的转变

受日本在朝鲜和中国东北势力不断扩大的影响,内藤湖南在南进论上没有一以贯之,而是转向了激进的北进论。他于1903年在《大阪朝日》上发表《满洲论的分派》,阐明了自己向北进论的转变:

> 北守南进在数年前为一派论者所倡导,当时并非毫无可取之处。但时至今日,究竟欲守何地,欲进何地?此时放弃有望之满洲,中断朝鲜、清国与我商业上之联络,而规划无望之南进,此实属无稽之谈,不言而喻。③

内藤的这一转变始于19世纪和20世纪之交。俄国在朝鲜和中国东北不断扩张,与日本在朝鲜的利益发生正面冲突,导致日俄战争爆发。日本在日俄战争中获胜,使得日本一改此前暂

---

① 鶴見祐輔『後藤新平』第2卷、勁草書房、1965年、418頁。
② 『内藤湖南全集』2卷、404頁。
③ 『内藤湖南全集』3卷、557頁。

避俄国锋芒的南进论,开始要求独享朝鲜半岛权益,并扩大在中国东北的经济利益。针对朝鲜半岛问题,内藤强烈批判日本政府此前奉行的与俄妥协的外交路线(满韩交换论),认为与俄国不战讲和、互相承认彼此权益的做法对日本极为不利。他在《韩国利益的防护》《关于列国对韩国的共同保护》等文章中称,"鉴于今日之状态,主张日俄两国交换满朝利益,无异于以我国在满洲之实在利权,换取俄国在朝鲜之空名"①,是毫无意义之举。关于中国东北问题,他主张"满洲"的"门户开放"。内藤高度评价"满洲"的经济价值,批判日本对俄国独占这一地域的现状无动于衷,积极倡导"门户开放",其实质无非是希望日本介入此地,扩大势力范围。

内藤向北进论的转变,还体现在他积极支持日本对俄开战的态度上。1902年,内藤作为《大阪朝日》报社记者,前往中国东北。此行目的虽然是进行学术调查和参观历史遗迹,但通过这次实地调查,坚定了其对俄开战的信心。② 他在《大阪朝日》上积极宣扬自己的主战论,指出非战论的不现实性,痛斥非战论者是"置国家颜面和利益于不顾的无耻之徒"。此外,他甚至抛出"战争是解救亿万亚洲民众的手段"的极端论调:

> 诸如战争这般惨剧的到来是迟早之事,早有定数。民族膨胀之命运、扶植朝鲜独立之国策皆为今日时局,其渊源由来已久。世界大势尚未摆脱强国对峙、封疆有限的现状,战争实属无可奈何之事。若能借此惨剧使东亚大陆几亿生民摆脱残亡之祸,不如索性一战。③

日俄战争中,俄国虽然战败,但在中国东北依旧拥有残存的势

---

① 『内藤湖南全集』3卷、183—187頁。
② "此番视察坚定了我们对满洲问题的信心。我们确定,日本绝不可对俄国的南下政策让步,应赌上国运,与之一战。"『内藤湖南全集』2卷、747—748頁。
③ 『内藤湖南全集』3卷、567—568頁。

力。内藤认为这是对日本在"满洲"权益的持续威胁,建议日本不应安于现状,而要进一步深入中国的腹地——蒙古,才能确保"满洲"的权益。[1] 可见,他转向北进论的态度是非常坚决彻底的。

以上,本文从"亚洲"视角出发,探讨了内藤湖南时局评论中体现出的亚洲构想。从他的言论中可以发现,他在地理意义上的亚洲概念的基础上,构建了一个观念上的"亚洲",其范围虽然不具有严格的地理界定,但通过内藤湖南对此范围内一些地域(如中越边境、中国台湾地区、中国东北)的时局评论,可以看出他的亚洲构想实质上是建立在日本亚洲战略的框架之内的,具有强烈的现实政治色彩。其本质是为日本对外侵略扩张营造政治舆论,是披着"学理"外衣的政治工具。内藤湖南虽被誉为"东洋史学家""中国学家",但他的学术研究不免受到现实政治和时代局限的影响。其时局评论就如同那个时代很多其他日本学者一样,是日本对外侵略扩张的附庸。当然,内藤湖南的亚洲构想远远不止于此。由于篇幅和时间限制,其学术研究成果中有关亚洲、东洋的一些观点留待以后进一步考察。

(作者系北京大学外国语学院日语系助理教授)

---

[1] "满洲当下可保小康,但俄国在满洲的损失,必会通过其他地区弥补。其最先与我国利益冲突之处,必为东蒙古。故对东蒙古的开发,对于在通商和政治上保障满洲经营,是最为迫切的要务。"『内藤湖南全集』4卷、199页。

镰仓东庆寺对日本女性的婚姻救济

古云英

内容提要:6世纪中期佛教经朝鲜半岛传入日本,佛教在日本遵循的是自上而下的传播模式,自镰仓时代开始佛教才真正影响到普通民众的信仰和生活。其中,佛教对日本女性的影响主要体现在两个方面:一是从佛教义理的角度出发对女性往生的态度,另一个就是在现实生活中对女性的救济。镰仓时代,幕府第八代执权北条时宗的夫人觉山尼开山创建东庆寺,并制定对女性进行婚姻救济的寺法,东庆寺主要通过"和解归家""内济离婚""寺法离婚"三种方式对女性进行婚姻救济,这种救济的背后既有深刻的法理根源,也离不开外部权力的支撑。

关 键 词:佛教 东庆寺 女性 婚姻救济

东庆寺全称为东庆总持禅寺,曾是镰仓尼五山[①]之一,位于日本神奈川县镰仓市,因帮助女性脱离不幸婚姻而闻名于世,故此又被称为"缘切寺"和"驱入寺"。镰仓幕府执权北条时宗夫人觉山志道尼(觉山尼)于弘安八年(1285年)开山创建东庆寺,制定帮助女性脱离不幸婚姻的寺法,寺法规定不想和丈夫继续生活的女性进入寺中,寺里就帮助她们离婚。觉山尼于建长四年(1252年)7月4日出生于安达官邸,当时她的姑母松下禅尼也生活在安达官邸,觉山尼大约自儿时开始就从姑母那里受到了佛教教义的感化,后来觉山尼又师承无学、镜堂、无象、高峰等多位高僧,成为一位教养极高的禅尼。觉山尼怜悯女性不能顺遂

---

① 室町时期,幕府效仿五山制度,在京都和镰仓也设置了尼五山,京都五尼寺为景爱寺、通玄寺、檀林寺、护念寺和慧林寺,镰仓五尼寺为太平寺、东庆寺、恩过寺、护法寺和禅鸣寺。

自己的心意，即便嫁给了邪恶之徒，也只能无奈跟随，断送一生，因而制定寺法帮助她们离婚。

关于寺法内容，《德川禁令考》中记载有"镰仓松冈山东庆寺寺法"①。井上禅定认为《德川禁令考》中的寺法，内容来源于东庆寺役人村上嘉太夫的"寺例书"以及木下久石卫门书写的"御旧记写之"，后两者是现存最古老的记载寺法的资料，《德川禁令考》中的寺法内容与后两者基本一致。②《德川禁令考》中记载的寺法，是东庆寺役人大村与惣左卫门于文化五年（1808年）书写的。"镰仓松冈山东庆寺寺法"简单介绍了东庆寺的建立及发展历程，点明寺法的核心在于帮助进入寺中的女性离婚。

寺法制定后，东庆寺依照寺法对女性进行婚姻救济，这种救济从镰仓时代一直持续到江户时代，直到明治时期，女权意识兴起，公平公正处理离婚诉讼的裁判所成立，东庆寺寺法的使命才得以完结。从镰仓时代到江户时代，作为东庆寺寺法的制定者，觉山尼的作用自不待言，觉山尼之后的历代住持也都竭力护持寺法，令寺法的执行代代不息，其中影响力较大的两位是第五世住持用堂尼和第二十世住持天秀法泰尼（天秀尼）。用堂尼是后醍醐天皇之女，用堂尼出任住持期间东庆寺被称为"松岗御所"和"镰仓御所"，用堂尼凭借后醍醐天皇皇女的身份，为寺法的执行提供了极大的庇护。天秀尼是丰臣秀赖的女儿，也就是丰臣秀吉的孙女。元和元年（1615年），大阪城败落，丰臣秀赖死于大火之中，他七岁的幼女被捕，后被德川家康送入东庆寺为尼，终身不得还俗。入寺之际，家康问她有什么愿望，她指出希望东庆寺救济女性的寺法能够永远执行下去，德川家康大为感动，应允了她的请求。③ 天秀尼从德川家康那里争取到让寺法永不断绝的特权，在德川幕府治下260多年里，东庆寺一直享有治外法

---

① 法制史学会編・石井良助校訂『德川禁令考（前集第五）』、創文社、1981年、76—77頁。
② 井上禅定『駆込寺東慶寺史』、春秋社、1980年、120頁。
③ 鎌倉市史編纂委員会『鎌倉市史（寺社篇）』、吉川弘文館、1959年、246—247頁。

权，在婚姻上救济了众多女性。

一、救济的基本方式

东庆寺对女性进行婚姻救济的基本方式有三种，即"和解归家""内济离婚""寺法离婚"。从镰仓时代到江户时代，东庆寺不断完善具体的救济细节。例如，最初女性进入东庆寺服务两年，离婚即可生效，无须丈夫提供离婚书，后来，为了防止两年服务期满后原来的丈夫为难妻子，寺社奉行①永井伊贺守做出规定，要求丈夫必须提交离婚书。然而，救济的基本方式没有发生改变，下面对救济过程做一个简单梳理。

女性为逃离不幸婚姻进入寺中，由于东庆寺享有治外法权，所以女性一旦进入寺内，包括夫家在内的任何人都不能强行将其带走。女性进入寺内后，寺里首先会听取女方的诉求以便确认其离婚理由是否合理，然后把女方的娘家人叫到寺中，让娘家人劝说女方回到夫家，劝说成功，女方便返回夫家，这种方式就是"和解归家"。如果女方坚持离婚，娘家人会出面同夫家交涉离婚，夫家同意并交出离婚书，女方便达成所愿。也有娘家人接到寺里的传唤后，直接去找夫家交涉要求离婚，如果夫家同意并交出离婚书，娘家人就可以拿着离婚书带女方离开东庆寺。这种离婚方式被称为"内济离婚"，即通过协商的方式帮助女性离婚。

但是，娘家人与夫家交涉后，如果夫家执意不肯离婚，就要通过寺法进行离婚，"寺法离婚"是带有强制性的，寺里会派专人去夫家。为了防止去的当天丈夫不在家，寺里会提前送出一封"出役达书"到夫家所属的名主那里，告知寺里派人的时间，让名主通知丈夫当天不得外出。"达书"被置于菊桐金纹的御状箱内，"达书"送达以及名主介入，此种情况下丈夫通常就会交出离

---

① 寺社奉行是江户幕府的官职名，在镰仓、室町时代已设置；江户幕府时，直属将军，管理全国寺社及其领地，全面统制宗教以及主管关东八州以外的旗本领地的诉讼。寺社奉行的办公处所一般通称为"寺社奉行所"。

婚书,这被称为"达书送出后内济离婚",其实也属于"内济离婚",因为寺里并没有真正派人执行寺法强制离婚。"达书送出后内济离婚"能够达成,笔者认为有两方面的原因:一个是夫家所属名主的介入,本身就有一种约束力;再有把"达书"置于菊桐金纹的御状箱内也有一种隐形的威慑力,因为菊花是日本皇室的家族徽章,是最高权力和地位的象征,普通百姓看到如此正式的"达书"难免会心生畏惧。

如果"出役达书"送出后,夫家依旧不同意"内济离婚",寺里就会派人通过寺法强制离婚。寺里的人带着寺法书于约定当天去到夫家所属的名主那里,寺法书同样被置于菊桐金纹的御状箱内,召集夫家一干人等,让名主诵读寺法书,寺法书的内容主要是强调东庆寺的治外法权以及寺法的慈悲。此时,丈夫通常会依照寺法交出离婚书,离婚书中还要写明离婚缘于寺法。当然,也有很少一部分人看到寺法书后仍然不肯离婚,这时丈夫会交出一份"违背书",说明不能交出离婚书的理由。丈夫违背寺法不肯交出离婚书,接下来的事就会交给寺社奉行所,到了奉行所,丈夫如果仍旧违背寺法不肯交出离婚书,就会被送入牢中,这时丈夫不得不同意离婚,并交出寺法离婚书,并且离婚书中还要为违背寺法而致歉。这种通过寺法帮助女性强制脱离不幸婚姻的方式就是"寺法离婚"。"寺法离婚"不同于"内济离婚","内济离婚"的女性离婚后就可以离开东庆寺,而"寺法离婚"的女性需要在寺中服务两年,这类女性被称为"寺法入寺女",两年寡居期满后她们才能离开东庆寺,离婚也才真正生效。"寺法入寺女"不需要像尼姑那样把头发剃光,但是她们必须断发,不允许结髻,平时需要在寺里做一些洗衣、打扫、做饭等杂务。

东庆寺在处理女性婚姻的问题上,不论是"和解归家",还是"内济离婚"和"寺法离婚",始终都是把女性本人的意愿放在第一位。女性进入寺中,寺里首先采取的措施是对女性离婚的理由进行询问,然后找她的娘家人来规劝,并不立即把离婚提上日程,这也是为了防止女性离婚的理由不够正当或者因一时冲动而起,算是较为全面的考虑。一旦女性抱有离婚的决心,不管通过协商式的"内济离婚"还是强制性的"寺法离婚",寺里一定会帮助女性达成所愿,脱离不幸婚姻。但是对于通过"寺法离婚"达成所愿的女性,东庆寺却要求她们在寺里服务两年,才会给予她们自由和再嫁的权利。笔者认为可以从两方面考虑这个问题:一方面是为了确保女性想要离婚的心意足够坚定,通过寺法强制离婚,女性也需要付出相应的代价,只有足够坚定的信念才能促使女性做出这样的选择;另一方面,这也可以看作是东庆寺对当时的社会某种程度上的妥协,或者也可以说是为了求得一种平衡,在男尊女卑的社会为女性强出头,又不至招来诟病或反抗,相对做出一些让步也算是一种权宜之计。

二、救济的内在佛教法理

从镰仓时代到江户时代,在将近 600 年的时间里,东庆寺一直践行对女性进行婚姻救济的寺法,帮助她们脱离不幸的婚姻,为她们提供一处避难所,之所以能够如此,其实可以追溯到其法理根源。

早期佛教提出过"女人五碍说",佛经中所记载的女性成佛的故事也以女性先转成男身为前提。早期佛教对女性表现出的"歧视"有其社会渊源。佛教成立之时,印度的主流宗教是婆罗门教,婆罗门教推行种姓制度,将人分为四个等级——婆罗门、刹帝利、吠舍和首陀罗。这四个等级中婆罗门地位最高,首陀罗地位最低,而女性基本与首陀罗处于同一地位。也就是说,佛教成立之时印度社会等级森严,女性地位极为低下。在这样的社会背景之下,佛教提出"女性五碍说"其实是一种权宜之计。要想壮大和发展佛教,在当时来看教义不宜和主流宗教直接对抗。而佛经上所记载的女性转男身成佛的故事,在今天看或许是对女性的歧视,但从当时的社会背景来看,其实是对女性也能成佛的一种认可,是佛教有意提高女性地位的表现。公元 1 世纪前后大乘佛教兴起,大乘佛教明确提出众生平等皆可成佛,众生当然包括女性,这一教义直接把万物众生放在了平等的地位。从表面上的歧视到后来直接明了地提出众生平等的理念,可见佛教平等对待女性的态度。

再有,就是佛教对离婚的态度。佛教对离婚的态度不同于基督教。基督教认为婚姻是上帝配合与见证的"神的盟约",是神所赐予的需要携手终老的契约关系,本着对上帝负责的原则,无论遇到任何困难夫妻双方都需要努力克服,不可以违背神的旨意放弃已经缔结的神圣契约。也就是说,在基督教看来,婚姻不是简单的人类之间的关系,而是上帝所参与的神的盟约,背弃盟约是不被允许的。而佛教教义的核心理念是"缘"。《阿含经》中说,"此有则彼有,此生则彼生。此无则彼无,此灭则彼灭"。世间一切存在都有其因缘,缘起则生,缘灭则无。如《瑜伽论记》中所言:"一切法无我,诸行无常,涅槃寂静等智名为无边际智。"既然一切皆为缘起缘落,就应有诸法无我、诸行无常的智慧,不可有执念,应追求涅槃寂静的佛果。佛教的缘起理论决定了在对待离婚这一问题上它要比基督教豁达,结缘和离缘都是自然而然的,离合皆因缘起,没有什么是一成不变的。因此,佛教并不反对离婚的发生,反而将其视为自然而然的现象。东庆寺被称为"缘切寺",笔者认为这一称呼不仅因为东庆寺帮助女性离婚,其背后与佛教缘起理论也有一定关联。

佛教倡导众生平等皆可成佛,能够平等地对待女性,佛教认为一切存在皆因缘而起,诸法无我,诸行无常,缘起缘落都是自然而然的现象,因此对于离婚能够坦然接受。当这样的佛教理念碰到女性因社会地位低下而毫无离婚自主权的社会现实时,必然会刺激东庆寺对女性伸出援助之手。那么,当时女性究竟处于怎样的境遇之中呢?

东庆寺对女性进行婚姻救济,主要是在镰仓时代至江户时代,也就是幕府统治时期。日本明治维新开启近代化进程之后,女性的离婚权益得到法律以及政府部门的保障,东庆寺对女性进行婚姻救济的使命才正式结束。从镰仓幕府经室町幕府最后到江户幕府,这一时期是日本封建制度开始形成、发展和完全确立的时期,女性的地位在这一时期急剧下降。

虽然在幕府统治之前,女性也是处于男权统治之下,但境遇相对要好很多。日本曾盛行访妻婚,这一婚姻制度一直延续到平安时期,男女缔结婚姻关系,妻子无须离开自己的家,丈夫夜间去妻子家居住,妻子作为自己家家庭成员的身份不会发生改变,享有财产继承权。同时,在婚姻方面女性也享有一些相对的自由,如果男方不再拜访女性的家,那么婚姻关系视为自动解除,女性可以与其他男性缔结新的婚姻关系。进入镰仓时代,访妻婚不再盛行,女性嫁入男方家中。这时女性还享有一定的财产继承权,可以从娘家继承一小部分财产。但是,嫁入男方家后,财产的管理权归丈夫所有,妻子去世以后,她从娘家继承的财产要归还娘家。这个时候女性没有选择婚姻的自由,必须听从父兄的安排。到了室町时代,女性的财产继承权被剥夺,社会地位相较之前更低。

江户时代,日本封建制度完全确立,政府开始利用儒家理念治国。宣扬男尊女卑伦理的《女大学》是当时教导女性的典范书籍,《女大学》要求女性绝对服从丈夫、敬事翁姑、勤于家事、不生嫉妒、凡事以夫家为先,这些教条无疑是给女性架上了一道道德的枷锁,使她们完全隶属于男权统治。在婚姻选择方面,女性也没有任何自由可言,结婚对象由父兄决定,离婚的主动权完全掌握在丈夫手中。幕府效法中国实施"七出"休妻制度,"七出"即无子、淫佚、不事舅姑、口舌、盗窃、妒忌、恶疾,这就从制度和律法上为男性休妻提供了保障,丈夫仅凭一张三行半的离婚状就可以把妻子赶出家门。相反,女性想要离婚,律法上没有给予任何保障,道德上也得不到接受和认可。丧失财产继承权,又受到儒家男尊女卑伦理道德的钳制,婚姻权益在制度和律法上没有任何保障,可以说此时日本女性的社会地位已跌入历史最低谷。

幕府统治时期,女性社会地位日渐低下,最终完全处于男权控制之中,在制度上和律法上不享有婚姻自主权。面对女性如此悲惨与无助的境遇，东庆寺作为禅宗尼寺，发菩提慈悲善心，设立寺法，历代执行，帮助女性脱离不幸婚姻，为她们提供了一处婚姻的避难所。

三、救济的外在权力支撑

东庆寺制定寺法，在婚姻上救济女性，根本上是源于佛教内在法理，事实上这也离不开外在的权力支撑，正是因为当权者的庇护才使得东庆寺的婚姻救济成为可能。据《明惠传记》记载，承久之变时，有很多军官将士逃入了明惠所在的栂尾高山寺，城介义景入山搜查，抓了明惠并带到北条泰时面前，明惠对北条泰时说："此山是禁止杀生之地，即使鸟兽隐入此山也可续命。因而，不论如何处置我，我都不能把逃入寺中的士兵驱逐山外。"泰时感动落泪，自此皈依明惠。由此可知，镰仓时代早在觉山尼之前就有寺院享有治外法权救济人命的先例。当权者北条泰时之所以皈依明慧，并认可其所在寺院拥有的治外法权，这源于泰时对明惠的钦佩以及他所受到的佛法的感化。同样，东庆寺帮助女性脱离不幸婚姻的寺法，自镰仓时代至江户时代一直得到当权者的认可和支持，这也和当权者在佛法的感化下对以救济女性为主旨的寺法的钦佩有很大关联。其中，最具代表性的就是东庆寺二十世住持天秀尼向德川家康请求寺法永续的事例。一个七岁的女童竟能向德川家康讲出希望寺法永续的心愿，这是天秀尼当时的真实想法，还是寺里负责人让她传达的心愿？这其实是存疑的。无论如何，这一救济他人的心愿确实感动了德川家康，并得到德川家康的应允，保障了江户时代东庆寺寺法的执行。

除了出于慈悲心对女性的婚姻进行救济，打动了当权者，赢得他们的支持之外，东庆寺历代住持高贵显赫的出身也促使当权者成为寺法执行的后盾。下面是镰仓时代到江户时代东庆寺世代住持表。

东庆寺世代表(镰仓时代至江户时代)

世 代	法 号	出 身
开山	觉山志道	北条时宗夫人
二世	龙海	—
三世	清泽	樱田贞国遗孀佐和
四世	果庵了道	—
五世	用堂	后醍醐天皇皇女
六世	顺宗	足利家女儿
七世	任芳义	足利家女儿
八世	简崇择	足利家女儿
九世	松圭杉	足利家女儿
十世	应涧化	足利家女儿
十一世	柑聪堂	足利家女儿
十二世	柏室树	足利家女儿
十三世	灵庵鹫	足利家女儿
十四世	闻璋见	足利家女儿
十五世	明玄远	足利家女儿
十六世	渭继璜	足利政氏女儿
十七世	旭山旸	足利义明女儿
十八世	瑞山祥	足利高基女儿
十九世	琼山法清	足利赖纯女儿
二十世	天秀法泰	丰臣秀赖女儿
廿一世	永山法荣	喜连川尊信女儿
廿二世	玉渊法磐	喜连川茂氏养女

资料来源：井上禅定『駆込寺東慶寺史』、春秋社、1980 年、115—116 頁。笔者根据书中信息制作而成。

东庆寺的开山是觉山尼，觉山尼本就出身显贵。她的父亲是安达义景，母亲是北条时房之女，而北条时房的姐姐就是赫赫有名的尼将军北条政子，觉山尼后来又嫁给幕府第八代执权北条时宗，成为执权夫人。众所周知，源赖朝去世后，镰仓幕府的实权就落入北条氏手中，北条氏世代出任执权，挟天子而令诸侯，成为最高权力的实际拥有者。弘安七年（1284年）时宗即将过世之际，觉山尼也落发出家，并于弘安八年（1285年）开山创建东庆寺。执权夫人开山建寺，设立寺法，当权者势必全力支持，确保寺法的权威性。二世龙海尼和四世果庵尼的身份，虽然因资料缺失无从查起，想来肯定也不是等闲之辈。三世清泽尼是幕府大将樱田贞国的遗孀佐和。而五世用堂尼则是后醍醐天皇的皇女，皇女身份尊贵，东庆寺因皇女出任住持而被称为"松冈御所"和"镰仓御所"，成为与比丘尼御所同等级别的紫衣寺，可见当时东庆寺地位之高。到了室町时代，六世到十九世住持全都出自足利家，这一时期东庆寺被幕府设置为镰仓尼五山之一。二十世住持天秀尼是丰臣秀赖之女，也就是丰臣秀吉的孙女，丰臣秀赖虽然败落，但作为秀赖之女其影响还在，也正是因为这一点，才会有德川家康询问其心愿的机缘。

时宗夫人开山建寺，设立寺法，历代住持也都出自幕府权贵或皇室贵胄，高贵显赫的出身为她们赢得当权者的支持，保障了寺法的执行。当权者受到佛法教化，情感上对东庆寺救济女性的行为感到钦佩，再加上东庆寺历代住持高贵显赫的出身，促使当权者认可东庆寺的治外法权，为寺法的执行提供庇护。

四、结 论

镰仓时代至江户时代，是日本步入封建社会并最终确立封建制度的时期，这一时期女性的社会地位急剧下降，她们逐渐丧失财产继承权，婚姻也完全处于男权控制之下，毫无自主权可言。东庆寺作为禅宗尼寺，积极奉行佛教教义。佛教的缘起理论使得其对离婚这一问题持大方接受的态度。同时，佛教提倡众生平等皆可成佛，这一理念使得佛教能够公平平等地对待女性。面对社会地位低下、遭遇不平等对待、毫无离婚自主权的女性，东庆寺在佛教法理的内在推动下，发慈悲善心，向她们伸出援手，设立寺法，帮助她们脱离不幸婚姻，并且历代践行，为她们提供了一处婚姻避难所。当权者受佛法感化在情感上钦佩东庆寺对女性的救济行为,再加上历代住持高贵显赫的出身,促使当权者认可东庆寺的治外法权,为寺法的执行提供庇护。东庆寺对女性的救济,即"和解归家""内济离婚""寺法离婚",不论哪一种方式,都把女性的意愿放在第一位,当然前提是离婚的理由必须是合理的。和解归家和内济离婚的女性可以在达成所愿后立即下山回家,通过寺法强行离婚的女性,需要在寺中断发做杂役服务两年,两年期满离婚正式生效,她们重新获得再嫁的权利和自由。

明治六年(1873年),幕府太政官宣布设立裁判所专门处理离婚诉讼。至此,官方正式赋予女性自主离婚的权益,东庆寺对女性进行婚姻救济的使命也圆满结束。高木侃根据现有史料制作了"东庆寺驱入女一览表"[①],从贞享五年(1688年)到明治三年(1870年),东庆寺救济的女性达495人。不到200年的时间,东庆寺便救济了近500名女性,可以想象从弘安八年(1285年)觉山尼开山建寺到明治六年(1873年)缘切寺法使命完成,将近600年的时间,有多少女性得到了东庆寺的婚姻救济。这里面有的女性遭遇丈夫家暴,有的女性被舅姑欺负,甚至还有女性被丈夫强行要求去做游女。在女性地位低下的封建时期,东庆寺发慈悲愿力,向这些饱受婚姻折磨的女性提供婚姻救济,给予她们自由和再嫁的权利,这本身就值得被铭记。另外,东庆寺作为佛教寺院,对女性进行婚姻救济,实际上是承担了政府的部分职能,佛教积极投身于世俗事务,这也是日本佛教世俗化的重要表现之一。东庆寺对女性的婚姻救济是日本佛教女性救济的重要组成部分,除了东庆寺,在群马县还有一个满德寺,也对女性实施婚姻救济,两所寺院在婚姻救济方面的关联以及各自的救济特点等,是笔者打算进一步探讨的课题。

(作者系北京大学外国语学院日语系博士研究生)

---

① 高木侃『縁切寺東慶寺史料』、平凡社、1997年、848—877頁。

《鼻归书》与吉田兼俱的"根叶花实说"

李 健

内容提要:"根叶花实说"之雏形最初见于《鼻归书》,后为天台僧人慈遍所继承,至室町时期经吉田兼俱之完善而走向成熟,成为吉田兼俱的主要思想之一。虽同为"根叶花实说"的主张者,但《鼻归书》与吉田兼俱的"根叶花实说"有很大差异。除立场差别之外,其各自之论述思路也颇相异趣。通过深入比较二者之异同,表明吉田兼俱在积极推动神儒佛三教融合基础上,摒弃《鼻归书》以密教理论谋求神佛习合的方式。其目的在于,假"根叶花实说"之手为其神道根源论、日本优越论张目,并试图以此从根本上瓦解佛教界主张的以佛为本、以神为迹的"本地垂迹说"。

关 键 词:根叶花实说 鼻归书 吉田兼俱 日本优越论

通常我们提到"根叶花实说",一般是指吉田兼俱《唯一神道名法要集》中的这样一段表述:"第三十四代推古天皇御宇,上宫太子密奏言:吾日本生种子,震旦现枝叶,天竺开花实。故佛教者,为万法之花实,儒教者,为万法之枝叶,神道者,为万法之根本。彼二教者,皆是神道之末叶也。以枝叶、花实,显其根源。花落归根,故今佛法东渐,吾国为明三国之根本也。自尔以来,佛法流布于此。"[①] 这是一个颇为形象的比喻,它将一棵植物的根、叶、花实作为本体,将神道、儒教、佛教分别与此对应作为喻体,将发端于印度的佛教经由中国东传至日本的历史过程巧妙地空间化为一棵植物生根发芽、开花结果继而花落归根的过程。这一过程与佛教东传的历史过程正好是反向的。这是一个非常

---

① 神道大系編纂会編『卜部神道』(上)、1985年、74頁。

典型的宣扬神道优越性和日本优越性的思想工具。这一"工具"的产生和形成，并非吉田兼俱一人之力，而是在长期历史和思想史发展过程中逐步形成的，它有着深厚的历史背景和思想渊源。

实际上，早在"两部神道"著作——《鼻归书》(1324年)中就已经凸显出这一思想的萌芽。《鼻归书》将释迦佛看作大神宫之"再诞"，它是真言宗发展过程中，试图在理论上将佛教与神道相融合而成书的一部著作。其思想主旨是将真言宗金、胎两部与伊势神宫内、外两宫相匹配、融合，并以此为基础尝试用佛教理论解释神道。其中着力突出了太神宫作为诸社之源，甚至作为佛教之源的崇高性和至上性。《鼻归书》的思想不仅对佛教徒推动神佛之融合提供了有益启示，而且对于神道界的理论探索也产生了重要影响。室町时期吉田兼俱所大力倡导的"根叶花实说"，就与《鼻归书》有着不可分割的关系。

有关《鼻归书》的先行研究并不多见。久保田收的《神道史研究》(1973年)一书曾就其成立年代与主要内容做过基础性研究，并重点探讨了《无题记》对《鼻归书》的影响。[1] 山本广子的《心御柱与中世的世界——以〈鼻归书〉为中心》(1990年)一文，重点论述了《鼻归书》中的"心御柱＝独钴说"与"心御柱＝须弥山说"，并指出了《鼻归书》与慈遍学说的密切关系。[2] 门屋温的《两部神道试论——以〈鼻归书〉的成立为核心》(1993年)一文，则通过对两部神道思想的整体性分析，追溯了《鼻归书》的成立背景及其思想来源，强调伊势神道应作为两部神道研究的一个重要视角。[3] 先行研究对《鼻归书》的思想内容及其成立背景已有相当涉及，但对《鼻归书》的后世影响或其意义却鲜有关注。因此，本文拟将重点讨论《鼻归书》与吉田兼俱"根叶花实说"的关系。

---

[1] 久保田収『神道史の研究』、皇学館大学出版部、1973年、368—384頁。
[2] 山本ひろ子「心の御柱と中世の世界—『鼻帰書』をめぐって—」、『春秋』1990年第4号、47—55頁；第6号、34—39頁；第10号、34—39頁；第11号、26—31頁。
[3] 門屋温「両部神道史論—『鼻帰書』の成立をめぐって—」、『東洋の思想と宗教』第10号、1993年、80—96頁。

一、《鼻归书》与"根叶花实说"之雏形

"本地垂迹说"是神佛关系由实践的融合①向理论的融合转化过程中的产物。这一思想最初是由佛教界倡导的。进入中世②以后,佛教界两大门派——天台宗和真言宗的教徒们以佛教典籍为依托,率先进行了积极的理论性探索,被后世称为"山王神道"(又称"天台神道")和"两部神道"(又称"真言神道")的两派神道学说应运而生。本文所要论述的《鼻归书》,就是两部神道的代表作之一。

《鼻归书》为智圆口授,由其弟子神庆笔录成稿,成书于1324年。③ 此时正值镰仓时代即将结束,而南北朝时期即将开始的历史时点。正因为处于这一特殊历史时期,④所以《鼻归书》的思想带有浓厚的时代印记。其中对神佛习合的推动和对日本优越性的强调,就是凸显这一时代特征最明显的标识。

(一)伊势神宫与密教金胎两部之习合

《鼻归书》的基本思想是以佛教阐释神道,以神道解释佛教,

---

① 所谓实践的融合,指的是神宫寺的建立、神前读经、神前抄经等具体的神佛融合现象。

② 根据日本史学界最新研究成果和学界共识,现一般将从院政时期(包括后三条天皇亲政时期)到战国时期(织田信长入京前后),即从11世纪后叶到16世纪后叶为止的共约500年的历史称为中世。樱井英治「中世史への招待」第二章「中世の時期区分をめぐって」,『岩波講座・日本歴史・第6巻』(中世1),岩波書店,2013年,9頁。

③ 神道大系《真言神道》(下)所收录的《鼻归书》是真言宗高野派正佑寺藏本。其中序言部分写道:"私云,本朝书籍目录智圆律师作有之,然此书中御即位印之所智圆律师之事出,以知余人作欤。"意思是,在《本朝书籍目录》一书中,虽然有记录《鼻归书》为智圆所撰,但因《鼻归书》中天皇即位一段,曾出现"智圆律师",据此可知,应是他人所撰。久保田收认为,神宫文库所藏的中西信庆抄本,在正中六年有批注"智圆示之",据此可判断,应是智圆口授,神庆记录。

④ 中世以来,由于武家政权的崛起,朝廷权力被大幅削弱。朝廷的反抗和幕府的镇压此起彼伏,两派势力互相倾轧,争斗不息。连年的战乱和由此而引起的社会动荡,使得末法思想和边土思想更加肆虐泛滥,导致人心惶惶。而后,在镰仓中期文永之役(1274年)、弘安之役(1281年)中,蒙古大军两次大规模入侵,给日本社会带来巨大冲击。一方面,消极的末法思想和边土思想余波未霁;另一方面,蒙古大军的落败,也煽起了日本空前的民族意识和民族认同。

以此实现神佛之习合。从以佛教学说阐释天照大神的论述中开篇,《鼻归书》将内外两宫分别与密教之金胎两部相习合,把内宫比作胎藏界大日、外宫比作金刚界大日,二者合为"两部大日":"表一社内有两部,西金刚,东胎藏,是因中有果,果中有因,不二义也。此真言至极两部不二,当社至极密义也。能能可秘秘。"① 从地理位置上看,伊势两宫中内宫在东而外宫在西,故《鼻归书》将两宫理解为一社之"两部",西为外宫,比作密教两部之金刚界,东为内宫,比作胎藏界。两宫的关系为因果关系,因中有果,果中有因,相辅相成,合二为一,没有阶位高低之别。在此基础上,《鼻归书》进一步将内、外两宫与密教之不动明王、爱染明王相习合:"习不动、爱染者,浅略时,不动者胎藏界,内宫;爱染者金刚界,外宫也。深秘时,以日月轮习合时,月轮不动,外宫也;月以智慧为面,故不动利剑是也。日轮爱染,内宫也。"② 这样一来,伊势神宫与真言密教之间就产生了密切联系,即伊势神宫成了密教金胎两部的一种具体的表现形式。通过这样一段解释,神佛很自然地相通相融、彼此结合。

《鼻归书》不仅尝试用佛教理论阐释神道,而且还将佛教现象用神道来解释。如第五习合云"明大师一体所变者。今弘法大师者当太神宫之所变也。……天照太神显两社为定惠二法,与太神之御再诞习事。无智真言师是不知歟,况俗人是不知也"③,把真言密教之祖——弘法大师空海看作太神宫的后身。"圣德太子未来记,载太子再世之身,云圣武天皇、弘法大师、圣宝僧正。如此记文,又闻圣德太子亦为当社御再诞,何疑之有。是等义分无疑早已定之。天竺之释迦,亦为当社再诞也。"④ 为证明天竺释迦为日本太神宫之后身,《鼻归书》引空海之《般若心

---

① 神道大系编纂会编『真言神道』(下)、1992年、506頁。原文为汉文,为便于理解,引用时,笔者调整语序,稍做翻译。以下其他引文同。
② 神道大系编纂会编『真言神道』(下)、「神道大系・論説編二」、1992年、506頁。
③ 『真言神道』(下)、509頁。
④ 同上书,第509—510页。

经秘键》云:"其证据者,《心经秘键》曰,亲于灵鹫山般若之砌闻此深文,岂不达其深意哉。此文之义,大师为日本人,虽得敕许入唐,但未曾涉天竺,然则何灵山之说法亲耳闻哉。"① 即,空海撰写的《般若心经秘键》说,空海曾在天竺灵鹫山亲自聆听释迦牟尼讲述佛法,而事实上,空海根本不曾涉足天竺,那么何来亲闻一说呢? 下边解释道:"知,云我即释迦,于西天弘佛法。悟此秘言即得解矣。"② 此处的"我",被日本学者久保田收理解为空海。久保田收认为是空海化身为释迦佛于西天弘扬佛法。③ 笔者对此持不同观点,原因有二:第一,按照久保田收的理解,如果空海化身释迦于天竺说法,那么文中的"亲闻"一词该如何解释? 为此,笔者查阅了现藏于京都大学图书馆的两个版本的《般若心经秘键》④。两个版本表述一致:"但诣神舍辈奉诵此秘键。昔予陪鹫峰说法之筵,亲闻是深文。岂不达其义而已。入唐沙门空海上表。"显然,据此理解,空海是说法之时的陪坐,即旁听,并非说法之人,因此这里的"我",指代的应是太神宫即天照大神而不是空海。第二,《鼻归书》后续有文:"如此习时,太神于唐土天竺弘佛法,后必我奥藏归来,佛法东渐云也。"⑤ 可见,在唐土、天竺弘扬佛法的是太神,这里的"太神于唐土天竺弘佛法"恰恰对应上文的"我即释迦,于西天弘佛法"一句,所以这里的"我",指的是太神即天照大神。以上引文都旨在证明同一预设——天竺释迦为当社之再诞。

而后《鼻归书》又引《楞伽经》,将龙树菩萨和唐代僧人惠果也看作太神宫之后身:"释迦楞伽经云,我乘内证智⑥、妄觉皆非境界,于南大国中有大德比丘,名龙树菩萨,能破有无之见。云,

---

① 『真言神道』(下)、510頁。
② 同上书,第510页。
③ 久保田收『神道史の研究』、皇学館大学出版部、1973年、371頁。
④ 其一为《般若心经秘键》现存最古老的高野山本,其二为江户时代永禄七年(1564年)所刊的高野山抄本。
⑤ 『真言神道』(下)、510頁。
⑥ 内证智:佛之内心,证悟真理之智慧。

可为人说我大乘无上之法。此文之意,释迦与龙树再诞利益众生之约定也。知,与大师一体也。唐惠果大师也。其故惠果云,待汝年尚,于此国为师,于日本可为弟子,云云。知,此文只为利益一体而现二身显瑞相。是等何以与大神分别哉。"① 即把龙树菩萨与惠果也看作太神宫之化身,这样一来,太神宫时而化身为惠果,于唐土传播佛法,时而又化身为释迦,于天竺传播佛法。如此,佛教的传播路线就成了始自太神宫,而后至于唐土,最后达于天竺的这样一个过程。而佛教进入日本只不过是"太神唐土天竺弘佛法,后必我奥藏归来",即太神传播佛法之后回归本居而已。因此,佛教于日本初传受朝廷重臣排斥之时,"于时天子曰,本我道具,我取归事不能制止,云云"②。即佛教本是日本之物事,佛教之传来,只不过是取回本应属于"我"的东西而已。这样就赋诸佛教之传播以正当性和合理性。然而即便如此,仍或有人持疑:"若尔者,为何先我朝不弘而他国弘。"③天子答曰:"天然法尔道理故。种东植果必西感得,后又'因种而落'之义也。又如梅花之香外溢,而果必落下。以此义,故佛法东渐云也。"④《鼻归书》认为,佛法没有先出现在日本而是先出现在唐土、天竺,这是自然而然的道理。因为日本是"种子国",而唐土、天竺是"果实国",在日本下了种子,在唐土、天竺开花结果,作为一棵植物来说,是因感应而所以然。这就好比一朵香气外溢的梅花,虽然花香在外,但其果实必定是要回归为种子,回归根本的。这样一来,佛教东传的历史过程就用一个简单的比喻——"因种而落"给诠释了。太神宫也即天照大神成了佛教之本源,而太神宫又象征密教金、胎之两部,故而日本乃密教之"总本国"也即"佛生国"之谓就顺理成章了。

---

① 『真言神道』(下)、510頁。
② 同上。
③ 同上。
④ 同上。

(二)《鼻归书》的"佛国"优越意识

为彰显日本乃"佛生国""真言之国"的优越性，《鼻归书》又抛出一个观点："问，我朝云大日本国者何义钦。答，太神大峯付言也。其故太神为佛法之栋梁而住此国。非私意善巧之言也。此国独钴形也。独钴者一切种智①之义也。其种中以智种为最大。故此国神、众生共以智慧为本，故云大日本国也。此大日本国，远胜余国之义也。日本者，人皆得其日出之本之深意，以日之本读之。非也。日者，智慧之异名也。日本者，智慧之本国也。此太神深智之异名也。"②《鼻归书》援用密教学说，将天竺、唐土、日本三国分别看作五钴形、三钴形、独钴形，又将独钴与佛教之三智（一切智、道种智、一切种智）相嫁接，认为所谓的独钴，就是一切种智。而根据佛教理论，三智中以一切种智为最高，故而日本自然就成了"智"之最高境界。这里，《鼻归书》并没有遵循佛教先学的普遍认识将"大日本国"解释为"大日如来之本国"，而是借用佛教三智之说阐释之，认为"日"应解释为"智慧"，日本，即日之本，即智慧之本国。

在后续文中，《鼻归书》更加鲜明地强调了日本作为佛法本源的地位，"是表习日本国、佛生国、三国佛法元初之道理也。此独钴者，万法不二之义也。不二者，万法之种之果，故我国独钴形种，佛法之花于唐土天竺开，至极来我国事。果必落于种之义也。知，大乘须弥者此事也。大乘之佛，亦此太神宫也。太神宫，乃三国之导师。故化身圣德太子，化身空海大师，弘我心性天然法尔之法也"③。《鼻归书》首先借用密教学说将日本界定为"独钴形"，继而称"独"者为不二之义，即万法不二之"种"国。《鼻归书》把太神宫看作三国佛法之源头，所谓的圣德太子，所谓的空海法师，均不过是太神宫弘扬佛法之化身。以上论述归结

---

① 一切种智：言能以一种之智，知一切诸佛之道法，又能知一切众生之因种。唯佛能得之智。
② 『真言神道』（下）、510页。
③ 同上书，第517页。

起来,即是"日本独钴形,唐土三钴形,天竺五钴形。三钴者莲花部慈悲胎藏界,五钴者佛部智慧金刚界,独钴者金胎不二之精,云金胎种也。故以日本为种,弘秘法于唐土天竺。种有归本之义,故秘密必归日本也。我国云日本之义,三国之智慧云日本,故智慧之明朗者以日(太阳)而喻之,云日之本也。其真义应曰智之本国。非日之本国也。依之,又云大日本国。八宗九宗之智中,真言之智殊胜,故以上智称真言行者为大日也。故三国上智故,以一切众生之心神云大日本国也。大日经疏云,云大日者,除暗遍明之释义,此义之旨也。应知,非日之本也,而曰智之本也"①。《鼻归书》为凸显日本乃真言密教之本国,首先否定了长期以来日本国内以"日之本国"自居的认识,继而重新以真言密教学说阐释之。从这一段引文中可看出《鼻归书》之用意有二:其一,天竺、唐土、日本,三国之中以日本之智殊胜,日本是智之本国,因此佛法源流应在日本;其二,日本之智,八宗九宗之中真言之智殊胜,因此真言宗应为日本佛法之最上者。归结起来,可以得出这样的结论:三国佛法之根本,在日本;日本佛法之根本,在真言宗。因此,三国佛法以日本之真言密教为最上。显然,《鼻归书》的最终用意并不在于凸显太神宫之优越,而只不过是假借太神宫为密教金、胎两部之合体这一说辞,宣扬日本才是真言密教之"种子国"(本国),继而在"八宗九宗"中鼓吹真言密教之优越性、至上性,企图以此来树立真言密教之权威。

二、吉田兼俱"根叶花实说"对《鼻归书》的继承与发展

在吉田兼俱(1435—1511年)的神道著作中,"根叶花实说"出现多次。无论是神道讲义笔记《中臣祓抄》,还是《日本书纪》的注释书《日本书纪神代卷抄》,抑或神道经典著作《唯一神道名法要集》,均可以见到"根叶花实说"的表述。可见,"根叶花实说"在吉

---

① 『真言神道』(下)、518頁。

田兼俱的神道理论体系中占据重要地位。或者换句话说,"根叶花实说"是吉田兼俱神道学说的主要思想之一。那么,兼俱的"根叶花实说"与《鼻归书》之述又有怎样的关系或联系呢?

(一)吉田兼俱"根叶花实说"与《鼻归书》之异同

"根叶花实说"最为人熟知的一段表述,出现在《唯一神道名法要集》中。而最早出现"根叶花实说"的则是《日本书纪神代卷抄》(文明①初期成立),其中是这样表述的:"人皇三十四代推古天皇之侄圣德太子,以汉字为和训,其时始解汉字也。自应神至推古,三百十年乎。守屋大臣云,外国之佛教不可用。太子奏曰:吾国如种子,天竺如花实,震旦如枝叶,花落归根,故佛法东渐云云。言神道者种子也,佛教者花实也,文字者枝叶也。若无文字,则佛法之正理不可现。恰如花开果结之后,方知为何树也。若无花实枝叶,则神道之种子不可显。彼佛法乃自神道出,故归乎吾国,叶落归根之意也。"②

与《鼻归书》相比,吉田兼俱的"根叶花实说"有以下五个特点:第一,吉田兼俱的"根叶花实说"是借助于圣德太子的口吻阐述出来的,这是《鼻归书》所没有的。假借日本佛教之鼻祖——圣德太子的身份阐述"根叶花实说",对于驳斥佛教徒的"佛国"观,鼓吹神国、神道优越论,明显更具说服力。第二,《鼻归书》在阐述佛法东渐时,借用的是"因中而落"或"果必落于种"之意,而吉田兼俱则以"花落归根""叶落归根"阐释之,显然较之前者兼俱之说更加顺理成章。这是"根叶花实说"逐步走向成熟的标志。第三,《鼻归书》虽有提及唐土(即震旦),但并没有涉及儒教(文字),也没有提及枝叶归根之说,这恰是吉田兼俱"根叶花实说"的特色。换言之,吉田兼俱是在三国(日本、震旦、天竺)与三教(神道教、儒教、佛教)视域下阐述"根叶花实说"的。第四,《鼻归书》将太神宫看作佛法本源,而太神宫又是密教金、胎两部之

---

① 文明:室町时代后土御门天皇的年号,1469—1486年。
② 吉田神社编『吉田叢書』(第五编)、吉田神社、1984年、98—99頁。

"合体",因此《鼻归书》意在强调日本是真言密教之本国、"佛生国",其根本目的在于通过这样一番论述,彰显真言密教之优越性,树立真言密教权威。而吉田兼俱之用意显然非如是,而是旨在标榜神道为三教之根本,继而以"花落归根"之理阐释佛教东渐的历史现象。第五,以上引文"文字者,枝叶也。若无文字,则佛法之理不可现"一句,格外强调了文字(即儒教)的重要性和必要性,"其故,无叶,则不知何草何木,见叶出,则知某草某木之名也"。① 而"恰如花开果结之后,方知为何树也。若无花实枝叶,则神道之种子不可显"一句,亦点明了儒教与佛教的重要性。所以,如果说《鼻归书》是神佛之间的融合,那么显然吉田兼俱的"根叶花实说"意在谋求神儒佛三者的结合,即三教融合。

需要指出的是,吉田兼俱的"根叶花实说"与《鼻归书》有一点是殊途同归的,那就是,以一个形象的比喻,或以"果必归种"喻之,或以"花落归根"喻之,阐释佛教东渐之因由。而这种比喻式的阐释,除了两者各自不同的用意之外,均潜在地给佛教在日本社会土壤中的存立提供了一个正当合理的依据。换言之,作为神道家的吉田兼俱,是站在承认佛教正当性立场上阐述"根叶花实说"的。因此,他并不排斥佛教。

(二)吉田兼俱的日本优越论

为鼓吹日本优越性,吉田兼俱沿用《鼻归书》的说法,也将天竺、唐土、日本三国分别比作五钴形、三钴形、独钴形。如《中臣祓抄》云:"真言之时,此国为独钴形也。天竺者,如五钴形,故名五天。唐土者,如三钴形。故以三皇为始。三韩属之。三钴、五钴者,独钴之旁饰也。此吾国为三国第一之证也。圣德太子之言花落归根者,即此也。"② 又如《日本书纪神代卷抄》云:"此国有六名。云君子国,云姬氏国,云倭面国,云和国,云扶桑国,云邪马台国。六名皆出自震旦。苇原者,独钴形也。天竺者,五钴

---

① 『吉田叢書』(第五編)、100頁。
② 吉田神社編『吉田叢書』(第四編)、1977年、461頁。

形也,故名五天竺也。震旦如三钴形,故以三皇为始也。三钴、五钴者,独钴之旁饰。此吾国为三国第一之证也。"① 以上两者说法基本一致,震旦、天竺之三钴、五钴之分不过是借助于中国古代"三皇"②和印度古代"五天竺"③之说牵强附会的说辞。前已述及,独钴、三钴、五钴之说源自密教学说,这也从侧面证明吉田兼俱的思想的确受到了密教影响。

虽同是倡导日本优越论,吉田兼俱并没有沿袭《鼻归书》援引密教学说以"智慧之本国"标榜日本真言密教之优越性的论述逻辑,而是重新回归"日之本国"的国家认识④,并将"日"与天照大神捆绑起来,以此凸显日本之优越性,"云日本者,日出处也。须知,日者,天照大神之御名也。三光之中,莫过于日,故以此尊称吾国也"⑤。这种"日=天照大神"的认识,成为吉田兼俱神道学说的主要观点之一。景徐周麟的《神书闻尘》,是根据吉田兼俱的日本书纪讲授而整理的听课笔记。其中也记载着吉田兼俱以"日=天照大神"的立论倡导日本优越性的言说:"听闻有云本地垂迹者。以佛为本地,以神为垂迹,缪也。三光之时,我国为日神之国。月、星,皆为日之耦精散气。如此,器界生界,始自我国也。故应以神为本也。"⑥因天照大神=太阳神的原因,将日本看作"日神之国",而把天竺、震旦分别看作月(国)与星(国)。《中臣祓抄》中亦有同样的表述:"外国称吾国为日域,为日本。月氏者,月也。震旦者,星也。不及日。……圣德太子云。吾国如种子。天竺如花实。震旦如枝叶。花落皈根,故佛法东渐。佛道、儒教,于天竺、震旦现吾神明之德者也。"⑦ 显然,"日域"之称旨在突出日本的优越性。而吉田兼俱以日域自居的用意,无疑

---

① 『吉田叢書』(第五編)、吉田神社、1984 年、244 頁。
② 三皇:天皇、地皇、人皇。
③ 五天竺:东天竺、西天竺、南天竺、北天竺、中天竺。
④ 把日本看作"日之本国"的认识,早在吉田家旧学——卜部兼方的《释日本纪》中已有之。
⑤ 『吉田叢書』(第五編)、102 頁。
⑥ 神道大系編纂会編『日本書紀注釈』、1988 年、136 頁。
⑦ 『吉田叢書』(第四編)、439 頁。

意在否定佛本神迹的观点,企图以此支撑其"神为本,佛为迹"的主张,"我日本为三国之根源也。佛为本地,神为垂迹者,谬乎。以神为本地,以佛为垂迹,可乎。器界生界,自吾国始之也"①。

吉田兼俱极力倡导"根叶花实说"的用意之一即在于,企图借助这一学说颠覆长期以来佛教界主张的以佛为本地、以神为垂迹的"本地垂迹说"。而欲改变这一现状,就必须通过一系列有利论据来树立神道权威,明确神道之根源性、优越性,从而推翻"佛本神迹说"的存立依据。如果说上述以"日神之国"对日本优越性的强调是吉田兼俱主张的"神本佛迹说"之旁证的话,那么下述引文可看作是"神本佛迹说"之确证。在《唯一神道名法要集》中,"根叶花实说"是以一个设问自答的形式出现的。其中切入点定格在了开国年代上:

> 问:于神国,崇佛法之由来,自何代以何因缘,要他国之教法哉?
>
> 答:吾神国开辟以来,亿劫万万岁之后,释尊化于彼土。况佛法传来,甚末代之晚年乎。我人皇第三十代钦明圣代佛法初来朝,去佛一千五百岁,流汉土之后,经四百数十岁,今到来我国。世以不信用。第三十四代推古天皇御宇上宫太子密奏言:我日本生种子,震旦现枝叶,天竺开花实。故佛教者,为万法之花实;儒教者,为万法之枝叶;神道者,为万法之根本。彼三教者,皆是神道之末叶(分化)也。以枝叶花实,显其根源,花落归根。故今佛法东渐,吾国,为明三国之根本也。自尒以来,佛法流布于此矣。神武天皇以降,经千二百余岁,其中间无二法,唯守神国之根本,崇神明之本誓。故今神事之时,去佛经念诵等者,是仪也。②

---

① 『吉田叢書』(第五編)、246 頁。
② 神道大系編纂会編『卜部神道』(上)、1985 年、74 頁。

以上"根叶花实说"一番论述是"崇佛法之由来,自何代以何因缘"之问的答语。这一答语通过"花落归根"这样一个比喻,形象地阐明了佛教东渐的历史过程。需要注意的是:第一,与《鼻归书》不同,很显然,这里吉田兼俱完全是站在一个神道学者立场上阐述"根叶花实说"的。字里行间弥漫着神道加彼一等的优越之感。第二,在正式阐述"根叶花实说"之前,吉田兼俱首先强调了释迦之降生比之"吾国开辟"是"甚末代之晚年"之事。也就是说,从时间上看,神道的产生远早于佛教。这种铺陈看似平白,实则为后文对神道之根源性、优越性的鼓吹埋下了伏笔。而这一伏笔,在《神书闻尘》中可得见印证:"伏羲之始,地神五代之晚年乎。盘古王始立,天皇地皇立,地神四代乎。此为异说也。依孔子门徒之言,伏羲者地神五代之末也。天竺之开辟,难考也。佛之出世,地神五代之末。至神武元年,佛之入灭,期间二百九十年矣。如此,则佛之出世,亦地神五代之末也。……三国之开辟,吾国第一也。"① 这里将唐土之伏羲、天竺之释迦的出世时间均界定为地神五代之末,而众所周知,根据纪记神话之说,日本之开国时间为天神一代之初。虽然论述之严谨性颇为牵强,但吉田兼俱欲以日本开国时间最早为据,证明日本殊为优越的企图昭然若揭。这种国家的优越性是由宗教即神道的优越性——天神开国,三国最先——彰显的,而神道与开国又是密不可分的。与《鼻归书》相比,这一段"根叶花实说"论述更加浅显易懂,更具说服力。这里吉田兼俱将三国之关系用三国之宗教关系来阐释,佛教、儒教自神道而出,神道为儒、佛之本源,故日本即为三国之根本。既是如此,那么又何来佛为本、神为迹呢?

三、结　论

　　"根叶花实说"的历史变迁经历了这样一个过程:《鼻归书》

---

① 『日本書紀注釈』(下)、11頁。

(萌芽)→《旧事本纪玄义》(成型)→吉田兼俱(成熟)。吉田兼俱"根叶花实说"的直接来源，是天台僧人慈遍的著作《旧事本纪玄义》。而慈遍"根叶花实说"的直接来源即是《鼻归书》。因此，从思想史上看，《鼻归书》对吉田兼俱"根叶花实说"应属间接影响关系。又因吉田兼俱的神道学说在很大程度上是以"根叶花实说"为框架构建起来的，由"根叶花实说"所延伸出来的很多主张均与《鼻归书》有着千丝万缕的联系，因此《鼻归书》对其的影响又是直接的。这种直接影响可归为两点：第一，以密教独钴、三钴、五钴学说阐述日本、唐土、天竺三国关系，格外强调独钴形优越性，倡导日本优越论。第二，以"回归本源"之理阐释佛教东渐，将佛教发于天竺、经于唐土、至于日本的历史（时间）过程比作植物开花结果继而花落归根或果熟落地的空间过程。时间过程本是一维的，而空间过程却是三维立体的，故而有了高低或层次之别。同时，也应注意到，吉田兼俱作为吉田神道的集大成者，他毕竟是站在一个神道学者立场上阐述"根叶花实说"的，因此他的学说必然对《鼻归书》以密教理论谋求神佛习合的方式和方法是有所摒弃和修正的。首先，吉田兼俱并没有沿用《鼻归书》将日本看作是"智慧之本国"的观点，而是重新回归"日之本国"的认识，将日与天照大神相捆绑，用更神道的方式突出日本之优越。其次，与《鼻归书》意在推动神佛习合相比，吉田兼俱站在三国与三教视域下阐释"根叶花实说"，将神佛之习合推向神儒佛三教合一，视野更加广阔，其影响也更加广泛，远至近世。最后，也是最主要的，《鼻归书》的思想毕竟是佛教著作，虽也一度提及太神宫是佛教之源，然太神宫毕竟只是密教金、胎两部之合体，归根结底仍是密教之一分子，因此突出真言密教之优越性才是其本意之所在。吉田兼俱显然首先摒弃了这一观点，继而假"根叶花实说"之手倡导神道根源性、日本优越性，试图借此从根本上解构佛教界主张的以佛为本地、以神为垂迹的"佛本神迹说"，最终建构其"神本佛迹"之说。

(作者系清华大学外文系博士研究生)

试论古学之祖木下顺庵的儒学思想

刘 莹

内容提要：目前学界对木下顺庵的研究远不及他在日本儒学史上应占据的地位,直接的缘由自然是其所留下的文献非常之少且多为诗歌。仔细梳理《锦里文集》,以最后三卷的记、说、论等为基础,可以大体勾勒出顺庵之儒学的整体面貌。具体而言,和会朱陆的实学为其儒学思想渊源,志于道、行于身、得于心是其儒学思维结构,而其思想中尚唐的倾向、重"染"的学习方式,以及对六经的重视,则呈现出了后来古学的重要特征。从这个意义上说,以木下顺庵为古学之祖或可启发我们重新思考日本朱子学与明代儒学及古学之间的连续性,从而为重新梳理日本儒学史提供一个新的思路。

关 键 词：木下顺庵　古学　松永尺五　朱舜水

木下顺庵[①]被视为"江户初期文艺复兴的代表性学者"[②],然而顺庵在研究史上的地位几乎与其师松永尺五一样,即虽然

---

① 木下顺庵(1621—1699年),姓平,氏木下,讳贞干,字直夫,号顺庵、锦里、敏慎斋、蔷薇洞,死后私谥"恭靖先生",元和七年(1621年)生于京都。其先为平家忠臣弥平兵卫宗清之裔,子孙世代住在伊贺。四世祖因故移居京都,改木下氏。木下顺庵作为浪人之子,生于京都的锦小路新町宅。他13岁时作《太平颂》,经大纳言乌丸光广上呈明正天皇,据传大受赞赏。他授业于藤原惺窝门下松永尺五,与同门贝原益轩、安东省庵相为友善。他先受加贺藩主前田纲纪厚遇,后为将军德川纲吉侍讲,深受后乐园德川光圀信赖,与朱舜水亦多有书信往来。其遗言以《孝经》一卷、《小学》两篇为殉,门下名儒众多。

② 木下一雄「錦里文集序」、木下顺庵著、木下一雄校訳『錦里文集』、国書刊行会、1982年、1頁。

在提及日本儒学史时不可回避,却鲜见对他们的专门研究。①木门人杰辈出,然而顺庵自己并没有专门的儒学著作或者注书问世,想要探讨其思想主要依据的文献只有《锦里文集》。此书是在顺庵去世后由其子木下寅亮整理而成,亦是研究顺庵思想唯一直接相关的材料。全书共分19卷,主体部分为诗歌,主题分散,故难以从中整理出其思想体系,只有最后三卷包含序、记、论、说等文体,以此为依据庶几可对顺庵的思想做一番大致的梳理。

一、以"实学"为基底的和会朱陆

从木下寅亮所作《锦里文集》之序来看,顺庵之学是"以道德性命之学为根本,以博闻多识为枝叶,其如诗赋文章,残膏剩馥而已。是以上溯洙泗之渊源,下挹濂洛之波澜,傍至于天经地志、释老韬钤、稗官小说之类,无不读焉。故积年之工夫,翕而为德业,散而为文章,所谓和顺积内,而英华显外者,未有如先君之本末始终相备者也"②。如此看来顺庵之学可谓博杂,但是在木下寅亮看来,其父之学的根本是"道德性命之学",而且承接的是洙泗、濂洛之学。顺庵在回应其学生榊原篁洲时,曾对自己的一生做了简短的评述:

> 平生履历,尺寸短长。四十从仕,迟暮类扬。六十被征,晚达似唐。古稀既过,来者可恛。北溟奋翮,东海望洋。富贵贫贱,用舍行藏。因遇因运,焉有焉亡。唯学之好,至老不忘。几上笔研,架头缥缃。照萤聚雪,数墨寻

---

① 关于这种看起来似乎有些不对等的状况,学者王明兵在谈及松永尺五时指出了一个非常重要的原因,虽然他们都有流传下来的文字,"但是大部分为诗文之作,所以很难从中概括和提炼出能反映他系统学术思想和代表性观点的学说来",此原因亦适用于木下顺庵的研究情况。参见王明兵《松永尺五伦理思想之形成及其儒教实践》,《外国问题研究》2016年第1期,第20页。

② 木下寅亮「錦里先生全集 序」、木下順庵著、木下寅亮編『錦里先生文集 一』、內閣文庫藏寫本、一表—一里。

行。既无新得,岂率旧章。悔溺博杂,终失苍黄。(《篁洲生为余写肖像求言为题赠》)①

从顺庵自己的记述来看,"四十从仕"是指万治三年(1660年)顺庵40岁时受聘于加贺藩主前田纲纪,"六十被征"是指天和二年(1682年)62岁时应五代将军德川纲吉之召成为幕府的儒官,"(他)后半生近20年间一直是幕府的儒官,对当时的学者来说这是有着最高名誉和地位的官职,因此应该可以说顺庵是非常幸福的人"②。这对于一般日本儒者而言应该说是梦寐以求的仕途,然而于顺庵而言,"唯学之好,至老不忘",那么其学问生涯是如何展开的呢?

顺庵少负才学,13岁即凭《太平颂》获得乌丸亚相公(乌丸光广,1579—1638年)的赏识。顺庵不仅作诗属文于公卿之间,还与五岳僧侣有方外之交。不过如果要追溯其儒学思想之源应该从他十七八岁时就学于松永尺五开始:

> 厥后受业于惺窝先生之门人尺五先生,先生有避出一头之叹。门友如贝原损轩、安东省庵、宇都宫遯庵,皆英豪也,推为先达以矜式焉。夙兴夜寐,勤苦磨砻,学业大进。③

顺庵求学于尺五门下有14—15年光景,其间庆安元年(1648年)源京兆请一亩地使尺五先生构筑讲堂,"五典时习,六艺日讲",顺庵以之为"继绝兴废之举",并作颂祷诗言:

> 讲堂拟作上都庠,故使先生振纪纲。长者往来门外

---

① 木下顺庵著、木下寅亮编『锦里先生文集 十・锦里文集 卷十八』,内阁文库藏写本、十一里—十二表。
② 竹内弘行、上野日出刀『丛书・日本の思想家⑦ 木下顺庵・雨森芳洲』,明德出版社、1991年、10頁。
③ 木下寅亮「锦里先生小传」、木下顺庵著、木下寅亮编『锦里先生文集一』,内阁文库藏写本、一表—一里。

辙,诸从教诲鬓边霜。半帘空卷东山志,一亩真分北阙光。京兆儒风谁发起？杏坛要欲种甘棠。地邻禁省绝尘埃,况又高论豁眼开。鹿谷窗晴云影过,鸭河夜静水声来。芸编何载三十乘,藻思无惭八斗才。今日荣名稽古力,诸生侍立读书台。(《尺五松先生筑讲堂颂祷诗》)①

从诗中可以看出,顺庵以为尺五先生开设讲堂有发起京都儒风之功,"也就是说,把尺五堂的出现定位为日本儒学再兴的契机"②,他自己也在这样的新儒风之中逐渐成长起来。顺庵在尺五的门下受到了新儒学的熏染：

高者为山,卑者为川。草木禽兽,虫豸鳞介。万象森然,各得其所。仁人所乐,逝者如斯。得诸物觉诸理者,学道者之心也。今先生率诸生,诸生从先生,将安居乎？果能得此心之理于登临观望之间,则为词客文人也可,为隐士逸侣也可,而况从先生于斯道者乎？彼浴乎沂风乎舞雩之乐,岂又出此心之外者哉？(《暮春陪尺五先生游吉田东冈诗序》)③

顺庵笔下的山川之景,所化用的正是伊川先生所讲的"冲漠无朕,万象森然已具","曾点之乐"也是理学家们极力推崇的境界。字里行间描绘出的是顺庵安然于仁者之道的心境。"只是如果以中国的'朱子学'为基准,尺五和顺庵的朱子学就不能说是'纯粹'。以上的序文中'得心之理'这样的表述,显示出了受明代王阳明'心学'的影响,因此与其说顺庵是在追求朱子学那种严密的本性之理,不如说他是乐天地肯定了心中之理。"④ 诗

---

① 木下一雄『木下順庵評伝』、国書刊行会、1982年、51頁。
② 竹内弘行、上野日出刀『叢書・日本の思想家⑦ 木下順庵・雨森芳洲』、明德出版社、1991年、35頁。
③ 木下順庵著、木下寅亮編『錦里先生文集 八・錦里文集 巻十六』、内閣文庫蔵写本、五表—五里。
④ 竹内弘行、上野日出刀『叢書・日本の思想家⑦ 木下順庵・雨森芳洲』、43頁。

中最后一句中采用的反问,"彼浴乎沂风乎舞雩之乐,岂又出此心之外者哉?"是化用了阳明"心外无物"的意境,此即是说无论是万象森然之理还是仁者之所乐,实际上都不在吾心之外,这就有意识地将心学与理学融合在了一起。顺庵曾作诗呈其师尺五先生:

> 小筑新成聊复宜,钜公觞咏倚书帷。学分朱陆道同在,诗等黄陈才百之。张屈嘉宾何足侑,欲赓险韵恐无奇。儒流千古濂溪月,尚借余光积德基。①

"学分朱陆道同在""儒流千古濂溪月",字里行间不仅透露出顺庵对理学的倾心,亦表露出和会朱陆的主张。这种主张如果追溯源头,在藤原惺窝那里就可以找到端倪,而惺窝的这种倾向受到了尺五的推崇,在他看来惺窝不仅脱佛入儒,而且为日本新儒学的发轫准备好了诠释的文本,"脱却嵩山少林之禅机,接得濂溪伊洛之道脉,解法衣,着司马之深衣,抛贝叶,讲晦庵之集注,始点和训于六籍,新极工夫于圣言"②。不仅如此,在尺五纪念其师的文字之中,还有这样的描写:"世无古今,地无远近,其心同,其理同,则圣圣一揆,何有异论乎? 我国真儒之鼻祖,道学之滥觞,舍公其谁欤? 伟哉! 开来学之功,其谞谞哉?"③心同理同,很明显是陆象山的主张,尺五以此来论证其师惺窝之功绩,可见他非但不似同门林罗山那样激烈地排斥"非朱子学",还更表现出一种继承其师和会朱陆的志向。不仅尺五、惺窝如此,和会朱陆的主张在顺庵这里亦得到了传承,在他看来,"天下之理一者,人心之所同然也"④。理一分殊,自是程朱之学的命题,而人心之同然,却又折射出心学的影子。如果说顺庵浸润于尺五

---

① 木下一雄『木下順庵評伝』、国書刊行会、1982 年、51 頁。
② 松永尺五「惺窩先生三十三回忌日拈香并叙」、德田武編『近世儒家文集集成 第十一巻 尺五堂先生全集』、ペリカン社、2000 年、22 頁。
③ 同上。
④ 木下顺庵著、木下寅亮编『錦里先生文集 八・錦里文集 卷十六』、七表。

门下所习得的思想是和会朱陆以后的朱子学,那么还有一人对顺庵的思想成型起到了非常重大的影响,那就是流亡到日本的朱舜水。朱舜水受到德川光圀的赏识,而顺庵亦多与德川光圀相交,因此顺庵得以在江户问学于朱舜水。从顺庵与朱舜水来往的书信中可以看出顺庵对就学于舜水的向往:

> 干向在东武,私自计敝寓与贵馆,邻近只尺,须当日候左右,饱聆玄论。何意宦途忽扰,千绪万端,左牵右缠,不得朝夕继见。世事巧违,匪今斯今,振古如兹,歎杀歎杀。虽然或踰月,或浃旬,苟有间暇,则未尝不趋门墙。苟趋门墙,则未尝不倾倒心肠,开示底蕴。干何幸得眷爱宠荣如斯之隆! 感刻之深,至今犹见于梦寐心目之间。况又临行之日,辱枉玉趾,赐以健笔,重以训诲:"夫敏慎为学之要,敏而不失于躁,慎而不失于葸。"此乃君子之全德,干何敢望于万一?《传》曰:"仁人之言,其利溥哉。"今乃以赠言之训,颜之座右,仰观俯察,昼诵夜思,孜孜勉勉,若有所得者焉。则其利干之溥,复将何如也?(《与朱舜水书》)①

顺庵感念舜水对自己的教诲,尤其提到了作为为学之要的"敏慎",顺庵以之为座右铭,甚至作为了自己的号(顺庵有号曰"敏慎斋"),可见舜水对其的影响之深。"夫以先生学纯德粹,传中华之道脉,激东海之儒流,闻风兴起者,比比皆是"②,顺庵自己应该就是这比比皆是的闻风兴起者中的一员。当顺庵得知舜水要求返回中国的请求受阻时,曾去信劝慰:

> 夫执政之心,则公之心耳,公欲留之,故执政留之,公之留者岂徒乎? 盖其志欲依先生相与有为,以兴斯道于

---

① 『錦里先生文集 九・錦里文集 卷十七』、十九表—十九里。
② 『錦里先生文集 九・錦里文集 卷十七』、二十二里。

东方而已。凡事之不成,以志之不立,苟志之有立,未有事之不成者,此干所以知其终必有成矣。古之人有悬车致事之义,钟鸣漏尽之戒,此为寻常仕者而发耳,至于大贤君子,则未必拘拘于此。若太公之佐周,百里之相秦,在耋老之后,成不朽之大勋。干之所期先生其在兹,奚翅干而已哉?世之所望先生亦复在兹而已。(《与朱舜水书》)①

"兴斯道于东方",即是在日本传播儒学,这不仅是顺庵对舜水先生的期望,也可以说是顺庵对自己的期许。舜水先生之学为"实学",他讲"学问之道,贵在实行"②,这种对"实"的重视也确乎成为顺庵思想的底色:

> 夫人不可以弗实也。言不忠信,言之无实也,行不笃敬,行之无实也,实之不存,名将安施?平君倚衡氏需其斋名,余应之以"实"。夫名者实之宾,有宾必有主,有主而后宾者有归。平君勉哉!因实之名,求名之主,而日夕惕厉,乾乾匪懈,念念不忘,参于前,倚于衡,则言而必忠信,行而必笃敬,余知其实之为实已。(《实斋说》)③

因其重"实",故有学者评价"顺庵学问的第一义就是'实'"④。从亲炙尺五、和会朱陆之理学到问学舜水先生之实学,顺庵本人也在经历着一个从学习到传播新儒学的过程。这种以实学为底色的和会朱陆,应该可以视为顺庵思想的大方向,以下我们将进入其思想中的理学部分,探讨其思想内部的具体思维框架。

---

① 『錦里先生文集 九・錦里文集 卷十七』、二十四表—二十四里。
② 朱舜水著、朱谦之整理:《朱舜水集》,中华书局,2008,第369页。
③ 木下順庵著、木下一雄校訳『錦里文集』、国書刊行会、1982年、569頁。
④ 木下一雄『木下順庵評伝』、国書刊行会、1982年、88頁。

二、道、身、心之思维结构

宋明理学在中国哲学史上一般被视为"新儒学",其"新"可以说主要体现在两个方面:一为诠释文本的转换,一为诠释方法的更新。从诠释文本来说,汉唐以来重视五经的传统逐步被"四书"所取代;从诠释方法来看,则融入了三教合一的视域。从这个意义上来看,所谓的"江户儒学"兴起的正是一种有别于汉唐训诂之学的"新儒学"。顺庵对理学所要对待的文本,已经有了比较清晰的认识:

> 夫《大学》者古人为学之次第,而自格致诚正、修身为本,以至家国天下,则举而措之,规模之大、节目之详,此学者之所以成己也。《鲁论》则经世之大训,诲人之微言,此又仁人之所以成物也。而成己成物,合内外之道,会其极于《中庸》,而性命道教之微,中和位育之妙,至诚无息,对越不二,暗修笃恭,至于无声无臭,而圣神功化,于是乎至矣。所谓穷理尽性,以至于命者也。然则三书道学之要,而志于道者,沉潜玩索,夙夜不可懈也,成定其勉乎哉!羽林公成物之盛心,家大人成己之实功,敬之信之,孜孜汲汲,身行心得,则庶几乎不负忠孝之义矣。[①]

顺庵主要探讨的是"三书",这自然与《孟子》在日本的特殊际遇相关。在探讨江户初期的儒学之时,很容易出现将当时日本儒学的整体状况与中国宋明理学发展的盛况直接对比的做法,由此则容易产生日本儒学并未超出过中国理学的研究范畴之感。如果能搁置这种"傲慢"而细品儒学在日本的受容、发展与演变的过程,则能于同中窥其异。就顺庵的儒学思想而言,应该说其受明儒薛瑄思想的影响是比较明显的,顺庵自己就表达

---

① 木下一雄『木下順庵評伝』、91頁。

过对薛瑄思想的认可：

> 夫六经古也，有宋以来，于元于明，诸儒先正，传道之书，家家具在。予窃爱河东薛子《读书录》者，诚心之纯，敬身之笃，言言皆实，淡而不厌，质而有文，如布帛菽粟之不可一日无，吾敬之信之，以为书之善者，濂洛关闽之后，其类几希，此书之不可不读者也。(《读书拔尤录序》)[①]

就薛瑄本人的思想而言，"明初大儒，曹端之后有薛瑄。薛瑄之学，全自细读精思程朱著作而来。他的特色，在体会程朱学说而躬行践履，理论上较少发展创造"[②]。顺庵推崇薛瑄之思想，原因之一也在其践履之"实"而不在其对程朱理学的发挥。我们在第一节中也探讨过舜水之"实学"对顺庵的影响。整体而言，"实学"作为明代的一种思潮，对江户儒学的各个流派都产生了一定的影响，不仅是在日本朱子学，在阳明学和古学之中亦多有体现，这也可以视为明代儒学与日本儒学之间复杂连续性的体现。

抛开具体的文本，可以将顺庵思想基本的内在理路概括为：志于道—行于身—得于心。简言之，顺庵所志之道，是和会朱陆之"理学"，其所行于身的是"敬"，而其所得于心的则是"德"。

具体而言，顺庵之学以理学为宗，而他的理学，是和会朱陆之后的理学，在他看来，"理"是一以贯之的心法：

> 天下之事，万有不同，而天下之理一也。天下之理一者，人心之所同然也。若能心一于理，则事之万有不同，莫不一以贯之矣。心之理于天下也，大哉、要哉！(《御法一贯集序》)[③]

[①] 『錦里先生文集 八・錦里文集 卷十六』、十里。
[②] 张学智《明代哲学史》，北京大学出版社，2000，第12页。
[③] 『錦里先生文集 八・錦里文集 卷十六』、七表。

理一而心同,这种表述本身就带有很强的和会朱陆之色彩,而这种折中的方式,与薛瑄所论"心一收而万理咸至,至非自外来也,盖常在是而心存,有以识其妙耳。心一放而万理咸失,失非向外驰也,盖虽在是而心亡,无以察其妙耳"①,具有内在的一致性。当然,虽然二人都尝试着以心学折中理学,采取的方式却有细微的差异。简言之,按薛瑄的说法,心不仅是可以存放理的"腔子",更因其"识"而具有了"察其妙"的能动性,而在顺庵的思想中,心实际上成为了理一的终极依据。

其次,薛瑄继承了程朱"主敬"的思想,以为"人不持敬,则心无顿放处。人不主敬,则此心一息之间驰骛。出入,莫知所止也。人不主敬,则嗜欲无涯,驰骛不止,真病疯狂惑之人耳"②。这也正是顺庵一贯的主张,顺庵以"敬"为行于身之根本:

> 有物有则,莫不伦理。然人之有生也,气质拘于内,物欲诱于外,颠倒错乱,不能复其初也。必有君师之治教,渐磨匡直,而民彝物则,各得其所,箕范所谓彝伦攸叙,此人君所以建极也。夫箕范之所陈,其畴有九,而其要在五事,五事之要在乎敬,而人君中主乎敬,则聪明睿智,皆自此出。而貌言视听,作肃作乂,作哲作谋,动容周旋,皆循其则也。五事既修,则五行八政,五纪三德,稽疑之明,庶征之念,福极之向,莫不施而得其宜也。然则彝伦之叙,实系人君之一身,而其本在乎敬也,可不思乎?③

世间万物皆有其则、有其理,人初生之后被气质所拘,外欲所诱,因此不复人初生之善性,这是比较正统的理学主张。强调必有君师之治教以为民彝之极,又以主敬为本,这既是程朱之学的要点,也是顺庵终身服行的守则。顺庵还将"敬"视为为学之要:

---

① 薛瑄:《薛瑄全集·读书录 卷四》,山西人民出版社,1990 年,第 1120 页。
② 薛瑄:《薛瑄全集·读书录 卷三》,第 1085 页。
③ 木下一雄『木下順庵評伝』、国書刊行会、1982 年、93 頁。

有得于敬，收敛其心，洞洞属属，从事于主一。则操觚之际，一纵一横，莫不出于正，一点一画，莫不在于学，此乃敬之一字，为学之要，而德之成者，实基于兹焉。(《宸翰敬字说》)①

　　以敬行于身既是为学之要，也是成德之基。这也意味着外在之行事最终要落实到心之德上，此为其三：

　　德者，得也，有得于心也。育者，养也、生也，涵养于己，而生长天物也。养己知也，生物仁也，仁静知动，动者如水，静者如山，故曰："山下出泉，蒙。"水必盈而后进，蓄而后流，为川为渎，汇为河海，蒸为云雨，此君子所以取象于育德也。(《育德园记》)②

　　在顺庵看来，这种"德"体现为一种"生"之德，落实在现实中，就是"育"。其实顺庵从舜水先生处习得的除了"实学"的主张之外，还有一个值得重视的方面，即对教育的重视：

　　建国君民，教学为先，非欲其文辞遒畅，黼黻皇猷而已，诚欲兴道致治，移风而易俗也。自非然者，经纶草昧之初，日给不遑，何贤圣之君必以学校为先务哉？《礼》曰："学则善人多，而不善人少。"夫善人多所以兴道；不善人少所以致治。③

　　舜水认为教学当为立国治民之先，对顺庵而言，兴儒学正中此题中之义。以此观之，元禄元年（1688年），将军纲吉拜谒上野忍冈的孔庙之时，顺庵内心的喜悦也是可想而知的：

　　大驾亲临典礼成，儒林荣茂气峥嵘。周时俎豆权文

---

① 『錦里先生文集　九・錦里文集　卷十七』，六表一六里。
② 木下順庵著、木下一雄校訳『錦里文集』，国書刊行会，1982年，560頁。
③ 朱舜水著、朱谦之整理：《朱舜水集》，中华书局，2008，第201—202页。

庙,鲁国弦歌闻武城。德配乾坤渐被远,道辉今古日星明。黄钟吹起阳春化,四海仁风颂太平。(《元禄纪元仲冬庚寅大驾谒大成殿,亲行拜礼,恭纪一律,呈弘文学士》)①

"鲁国弦歌闻武城",意思是作为"武城"的日本亦被儒学化。日本儒学史上多有关于顺庵之门人杰众多的记载,室鸠巢、新井白石、雨森芳洲等江户时期著名儒者,均出自其门下,无怪乎"宽政三博士"之一的柴野栗山感叹木门人才辈出:

> 盛矣哉,锦里先生门之得人也!参谋大政则源君美在中、室直清师礼,应对外国则雨森东伯阳、松浦仪祯卿,文章则祇园瑜伯玉、西山顺泰健甫、南部景冲思聪,博该则榊原玄辅希翊,皆瑰奇绝伦之材矣。其冈岛达之至性,冈田文之谨厚,堀山辅之志操,向井三省之气节,石原学鲁之静退,亦不易得者。而师礼之经术,在中之典刑,实旷古之伟器,一代之通儒也。夫以若数子之资而终身奉遵服膺先生之训,不敢一辞有异同焉,则先生之德与学可想矣。②

顺庵的确培养出了大批优秀的儒者,"新井在中、室师礼、雨森伯阳、祇园伯玉、榊原希翊,世谓之'木门五先生'。加之南部思聪、松浦祯卿、三宅用晦、服部绍卿、向井鲁甫,为'十哲'"③。以往的研究从师承的角度出发,往往以其高弟众多反推顺庵必为一代大儒,上引柴野栗山之文即是此种论证方式的典型。然而"倒推"的论证方式本身即具有不周延性,那么如果从"顺推"的角度来思考,顺庵的儒学思想在日本儒学史中应该占据怎样的位置呢?

---

① 木下一雄『木下順庵評伝』、国書刊行会、1982年、65頁。
② 柴野栗山「錦里文集序」、木下順庵著、木下寅亮編『錦里文集 一』、一表一里。
③ 原念斎『先哲叢談』卷之三、慶元堂・擁萬堂、1816年、十六表。

三、古学之祖

实际上荻生徂徕一派很早就意识到了顺庵与自己门派所倡导的"古学"之间的联系:

> 物徂徕曰:"锦里先生者出,而搏桑之诗皆唐矣。"服南郭曰:"锦里先生实为文运之嚆矢。虽其诗不甚工首唱唐。"又闻先生恒言"非熟读十三经注疏,则不可谓通经矣",由此观之,所谓古学亦先生为之开祖。①

自井上哲次郎以来,徂徕一直被视为古学派的中坚力量,而且被贴上了"反朱子学"的标签。但是,如此一来将顺庵视为古学之祖不就显得很矛盾了吗?而且囿于上述井上划分门派的限制,以往的研究往往故意否定顺庵与后来名噪一时的日本古学派之间的联系,"读《木门十四家诗集》知顺庵于日本文运的开辟,有助成之功。唯称其为古学之祖,则与物徂徕、太宰纯等纯古文辞之学,却大有区别。即顺庵为笃信朱子学的人,他的兼重古训,并不和他的尊信孔孟程朱之说冲突"②。这里虽然强调了顺庵与徂徕学派所倡导的古文辞学"大有区别",但是除了以顺庵为笃信朱子学为由之外,并没有提供任何实质性的文献依据。如果抛开这种门户之见,徂徕及其弟子为何要认顺庵为古学之祖呢?

我们在上文已经提到,顺庵 13 岁即因所作《太平颂》得到乌丸亚相公赏识。据学者考证,顺庵所写《太平颂》,是以唐代韩愈《元和圣德诗》的风格为模板。③ 韩愈在中国哲学史上被视为"道统"的首倡者,其实他更为人所熟知的身份应该是"古文运动"的倡导者。以上研究至少证明顺庵在 13 岁之前就受到了韩

---

① 原念斋『先哲叢談』卷之三、十五表。
② 朱谦之:《日本的朱子学》,人民出版社,2000,第 200 页。
③ 竹内弘行、上野日出刀『叢書・日本の思想家⑦ 木下順庵・雨森芳洲』,明德出版社、1991 年、20 頁。

愈"尚古"的影响,不仅如此,在其留下的诗歌中多能发现韩愈的影子。顺庵曾有诗感叹韩愈排佛之艰辛:

> 昌黎关雪
> 一韩摧佛万人看,雪满蓝关孤影寒。
> 莫道班如乘不进,天门更有九重难。①

此诗正与韩愈的《左迁至蓝关示侄孙湘》相对应:

> 一封朝奏九重天,夕贬潮阳路八千。
> 欲为圣明除弊事,肯将衰朽惜残年!
> 云横秦岭家何在?雪拥蓝关马不前。
> 知汝远来应有意,好收吾骨瘴江边。

韩愈因排佛而遭贬,顺庵借此事一方面表达了对韩愈兴儒排佛的赞美,同时也透露出儒学与佛教抗争的艰难。除了直接描写韩愈的诗歌之外,在其诗中也常见化用韩愈之典故。顺庵曾有诗颂其师松永尺五:

> 先生何为者?谆谆说典常。董帷春昼静,韩檠秋夜长。白鹿近仙洞,三鳣落讲堂。游戏或诗赋,余波溢文章。岂只诸生福,真是大明祥。大哉贤哲志,百世可流芳。小子又何述,执笔向彼苍。②

"董帷"是指董仲舒"下帷讲诵",而"韩檠"则是指韩愈的《短灯檠歌》,顺庵诗中所言的"韩檠秋夜长",正与韩愈诗中的"夜书细字缀语言,两目眵昏头雪白。此时提携当案前,看书到晓那能眠"相对应,意在赞颂尺五先生勉励以学。顺庵还有诗"闻其风流文雅,颇有识韩之怀"③,虽然素未谋面,但顺庵听闻奥竹亭主

---

① 『錦里先生文集 三・錦里文集 巻五』、十五里一十六表。
② 『錦里先生文集・錦里文集 巻一』、二表一二里。
③ 『錦里先生文集・錦里文集 巻六』、十二表。

有"识韩之怀",故而怀有好感并以诗相赠,可见韩愈在其心中的分量。还有一些零星的小诗如"门过昌黎轩,座对濂溪月"(《十八夜得月字》)①,"昌黎"即指韩愈,与"濂溪"相对,前者首倡古学,后者被奉为理学之先,如此并列,亦可见顺庵对韩愈的推崇溢于言表。顺庵对韩愈之喜爱或许感染了其门下诸弟子,"白石、沧浪、蜕岩、南海大抵与徂徕同时,并非买萱园之余勇者,而其是虽曰宗唐,亦唯明诗声格"②。这就明确指出了顺庵一门"宗唐"的倾向,梁田蜕岩甚至认为顺庵门下之白石为早于徂徕而倡导明七子者,"元禄中,白石先生出于江户,专祖述唐诗,其之入门,学万历七才子,自是世上之诗风,渐渐移之,继而徂徕先生变前之诗风,是又主七才子,其门派出三四厉害之人"③。徂徕之古学无疑受益于明七子,然而顺庵一门却早于徂徕显现出这种倾向,这就暗示我们日本朱子学与古学之间似乎并没有截然对立,反而呈现出多重的关联性。

从以上例证中我们可以得出顺庵宗唐亦即好"古"之倾向,当然这种对韩愈的好感在薛瑄亦有之:

> 性理之学,经周、程、张、朱诸君子发挥如此明白。当时亲炙者尚失其意,而韩子生于道术坏烂之余,无所从游质正,乃能卓然有见,排斥异端,扶翼正道,遂有立于天下后世,真可谓豪杰之才矣!④

一般而言,宗韩或者宗唐代表着好"古"的立场。实际上,顺庵推崇备至的舜水亦主张古学:

> (安积澹泊)文恭(朱舜水)务为古学,不甚尊信宋儒,

---

① 『錦里先生文集・錦里文集 卷一』、七里。
② 清清水茂等編『日本詩史 五山堂詩話』、岩波書店、1991年、508頁。
③ 梁田蜕岩「蜕巖先生答問書」、池田四郎次郎編『日本芸林叢書』第二卷、六合館、1928年、32頁。
④ 薛瑄:《薛瑄全集・读书录 卷三》,山西人民出版社,1990,第1085页。

议论往往有不合者,载在文集,可征也。①

之前已有学者意识到舜水对后来古学发展的影响,"朱舜水思想对徂徕甚至整个日本'古学派'的影响,恐怕还是根本性的"②。如果舜水可以影响到后来的徂徕之学,那么可以推测亲炙其旁的顺庵所受的影响概不会小。然而,这毕竟是学理上的推测,从论证的角度而言,顺庵的思想中是否已经显示出了"古学"的思维方式呢?

笔者在第二部分建构起来顺庵儒学思维方式的主体结构,实际上无论是志于道,还是行于身、得于心,应该说都带有非常明显的宋明理学的印记。想要兴儒学于日本,理论上应当尽量忠实于中国本土的儒学。从这个意义上说,包括顺庵在内的日本儒学在很长一段时间中都处于自觉"模仿"的阶段,这点通过顺庵之论"染"可以窥见:

> 一染为縓,再染为赪,三染为望。物固不可不染也,而在染之善与不善,择之精与不精耳矣。人之相交也亦然。丹之所藏者赤,漆之所藏者黑,兰室鲍肆,择之不可不精者也。夫物之染也,其必一染浓于一染。善之染也,其可不数染乎?古之人一言相知,倾盖如故,其所得不为不多,若夫能再而三之,则染之深化之成,其将何如也?(《与朱舜水书》)③

"染于苍则苍,染于黄则黄。所入者变,其色亦变。五入必,而已则为五色矣。故染不可不慎也。"(《墨子·所染》)墨子之所染,是由丝之染类比至国之染、士之染。顺庵在深刻领会墨子之

---

① 朱舜水著、朱谦之整理:《朱舜水集》附录五《友人弟子传记资料》,中华书局,2008,第819—820页。
② 韩东育:《日本近世学界对中国经典结构的改变——兼涉朱舜水的相关影响》,《社会科学战线》2010年第11期,第216页。
③ 『錦里先生文集 九·錦里文集 卷十七』,二十表—二十一里。

"慎"染后,将"染"之对象区别为"善与不善",并进一步区分了染之层次,即"数染"。这就把"染"提升为一种学习的方法论,即通过"再而三之"地去"染",就可以达到"染之深化之成"的效果。这虽然只是顺庵表达就学于舜水先生的渴望,然而却透露出此阶段日本儒学正处于积极吸收甚至全然"模仿"的阶段。"染"作为一种方法论,到了江户中期的儒者荻生徂徕那里,则发展出了一整套的"习"论[①]:

> 且学之道,仿效为本,故孟子曰"服尧之服,诵尧之言,行尧之行,是尧而已矣",而不问其心与德何如者,学之道为尔。礼乐之教,左则左,右则右,宫则宫,商则商,必如其师,而不敢违以分。故孔子拱尚右,则门人拱尚右,孔子谓之嗜学,可以见已。习书者,必摸兰亭黄庭,岂求为赝乎?学之道为尔。谓吾既得其心,吾既得其理,不必拘其似不似者,庄禅之遗也。故方其始学也,谓之剽窃模拟,亦可耳。久而化之,习惯如天性,虽自外来,与我为一。[②]

徂徕故意"曲解"孟子之言,认为如果能够"服尧之服,诵尧之言,行尧之行",也就是说外在言行举止如果能与尧保持完全的一致,那么就可以认定为"是尧而已矣",而且明确地强调"不问其心与德何如",这就为"仿效"的方法论提供了更为深层的诠释空间。顺庵之"数染",徂徕表述成"习熟";顺庵已经意识到"染"有善有不善,到徂徕则发展为"习善则善,习恶则恶";而顺庵提及的"染之深化之成",则进一步被徂徕表述为"习以性成"。由此可见,这种"习染"的方法论意识在顺庵那里已经有了比较清晰的萌芽,这一方法论实际上是贯穿顺庵以至徂徕思想的暗线。如果说,"志

---

① 参见刘莹《荻生徂徕之"习"论》,《外国哲学》第35辑,商务印书馆,2018,第272—293页。
② 荻生徂徕「答屈景山(第一書)」、吉川幸次郎・丸山真男等校注『日本思想大系・36荻生徂徕』、岩波書店、1974年、531頁。

于道"是每个儒者的基本共识,那么如何行于身、得于心才是顺庵思想的内核。外在于身之行何以能得之于心并且成为内在之德,这实际上是身心二元论始终面临的难题。而"习染"即为身心之间的连接提供了关键的桥梁,这也就是徂徕讲的"久而化之,习惯如天性,虽自外来,与我为一",从习熟到习惯再到习性,就是一个由外而内化、以致与我浑然一体的过程。从方法论的角度而言,徂徕对"习"之概念的深化,可以追溯到顺庵的方法论意识。

再者,诠释文本的差异往往可以体现出不同的主张和倾向。大体而言,古学之重视六经可与理学之重视四书相区别,然而一直以来被视为朱子学者的顺庵,除了重视四书之外,还意识到了六经的重要性:

> 或曰:"人之所宝者,世之所稀也。六经四子之书,学士大夫家家有之,人人诵之,如是其多也,何宝之谓乎?"此不然。黄金白璧,饥不可食,寒不可衣,至如布帛谷粟,家家人人,不可一日而无者也。由此观之,黄金白璧,一人之私宝,而布帛谷粟,天下之公宝也。人之为生,饱食暖衣,逸居而无教,则近于禽兽。教者莫切于人伦,人伦之道,莫备于六经四子焉。然则六经四子不可一日而无,犹如谷粟不可一日而无焉。(《赐五经四子记 为门人井君美》)[1]

六经和四书往往可以代表诠释文本的某种转化,朱子学者往往宗四书,顺庵在提携后进之时,除了四书之外,还赐予了弟子六经(五经),这透露出顺庵在文本选择上并不拘泥于道学的主要文本四书,而且还有意识地让后学熟读六经,这就表现出了与古学相同的文本选择。

综上所述,顺庵在文学倾向上对韩愈的偏爱暗示出其尚"古"的意识,而其所论之"染"则表现出古学中模仿、习熟的思维方式。不仅如此,顺庵将六经与四书并列,本身就涵盖了古学所

---

[1] 『錦里先生文集 八・錦里文集 卷十六』、二十一里―二十二表。

选定的诠释文本。由此我们可以说,顺庵虽然被视为正统的朱子学者,然而无论从尚古意识还是从方法论、诠释文本上,顺庵都无愧为古学之祖。

四、余论

本文主要探讨了顺庵儒学思想中的理学渊源、儒学结构以及与后来的古学之间的关系。对于顺庵之儒学的评价,试以室鸠巢祭奠其师之文论之:

> 其学之博也,天下之书,无所不读,古今之言,无所不记。若天文历数,礼乐名器,《尔雅》训诂之说,职方人物之志,世之学者得其一焉,犹可以见异,而先生乃俱收并蓄,以待天下之用而无遗。故学士大夫游其门者,始而目眩胆落恍若自失,终则各自得其所欲,以为有余,莫不厌足充满欣跃而出。(《祭恭靖先生文》)[①]

顺庵于书无所不读,于言无所不记,表面看来其学确有"博"而"杂"的特点。但是,如果放在思想史的发展脉络中来审视,从惺窝、尺五到顺庵,整体而言一方面尚处于对新儒学的全面吸收和消化的阶段,所以顺庵的思想中具有元明以后折衷朱陆崇尚实学的风格,这是与中国哲学之间的连续;另一方面,顺庵的思想中无论从对唐代文体的推崇还是从其思维方式、诠释文本中,均可以找出后来古学的影子,这又是日本朱子学与古学之间的连续。当然由于顺庵留下的资料太少,这种连续性或许并不清晰,但是在其所培育的诸后学英才之中,却可以不断发现这种被遮蔽的连续性,这就是接下来需要继续研究的课题了。

(作者系北京大学外国语学院日语系博雅博士后)

---

① 『錦里先生文集 付錄・錦里文集 卷十九』,一里—二表。

道统·学统·政统
——试论以正学派朱子学为中心的宽政异学之禁的学政思想

王茂林

内容提要：关于宽政异学之禁的先行研究主要有两个方面：一是从其禁锢思想、压制学问的角度给予其否定的评价；二是从其促进了儒学的大众化、教育的普及化的角度提出其值得肯定的一面。关于提倡与推行异学之禁的主体——正学派朱子学的学政思想，至今尚无系统的研究。因此有必要回归到宽政改革的思想史中，重新梳理正学派朱子学的思想脉络及其深层意涵。文章以正学派朱子学的思想为中心，以道统、学统、政统为统合其思想的三个向度；首先，追溯其儒学源流，厘清其思想理论体系中作为基础而存在的"道统"思想；其次，梳理异学之禁的具体内容，明确排斥异学、树立正学的"学统"思想；最后，反思其思想史意义，发掘异学之禁所潜藏的"政统"意识。

关 键 词：宽政异学之禁　正学派朱子学　道统　学统　政统

宽政二年(1790年)5月24日，德川政权的老中首座松平定信，向当时汤岛圣堂的祭酒、林家第七代大学头林信敬发布了一条关于"学派维持之事"的禁令，此即所谓的"宽政异学之禁"。目前，有关宽政异学之禁的研究已有不少，总体而言大致可分为两个主要方面。第一，最传统的研究范式是以封建意识形态为视角进行的研究。此类研究以丸山真男为代表，结论基本是对此改革的否定性评价，即作为思想统制强化的手段，异学之禁意味着德川政权强权下对于异学的迫害与弹压，以及对于失去活力的朱子学的强行复兴。第二，不同于上述否定性的评价，越来越多的学者转而强调异学之禁所带来的正面影响。此类影响主要集中于改革官僚制的人才录用与培养方式，以及更为重要的是促进了武士教育与庶民教育的普及与推广。

综上两方面的研究,前者带有较强的意识形态色彩,因此异学之禁不免被置于各权力之间的斗争中予以批判,而其结果也被视为面临政治危机的德川政权以及处于衰退期的朱子学的无力挣扎。后者虽抛弃了弹压与迫害的讨论转而着力于挖掘宽政异学之禁中积极的一面,但其积极性意义仅局限于某些具体领域(以教育为主)。

在松平定信所下达的异学禁令之中,非常重要的内容便是对汤岛圣堂的儒官进行了重新安排,而这便涉及了该事件的核心对象——正学派朱子学。① 正学派朱子学者们对于整个宽政异学之禁的建言、实施等起到了关键性作用,因此本文将以正学派朱子学为中心,从"道、学、政"三个维度出发,重新构建其在儒学体系内部的学政②思想框架。

一、"道统"——正学派朱子学的儒学思想源流

大体而言,宽政异学之禁最直接的影响便是,在德川政权的教学体制内,确立了以朱子学为"正学"的学政制度,而将朱子学以外的诸学派一概视为"异学"并加以排斥。然而,其实这一学派之正异的划分,有其更深层的儒学思想渊源,此即是儒学体系内部的"道统"思想。正学派朱子学者们在维护异学之禁的论述中,曾以儒学在日本的发展传承系谱为依据来阐述朱子学之正统渊源所在:

> 吾崇朱子昉于藤惺窝。方是之时阖国鼎沸,群雄尚

---

① 禁令原文参见:司法大臣官房庶務課編『德川禁令考』第二帙、吉川弘文館、1931年、251—252頁。禁令的内容可分为两部分:一是关于圣堂的教学内容,确立了朱子学作为"正学"的正统地位,指明除朱子学以外的一切学说皆为"异学";二是关于圣堂的教员安排,特命朱子学者柴野栗山与冈田寒泉负责推行"讲究正学""相禁异学"等重任。由此,德川政权从教学内容与教学人员两方面对汤岛圣堂进行了"改革"。

② 本文中所使用的"学政"一词,采用"教育行政"之义。

武,绝无一人礼致逢掖,而问学讲道者。特照祖大度卓识,首聘惺窝,习经史于干戈矢石之间。又举其门人林道春,为博士创学制。此其所以翼戴王室,戡定祸乱而能创业垂统。贻其孙谋之端,盖亦见于此。庆元鞬橐已还,相承益隆。至常宪公立頖宫建圣堂,仍令道春子孙,世袭其职总学政,教士子焉。更辟木顺庵,以备顾问,亲讲说经义,使侯伯听之。于是斯文翕然兴起。嗣后文昭公擢源君美、三宅绯明等,有德公延室直清、中村明远等为直讲官,是皆一世醇儒,文行兼优,师承正学者也。[1]

西山拙斋一开始便指出自己崇信朱子学乃始于藤原惺窝,而藤原惺窝正是被奉为日本儒学尤其是朱子学的先驱。西山拙斋详细追溯了朱子学是如何在尚武的江户初期一步步扎根于这片土地的,其中也清晰地勾勒出了一条朱子学的传承序列:自藤原惺窝始开问学讲道,经林罗山首创学制,西山拙斋承赞其开创了日本儒学之业与师承之统;其后自第五代将军德川纲吉建立圣堂起,又由林家子孙世袭儒官之职掌管学政,并任木下顺庵为顾问,文风兴起;后至源君美、三宅绯明、室直清、中村明远等儒者"师承正学",朱子学得以继续传承。这一传承序列的梳理,一方面论证了儒学在日本的发展是有其相续之正统,另一方面也强调了日本朱子学作为"正学"的正统地位。

再进一步,正学派朱子学将"道统"的传承序列上溯至中国,其中特别强调了孟子、董仲舒与程朱:

夫与圣人声息相及者,莫如孟子。孟子有言,"能言距杨墨者,圣人之徒也"。汉儒多孔门传授之说,最称董生。董生有言,"诸不在六艺之科、孔子之术者,皆绝其道,勿使并进"。二子之时,既有可距可绝,而距之绝之,如此其严,

---

[1] 西山拙斎「与赤松滄洲論学書」、寛政二年(1790)、中村幸彦校訂『日本思想大系・47 近世後期儒家集・〈付録〉寛政異学禁関係文書』、岩波書店、1972年、325頁。

> 盖欲明其统,以一天下也。二子之言,岿然并存,其接统于往圣,固不待言。若程朱者,声息不相及,无有相传授,而其旨实圭璋相合,即其统之所在,昭如白日。①

虽然赖春水以强调"学统"而闻名,然其"学统"思想实则根植于儒家的"道统"思想。那么,如何判断谁接续了道统之传呢?赖春水概括了两类情况,一类是获得了圣门的相授,能"与圣人之声息相及",则可列入"道统"之序列,如孟子、董仲舒。与此相对,另一类以程朱为代表,由于他们所处之时空与圣人相隔久远,已无法"与圣人之声息相及",因此未能亲受道统之传,然而因为他们思想之要旨实际上与圣人如"圭璋相合",故程朱之学亦可视为承接了圣人之道统。

然而,虽然两者接续的方法相异,但异中亦存在重要之"同",即孟子"距杨墨",董仲舒绝"诸不在六艺之科、孔子之术者"。此两者"欲明其统,以一天下"的做法,即是通过排斥异端以达到维护孔门传授之正统的典型代表,因此,孟、董之例被作为辟异端、护正统的典范而加以宣扬。那么,另一类接续"道统"的程朱是否也曾辟异端呢?

> 乃至陆九渊之顿悟、王守仁之良知亦皆称圣贤而谬者,宋明诸贤辟之,以为阳儒阴佛,绝灭伦理之害,后儒亦谓其功继孟子也。②

所谓的宋明诸贤,指程朱之学一系。这里直接批判阳明学为"称圣贤而谬者"以及"绝灭伦理之害"的异端,而辟阳明学的程朱则"功继孟子",西山拙斋从辟异端的角度而言再次肯定了程朱接续了"道统"传承之合法性,"始继洙泗之统"。甚至在西

---

① 赖春水「学統説送赤崎彦礼」、天明五年(1785年)正月、中村幸彦校訂『日本思想大系・47近世後期儒家集・〈付録〉寛政異学禁関係文書』、334頁。
② 西山拙斎「与赤松滄洲論学書」、寛政二年(1790年)、中村幸彦校訂『日本思想大系・47近世後期儒家集・〈付録〉寛政異学禁関係文書』、324頁。

山拙斋这里,辟异端不仅是继承"道统"的手段之一,更成为先王所建立的学政的价值所在:

> 此先修之所以深忧远虑,力辟峻拒之也。若谓不然,则先王庠序之政,皆为虚设,夫子警子贡亦为赘言,而孟子何必辟杨墨,宋明诸贤何必辟陆王乎?①

由此,正学派朱子学对于日本儒学发展之"道统"序列的梳理,实际上成为其获得儒学体系内部之正统性、合法性的根本理论依据。通过强调自身在儒家"道统"序列中的正统性与合法性,进而排斥其他诸学说为"异端",这也是其目的所在。

虽然日本的"道统"之说从理论上而言是源于中国的"道统"思想,但却有其自身的特殊性。辻本雅史指出了两者的差异在于日本的"学统"在本质上更接近于"政统",而非中国的"道统"。② 此观点的问题在于过分夸大了"政统"与"道统",以及日本儒学与中国儒学之间的区别,并未真正揭示出两者的区别所在。若重新回到宽政前后正学派朱子学所论文本中,则可发现一个明显的差异,即其文本中虽有梳理儒学"道统"的内容,却未直接使用过"道统"一词,与此相对,"学统"一词则较为频繁地出现,甚至单独成篇被加以阐述。对于此差异,若尝试追溯至中国与日本"道统"思想的历史中去,则此差异出现的原因亦可随之明晰。

儒家有关"道统"的记载,虽于孔孟之际已有,但至宋学之时才逐渐形成较为系统的道统之说。以程朱之学为代表的宋学大力提倡"道统",乃源于当时佛老等"异端之说"的"日新月盛"(《中庸章句序》),但同时宋学也受到了佛教"法统"思想的影响,因而采用了建构儒家自身的"道统"系谱的方式,以此抗击佛老等"异端",维护儒家思想的正统地位。因此,在中国,儒家提倡

---

① 西山拙斋「与赤松沧洲論学書」、324頁。
② 辻本雅史「近世教育思想史の研究―日本における「公教育」思想の源流―」第五章「寛政異学の禁をめぐる思想と教育―正学派朱子学と異学の禁―」、思文閣出版、1990年、214頁。

"道统"的直接目的是抗击佛老。佛老与儒家一样,皆有自身的一套有关何为"道"的系统论述,因此程朱所肩负的责任是论证清楚"道"之正统究竟在谁的问题。而此"道统"思想的排击异端的做法,实际上意味着以程朱之学为代表的宋学的主体性觉醒,这也是宋学被视为"新儒学"之"新"所在。

由中国的"道统"思想再接续至日本儒学的发展谱系,则可以看出,正学派朱子学者梳理朱子学正统的意识,实际上也代表着日本朱子学的主体性觉醒。他们所梳理出的承接程朱之传的日本朱子学相传系谱,让"道统"传承的序列得到了保证,更成为正学派朱子学作为'正学'的正统性的根据。① 然而,不同的是,在日本,当时朱子学所面对的情况并非是要排击儒家以外的佛老思想,而是解决儒家思想内部的流派纷争,即要排斥朱子学以外的儒家诸学派(以徂徕学为主)。因此,作为"正学"的朱子学需要论证的是"道"之框架内部的正统究竟在谁的问题。这可以在正学派朱子学者们的论述中找到依据,如尾藤二洲明确指出:

> 何谓正?孔孟之所说,程朱之所传,是也。何谓不正?陆王之主知觉,陈叶之专功利,是也。老佛奈何?彼既殊类,何必举之也。吾所谓不正者,名儒而实非者也。②

所谓"孔孟之所说,程朱之所传",即儒家的"道统"。尾藤二洲明确指出,与继承了"道统"之"正"的孔孟、程朱相对的并非佛老,而是阳明学派、事功学派,他们才是"不正"之异端。对于儒家之外的佛老本属异类,一眼便能识破,无须作专门的讨论以区分,真正有必要辨别清楚"正"与"不正"的,是那些名义上称为儒

---

① 辻本雅史『近世教育思想史の研究―日本における「公教育」思想の源流―』第五章「寛政異学の禁をめぐる思想と教育―正学派朱子学と異学の禁―」、213頁。
② 尾藤二洲「中庸首章図解付録・正学説」、頼惟勤編『近世儒家文集集成・第十巻 静寄軒集』、ぺりかん社、1991年、109頁。

学但实质上并非儒学的学派。因此,这里辨别与排斥的"异端"是针对儒学内部学派而言的。正是这些儒学内部中似是而非的"异端",在二洲看来具有极大的危害性,"世之可恶者,莫甚于似而非者。误国乱世,其源由此"[①],不可不辨。

综上所述,正学派朱子学的思想有其儒学体系内部的思想渊源——"道统"思想。一方面,对于日本的"道统"传承系谱的梳理实际上意味着日本朱子学的主体性觉醒,通过强调朱子学承接了儒学之"道统"而证明自身之正统性与合法性。另一方面,通过强调"道统"思想中辟异端的做法,试图排斥以徂徕学为代表的其他儒学的"异端",从而达到维护自身的目的。简言之,即一方面"立正学",另一方面"排异学"。因此从根源而言,"道统"思想为正学派朱子学的学政思想提供了根本理论依据。但是,日本的"道统"思想又有其自身的特殊性,正学派朱子学在其表述中采用"学统"而非"道统"概念,正是因其所排斥的对象为儒学内部除朱子学以外的其他学派。因此,从"道"的维度出发,将宽政异学之禁的主体——正学派朱子学的思想置于儒学体系内部中进行分析,则可见其有关"正"与"异"的论争的本质乃是源于儒学内部的学派纷争,其目的在于排斥异端,从而一统学界。以此"道统"思想作为理论武器,正学派朱子学进一步展开了具体措施的阐述——即所谓的"学统"思想。

二、"学统"——正学派朱子学的学政思想的具体展开

正学派朱子学有关"学统"问题的论述是其学政思想中的主体部分。赖春水在论及"学统"时,开篇即言:

> 君子之学,知统为先。学焉无统,不如不学也。统也者圣贤之所传,亘古今,贯天地,礼法以立,伦常以明,是

---

① 尾藤二洲「素餐録」八八、頼惟勤校注『日本思想大系・37 徂徠学派』、岩波書店、1972 年、445 頁。

也。统一而已矣,非各统其所统之谓也。①

"君子之学"即代表了儒学的正统学问。所谓的"统",简单而言即统一,而"学统"即统一学问。统一学问的重要性在于它是学问的首要前提,如果学没有了"统",那么学问也就失去了其存在的价值。与此同时,学问之"统"的基础仍旧是"圣贤之所传"所蕴含的"道统"思想,所以"道统"思想是"学统"的前提之所在。

基于"道统"理论,正学派朱子学展开了关于统一学问的具体措施的探讨,"道统"理论不仅是学统的前提,也是正学派朱子学用以统一学问的有力武器。首先,从历史的层面而言:

> 盖庆长以降,江都学政,一遵朱子,无有异论。当是之时,众家泛滥,以谤讪朱子为大家硕儒,攻驳理学者甚众。栗山能洞视之,将纠正其弊,会奉旨料理学政。②

正学派朱子学不断强调将朱子学作为被尊崇之"唯一"学问乃是自江户之始便有的传统,因此以柴野栗山为代表的朱子学者针对众家泛滥、异端兴起的局面而推行学政改革的举措,是纠正历史中出现的学政之弊以回归学政之本来传统而已。若进一步追溯"道统":

> 正尝闻,汉唐注疏,诸家专治训诂文字,而解经旨,概乎肤浅,嚼蜡无味。至宋程朱,微旨奥义,粲然复明白,始继洙泗之统,繇是汉土学政归一。洛闽制,艺科场,专用程朱传注为标准,以是策士,以此应举。父师之所授与,子弟之所传受,止是斯学而已。自宋季元初,历明迨清,五百有余岁于今,虽革命迭兴,学政画一,无复异论焉。明叔世间

---

① 赖春水「学統説送赤崎彦礼」,天明五年(1785年)正月,中村幸彦校訂『日本思想大系・47近世後期儒家集・〈付録〉寬政異学禁関係文書』,岩波書店、1972年、334頁。

② 西山拙斎「与赤松滄洲論学書」,寬政二年(1790年)、中村幸彦校訂『日本思想大系・47近世後期儒家集・〈付録〉寬政異学禁関係文書』、323頁。

有立异者,亦唯私议草野,未有公言于庙堂上也。①

程朱接续了儒家"道统"之传,这对于一国之学政而言意味着学问上的统一,并且在制度的层面,通过设立科举制而使其成为官方学问之标准。自此不仅在教育上只授受朱子之学,即便是朝政更迭,此"学政画一"之一统局面亦未被动摇,即便有立异者出现,也不会被官方所采用。这里所追溯的道学在中国所达到的一统学政的地位,也正是日本朱子学试图通过宽政异学之禁而达到的目标,因此中国道学的发展史成为正学派朱子学论述其学政思想之合理性的最好参照。不仅如此,朱子学在朝鲜、琉球等地也发展至统帅一方之学的程度,"非唯汉土为然,即朝鲜琉球诸蕃,苟从事于斯者,亦皆率由不忒"②。由此可见,儒学的"道统"思想成为正学派朱子学展开其"学统"思想的强有力的历史依据。

其次,从理论的层面出发,正学派朱子学详细论述了建立"学统"的必要性与方法,具体而言包括三个方面。

第一,从"从属"角度而论,多种多样的学问正如同一支包含了不同技能的士兵的军队一样,需要一个统帅来主导整个学界:

> 武事固数家矣,及其整旅行师也,为之将帅一人而已矣,则可鼓而鼓,可金而金,唯其所进退。苟有数将帅,我鼓彼可金,彼金我可鼓,金鼓失所,彼我相乖,岂能成其师乎哉?学有数家,数家并行,吾未知其可也。彼以我所以为末为本,思以易天下,我以彼所以为本为末,思以易天下,则多门之政,吾谁适从?夫师之必一将帅,则人谁谓不然。至学之必主一家,则以为难晓,不亦异乎?若比之武事有数家,则理民理兵、水利算数、词章训诂,其或可比,是小数也,何足与言其统也哉?③

---

① 西山拙斋「与赤松沧洲論学書」,325頁。
② 同上。
③ 頼春水「学統論」,天明六年(1785年)、中村幸彦校訂『日本思想大系・47 近世後期儒家集・〈付録〉寛政異学禁関係文書』,333頁。

正学派朱子学以武事为喻，乃是针对反对禁令的异学者的观点，异学者认为并存的各学派不过是技术上分工不同而已，互不相害。① 正学派朱子学则反驳道，正是由于一军之内存在职能不同的数家，因此更需要有一个可以统领全军、发号施令的将帅来主持全局，这样才能作为一个整体意思上的"师"，否则各自为政，自以为主，结果只会一是一非，彼我相乖，师不成师。并且从重要性而言，数家不过是区区"小数"，无法与作为一师之统的将帅相提并论。因此，学问虽存在数家，但必须有一家可统领全局的"将帅"来约束，而此"将帅"自然就是可统一学问之"学统"的学派。相比之下，其他的学派也不过是"小数"，不可与此一"学统"相比，只可服从于"学统"。那么，又如何辨别朱子学可以作为学问之"学统"呢？

第二，从"正邪"（也作正异或正杂）的角度而论，正学派朱子学指出区别所谓的"正"与"不正"之名本是末事，但之所以反复区分并强调"正学"之名，是源于世间种种学问中存在外离于"道统"的"不正"学说：

> 奚以呶呶为？尚有外之为学者，正学之名，于是乎立焉。夫学有正杂之名，抑末也。②

> 学一也，何为称正，世盖有不正者也。何谓正？孔孟之所说，程朱之所传，是也。何谓不正？陆王之主知觉，陈叶之专功利，是也。③

正学派朱子学判断孔孟程朱之学为"正"学的标准正是其所提出的"道统"思想。不仅如此，程朱之学反过来又成为判别"正

---

① "比之武事，弓马剑枪，各有其家，并行而不相害也。学有数家，数家并行，何为不可？"（赖春水「学統論」，333 页。）

② 赖春水「正学指掌序」、赖惟勤校注『日本思想大系・37 徂徕学派』、岩波书店、1972 年、319 页。

③ 尾藤二洲「中庸首章図解付録・正学説」、赖惟勤编『近世儒家文集集成・第十卷 静寄軒集』、ぺりかん社、1991 年、109 页。

邪"的基准：

> 正不正，何以辨之？质诸天而天不违也，征诸人而人不拂也，斯之谓正。质诸天而违也，征诸人而拂也，斯之谓不正。天人违拂，何以知之？天之所以为天，理也。于理不安，天违也。人之所以为人，性也。于性不顺，人拂也。性理如何可以明之？循孔孟之所说，程朱之所传，而学之，斯可以明也。明而后择之，何不可辨之有？[①]

判断正邪的"天"的标准，显然是以程朱之"性理"为依据的，因此学之"正邪"的判定是在程朱体系内完成的，其根本仍基于程朱所承之儒家"道统"思想，可想而知其结果也只有朱子学才符合此"正学"之标准，"本天道，主人伦，本末兼备，传之无弊，唯程朱之学为尔。是即古圣贤之学也"[②]。在此标准之下，陆王陈叶等学说自然皆沦为"不正"之"异端"，"道即理，器即气。异端皆以气为道，而不见理，则所谓器外之道，亦只是器"[③]。若不对"不正"之学加以排斥的话，则危害甚多：

> 朱子于《论语》开卷第一章注，示学者曰，"德之所以成，亦由学之正，习之熟，说之深"。夫学之不正，所习所悦，皆与道背叛，何德之能成？故为学之道，不可不辨正邪。[④]
> 若异学所倡，非言本而遗末，则言末而遗本。或陷卑近，或骛高远，皆害于其政。此所以为异学不可不斥也。[⑤]

---

① 尾藤二洲「中庸首章図解付錄・正学說」、賴惟勤編『近世儒家文集集成・第十卷 静寄軒集』、ぺりかん社、1991年、109頁。
② 賴春水「学統論」、333頁。
③ 尾藤二洲「素餐録」二六八、賴惟勤校注『日本思想大系・37 徂徠学派』、455頁。
④ 尾藤二洲「中庸首章図解付錄・理氣說」、賴惟勤編『近世儒家文集集成・第十卷 静寄軒集』、108頁。
⑤ 賴春水「学統論」、333頁。

这些悖离了圣人之道的"不正"之异端,不仅会导致学业无法成就,甚至还会危及政事,因此必须加以辨别与排斥。

第三,从"真假"的角度而论,这些邪说异端如同赝品一般,充斥在儒学内部,即便他们自认为其学为圣人之道,但也须辨别其本质并非如此:

> 今乃不择教之纯驳,不论学之正邪,概谓均是圣人之道,各从其所好而无害,何其所见之汙漫也!有人于是口漱浊水,手持假金,谓人曰,均是水也,吾奚择其清浊?均是金也,吾奚论其真假?则不嗤其疏狂者几希。①

"均是圣人之道,各从其所好而无害"是当时反对禁令的儒者所持的主要观点之一,即强调多种多样的学问的根源皆本于圣人之道,不过是所好不同,没有害处。对此,西山拙斋把这些学说喻为浊水、假金一类的异端邪说,与代表了圣人之道的清水、真金相对,指出异端邪说中所谓的圣人之道实为"赝品",是充塞仁义之道的邪径歧途。而圣王建教的目的即在于教授真正的圣人之道,从而使学者走"正学"之路。因此须辨别学问之真假,以确保圣人之道的"正学"得以传承,圣人之教得以实现。

最后,正学派朱子学将理论上的分析落实到现实层面,论证了建立"学统"对于现实社会中革除学弊、整顿风俗教化的至关重要性。首先就学问而言,以徂徕学为代表的诸异学对当时的学风带来了恶劣的影响,造成士风日下,"学弊"问题日益严重。而此"学弊"之风被认为蔓延至了当时的社会层面,"学一无统,百弊随作"②,其中最严重的是造成了社会风俗与教化的破坏。因此正学派朱子学指出,学问或教育的意义正是在于风俗教化或社会秩序的维持,而日下"学弊"问题的原因正在于学问之无统:

---

① 西山拙斋「与赤松沧洲论学书」、325页。
② 赖春水「学统说送赤崎彦礼」、天明五年(1785)正月、中村幸彦校訂『日本思想大系・47近世後期儒家集・〈付録〉寛政異学禁関係文書』、岩波書店、1972年、334頁。

出于此必入于彼,纷纷焉天下莫知适从,是由其统之不明,以至于此耳。然则论学于今日,舍统其曷以耶?①

而欲建立此"学统",也不能盲目选择,而仍旧要通过明辨正邪来确立:

《学记》曰,"君子如欲化民成俗,其必由学乎"。设令教学失方,正邪不辨,何能化民成俗之为?②

在此,正学派朱子学将强调辨正邪之"学统"观与社会风俗之道德教化紧密联系了起来,提出通过立正学以达到化民成俗,"所以维持风俗人心于下者,得其正也"③。基于此,正学派朱子学再次强调了只有朱子学才有能力作为"正学"而担此学问之教化的重任:

教者体之以施其教,学者受之以成其学,庶几有以报盛意矣。凡官属宣教者几人也,提督作兴,可不省乎? 可不念乎? 能由其正,不为异学之所江,则济济之士,蚩蚩之民,趋向不差,皆醇正之归而不自知也。所谓一道德以同俗者,于是乎可见焉。是吾学之所能,而异学之所不能也。④

赖春水明确提出"一道德以同俗"的观点,并且指明只有"吾学"朱子学才有能力做到这一点,其他异学皆不能为之。由此,正学派朱子学倡导的辟异端、立正统之"学统"的重要性,被进一步扩大至维系着引导天下之风俗教化归于纯正的程度之上,即通过确立"学统",由"正学"朱子学统一道德教化进而达到天下

---

① 赖春水「学統説送赤崎彦礼」、334 頁。
② 西山拙斎「与赤松滄洲論学書」、323 頁。
③ 柴野栗山「送長子玉序」、『訓點栗山文集』卷二 上、大阪活版製造所、1906 年、6 頁。
④ 赖春水「学統論」、333 頁。

风俗同一的治理效果,此正是正学派朱子学的"学统"观之最高目标。

综上所述,从"学"的维度出发,正学派朱子学系统地论证了如何统一学问的具体方法。儒学思想源流"道统"思想既是正学派朱子学建立"学统"的理论根基,又成为其"学统"思想的历史层面的重要依据。在理论层面,从从属、正邪与真假三个角度详细论证了诸多学问需要一统,并且此一统只能是由真正属于圣人之道的朱子学来担任。最后结合社会风俗教化之现实需要,正学派朱子学再次说明了建立"学统"之必要性,而只有承圣人之道的"正学"朱子学才能肩负起国家之振兴教化、一统风俗的重担。

三、"政统"——正学派朱子学学政思想对儒学发展脉络的影响

正学派朱子学从自身的立场出发,大力宣扬辟异学、立正学的"学统"思想,而此思想通过宽政改革中异学之禁政令的形式得以实施,可以说其"学统"思想在政治制度上得到了一定的实现。其中,正学派朱子学所强调的学问对于风俗教化的现实性作用,不仅是学问对于政治而言的重要性所在,亦是我们用以把握从"政治"维度出发的正学派朱子学学政思想对儒学思想脉络所产生的影响的关节点。对于风俗教化一事,可从两方面来考察:一方面,对于儒者而言,它是学问与教育所承担的社会责任;另一方面,对于为政者而言,它亦是政权统治国家所需要实现的治理目标之一。

从儒者的角度来看,正学派朱子学论及学问对于政治、风俗教化的至关重要性,将学问之事置于政治与风俗的根本之处:

> 政之纯驳,由学之正邪。[①]

---

① 松村操「賴春水」,『近世先哲叢談.正編』上卷、文永堂藏版、1898年、38頁。

> 学事上下相贯，无差别之义……政事之根本、风俗之由来即在此处。①

不仅正学派朱子学如此说，当时属于异学的儒者冢田大峰也反复提到这一点：

> 若言政事不出于学问，则不成。②
> 无论何流派在世上皆有人多势众，可为太平之政务成就万分之一之益处。③

大峰不仅强调政事出于学问，也强调学问中多样的流派皆可为政事尽一臂之力，提出学问与多种流派的目的皆在于对国家政务有所助益，在于治国安民。因此，可以说强调学问对于政治而言所具有的化民成俗的"实践性性格"的学问观是当时儒者所普遍持有的。④ 换言之，当时儒者普遍强调学问对于政治而言的实用性，而此实用性又被限定到化民成俗这一具体问题上。

那么论及风俗教化，正学派朱子学的学政思想又有怎样的特点呢？

> 国异政，家殊俗，其能正乎？上国一人，四海一家，为此亦由其学，为彼亦由其学，唯其醇醨，顾所由如何已？宜乎先贤修小大学之书，谆谆乎政化而不已也。⑤

不难发现，赖春水将建立"正学"的意义进一步上升至国家

---

① 转引自辻本雅史『近世教育思想史の研究―日本における「公教育」思想の源流―』第五章「寛政異学の禁をめぐる思想と教育―正学派朱子学と異学の禁―」，思文閣出版，1990年，209頁。
② 辻本雅史『近世教育思想史の研究―日本における「公教育」思想の源流―』，209頁。
③ 塚田大峰「塚田多門上疏写」，寛政二年（1790年）六月，中村幸彦校訂『日本思想大系・47 近世後期儒家集・〈付録〉寛政異学禁関係文書』，336頁。
④ 辻本雅史『近世教育思想史の研究―日本における「公教育」思想の源流―』第五章「寛政異学の禁をめぐる思想と教育―正学派朱子学と異学の禁―」，209—210頁。
⑤ 頼春水「正学指掌序」，頼惟勤校注『日本思想大系・37 徂徠学派』，319頁。

层面的时候，则更为强调立正学的意义，一国若异政殊俗，没有统一的标杆，只会各随各学，更无所谓"正"。因此，一国首先须以修圣贤之书来统一其学，而后由此"正"达到"谆谆乎政化而不已"的治理效果。由此，"学问、思想所持有的意义，由于与政治密不可分，与其说是一点也不能'破坏风俗'之物，毋宁说通过主张应达到积极地纯正化'天下之风俗'的作用，而使学问、思想开始成为为政者所期待之物"①。换言之，正学派朱子学将学问对于政治的化民成俗之实用性进一步明确到"正学"对于纯化一国风俗的实用性上。即比起排斥破坏风俗之异学，确立一国风俗之正统则显得更为必要：

> 君相奉之，端其化源。学士禀之，宜其德意。政术一于上，风俗岂二三于下哉！学统明白而后治教可得而言也。②

由此可见，当正学派朱子学派论及风俗教化时，其强调辨正邪、排异端的"学统"观开始被不断强化到"立正统"对于"一道德以同俗"的实用性上。这一特点反推至"道统"的视角，亦是如此：

> 欲辨正邪，不可不辨理气。理气之辨明，乃邪径之惑，无由而入焉。志斯学者，其必先之。③

"道统"的确立离不开正邪的辨别，而辨别正邪之首要在于明晰"正"之根本所在——朱子学所倡导的理气观，"正"一旦辨明，则"邪"径也无由可入。由此可见，"道统"确立的关键在于"正"的辨明，教育学问之事始于端"正"其源，而通过"学统"的明

---

① 頼祺一『近世後期朱子学派の研究』、溪水社、1986年、156頁。
② 頼春水「学統説送赤崎彦礼」、334頁。
③ 尾藤二洲「中庸首章図解付録・理氣説」、頼惟勤編『近世儒家文集集成・第十卷 静寄軒集』、ぺりかん社、1991年、108—109頁。

晰进而实现国家对于风俗教化的治理。因此,从政治层面而言,"正统"的观念被不断突出,若以此来反观异学之禁的学政思想,则可以说其重点不在于禁异端,而在于立正统。

那么,从为政者的角度来看,这一重点是否也成立呢?

第一,在思想层面,为政者也越来越关注到学问之于政治而言的重要价值所在,异学禁令的发布就是很好的证明:"近顷世间出了许多新奇之说,异学流行,破坏风俗者有之,这是正学衰微的不好现象。"① 禁令明确将异学流行、风俗破坏的缘由归结于正学衰微,故要想整治风俗,须从整顿"正学"入手。宽政改革的主导者松平定信也曾明确提出学校的一大重要作用即在于明人伦与正风俗,"学校以明人伦而正风俗,长育人才为主意"②。以异学之禁为标志,德川政权逐步展开了对学问教育的改革,可以说"此禁令不言而喻,是基于政治上的必要与见解而被发布出来的,是从原则性与现实性上将教育、学问编入了政治性统制题目的近世史上最初的事件"③。不仅在中央,在一些地方藩地中,世子也被如此教育:"世子之学,在善明其统。世子乃学统绝续之所系,社稷之安危、生民之利病从焉。"④ 这里所明确提出的"学统"的观念,被提到了与社稷、民生同等重要的地位。

根据以上文本,可见当时的德川政权也逐渐意识到学问的重要作用,不仅需要通过整顿"正学"来一改风化,更需将此学问的"正统"的思想进一步提升到维系社稷治理的高度上。由此可以说,德川政权所表达出的是将学问作为以维持风教为目的,学问应在与政治的现实相联系之中获得其自身价值,这也被视为横贯于德川政权的教育革新政策之根基上的基本信念。⑤ 当德

---

① 司法大臣官房庶務課編『德川禁令考』第二帙、吉川弘文館、1931年、251頁。
② 松平定信「立教館令條」、和田綱紀編『楽翁公と教育』、九華堂、1908年、2頁。
③ 石川謙『近世日本社会教育史の研究』、青史社、1976年、246頁。
④ 这是赖春水在谈论到萨摩藩世子的侍读赤崎彦礼时所引用的赤崎的话。赤崎彦礼既是萨摩藩藩校造士馆的教授,也曾在汤岛圣堂讲学。頼春水「学統説送赤崎彦礼」、334頁。
⑤ 石川謙『近世日本社会教育史の研究』、青史社、1976年、246—247頁。

川政权不断强调学问对于维护风俗教化的重要性之时,也意味着学问的实用性成了政治的手段,为政者想要达到统一风俗教化,必然需要正学派朱子学的"正统"观念给予其理论的支撑。

第二,在现实层面,宽政改革最初面临的一大课题就是巩固德川政权的统治基础。对内,须扫清残留的田沼一派势力,重整混乱的政治局面;对外,在天明时期已出现了庶民对德川将军的"御救"权限的不信任事件,该事件反映出民众对德川政权之正统性与合法性已产生怀疑。因此,可以说,建立政治维度上的"一统"局面成为德川政权亟待解决的核心问题,对于以松平定信为首的为政者而言,强调德川政权的正统性,以确立其稳固的"政统"地位就成了当下的重中之重。

对此,正学派朱子学也列举了中国的前车之鉴:

> 至明之中世,陈白沙、程篁墩之徒出,并取陆氏之说,又出王阳明,全主于陆氏,其弊皆阳儒阴佛……由此学者皆驰心于空虚,践实地者鲜也,天下之风俗亦坏,而明朝遂亡。①

在尾藤二洲看来,以陆王之学为代表的异学不仅破坏了天下风俗,甚至导致了明朝灭亡。因而,对于为政者而言,"学统"的问题已然具有危及朝政的潜在危险。此时的德川政权需要通过维护自身正统性的"政统"思想来巩固政权,而正学派朱子学以"道统"理论为基础所提出的树立"学统"的正统思想,可谓契合了当时政治的需要。

此外,若将"政统"思想置于异学之禁事件前后的儒学发展史中加以考察,此强调正统的特点亦是可见的。在松平定信于宽政二年(1790年)正式颁布异学禁令之前,禁异学的行动已借由藩政改革在部分藩校中展开了,如宝历、天明时期的广岛藩、

---

① 尾藤二洲「正学指掌・付録」、頼惟勤校注『日本思想大系・37 徂徠学派』、353頁。

佐贺藩等地。①结合这些藩政改革来看,可发现正学派朱子学之辨正邪的"学统"思想,更多地被强调为立正统的"政统"思想。以古贺精里为例,曾任佐贺藩藩校弘道馆儒官的古贺精里在弘道馆创建之时(1781年)曾著《弘道馆记》一文,以该文为标志,在此之前,古贺精里所著的强调"辨别正邪"的上书中所定立的"教义上的正统性"思想(即遵守程朱之学的"学统"思想)逐渐退居幕后,改以强调藩士对于风俗革新而言的"社会性适性化"(即学问对于化民成俗的实用性)。因此可以说,当辨正邪的"学统"思想涉入"政"的维度时,其强调"正统性"的特点愈发鲜明。

然而,这一强调政权之正统性的"政统"思想虽在幕末思想史中一直持续着,却表现为不同的具体内容。以松平定信为代表的德川政权,试图通过异学之禁来证明自身政权的正统性。②然而,对于正学派朱子学而言,他们之中有部分人明显地持有尊王的态度,其中最具代表性的是尾藤二洲。例如尾藤二洲曾在《称谓私言》的第一条中提出:

> 皇家之朝,称天朝、皇朝。大府之朝,宜称大朝、府朝。虽齐称朝,尊卑之分自明。③

尾藤二洲在区分"天皇"与"大府"(德川政权)的称谓时,直接明了地指出天皇一系的权威对于德川政权而言处于绝对尊崇的地位,亦强调两者之间有明显的尊卑之分,由此可以看出尾藤二洲持有非常鲜明的尊王思想。更具体来说:

> 世儒不知名分,有谓皇家为共主者。皇家是大府所恭事,天子之尊,万古不易,岂可谓之共主耶?大府总国

---

① 辻本雅史『近世教育思想史の研究—日本における「公教育」思想の源流—』第五章「寛政異学の禁をめぐる思想と教育—正学派朱子学と異学の禁—」,204頁。
② 王茂林:《寛政异学之禁新论——以松平定信为视角》,载夏连友主编《日本哲学与思想研究(2017年)》,社会科学文献出版社,2019,第192—206页。
③ 尾藤二洲「称謂私言」、寛政十二年(1800年)、頼惟勤編『近世儒家文集集成・第十卷 静寄軒集』卷之十一、124頁。

之主,尊亚天子,政令行于四海,亦由有皇家册命焉。①

尾藤二洲严厉批评了当世儒者中所谓的有天皇与德川两个并立政权的观点,指出了德川政权不过是受命于天皇一系并侍奉于皇权的,天皇作为"天子之尊",其地位是"万古不易"的,因此,在尾藤二洲看来唯一具有"正统"地位的是天皇一系。猪饲敬所曾评价《称谓私言》的第一条"此条为发端,宜称正名"②,其中的"正名"所指示的即是对于名分之"正统"的确认,而尾藤二洲在此即是在为天皇一系之"正统"而正名。

同样,柴野栗山也曾言:

> 著《二叶草》一卷,以使人知皇统所肇开,纲常所由立,及民生有今日食谷衣帛尊君亲亲,而得与夷狄禽兽辨者,皆出于帝神武不杀之大德焉。可谓知本而敦古矣。③

这里柴野栗山大赞"帝神武"天皇的功绩,将"皇统"、纲常以及民生之依据,都归功于神武天皇,认为这是"本"之所在。并且,他也直接提出了"皇统"的概念,可谓意涵了神武天皇以来的天皇一系所持有的"正统性"。

那么,身为受命于德川政权的正学派朱子学者们为何会拥护天皇之正统性呢?尾藤二洲曾谈及自己与林家第八代祭酒林述斋关于官职称谓的一段对话,通过对话内容可以看出当时身为德川政权儒官的他们是如何看待自身之职分的:

> 林祭酒述斋尝语余曰:"……吾家世为大学头,以其

---

① 尾藤二洲「称謂私言」、寛政十二年(1800年)、頼惟勤編『近世儒家文集集成・第十巻 静寄軒集』巻之十一、129頁。
② 尾藤二洲「称謂私言(批評附)」、寛政十二年(1800年)、関儀一郎編『続日本儒林叢書 第二冊・続編解説部第一及雑部』巻08・編19、鳳出版、1978年、1頁。
③ 柴野栗山「二葉草序」、宮脇仲次郎編『訓點栗山文集』巻二 下、十一頁表、香川縣丸龜中学校蔵版、大阪活版製造所、1906年。

知学政,故人认以为真,不知亦为假称。学是大府之学,非皇家学也……"余曰:"我辈呼为祭酒,以祭酒我学而已。皇家大学,何关乎我祭酒事?"因共一笑。①

西山述斋与尾藤二洲皆认为,作为德川政权任命的"大学头"或者"祭酒",这些称谓,只是"假称"而已,其所代表的学问也不过是德川政权的学问,并非天皇之学,也与天皇之学无关。可见,他们将自身所从事的学政之职与所推崇的政权之正统做了非常明确的划分,"政统"只属于万世一系的天皇,而任"大学头"或"祭酒"之职只是受命于德川政权而从事学问罢了。

由此可见,虽然正学派朱子学的学政思想中一直贯穿着"正统"这一核心,然此"正统"置于政治的层面,却没有必然归结到德川政权拥有"政统"这一结论上。可以说,一方面,正学派朱子学通过提倡根植于"道统"学说的"学统"思想,试图以建立"正学"为手段而获得学问上的正统性。而强调政治上的纯正风俗教化的作用,可视为为其"学统"的确立提供政治性保障。另一方面,学问上的"正统"思想也契合了德川政权的现实性需求,并以异学之禁的形式表现出来,借此标明自身政权的正统性。在此,需要厘清的是,不能将正学派朱子学的学政思想简单等同于德川政权所持有的态度。德川政权的选择只是为政者从政治角度予以的考量,而正学派朱子学明显将政权之"正统"与学问之"正统"做了清晰的区别。并且,正学派朱子学者也并未因自身提倡尊王而不重视德川政权的学政之职。以古贺精里为例,其曾作为第一位被德川政权授命去昌平黉讲学的藩儒官而被广泛称赞,"藩臣入学说经,自精里始,人以为荣"②,身为儒官的古贺精里"与林祭酒、柴野栗山、尾藤二洲等,戮力振饰学政"③,从不懈息。并且,自古贺精里起,古贺家连续三代皆在昌平黉学问所

---

① 尾藤二洲「稱謂私言」、寛政十二年(1800)、125頁。
② 松村操「古賀精里」、『近世先哲叢談.正編』上卷、文永堂蔵版、1898年、5頁表。
③ 松村操「古賀精里」、『近世先哲叢談.正編』上卷、5頁表。

中担任儒官之职,时间长达70年左右,这是江户时期除林家以外唯一的三代相续成为昌平黉学问所儒官的家族①,显然他们是以担任儒官为荣并为之不懈努力的。因此可以说,正学派朱子学并未将侍奉于德川政权与尊王思想对立起来。

尊王的思想不仅存在于正学派朱子学的思想中,在日本思想史发展脉络里也在一直延续。至幕末后期,在面临外患的危机下,它与攘夷运动结合作为"尊王攘夷"思想而凸显于思想史中。对此,宫城公子甚至提出,尊王思想乃是建立在幕末儒学思想基础之上的重要思潮,因此研究幕末儒学史的发展时,应结合尊王思想加以定位与考察。② 而关于此尊王思想所代表的思想史意义正在于其对于政权之正统性的强调这一特色,这正是本文所要揭示的内涵所在。

然而,这一政权之正统性落实到具体对象时,却表现为不同的所指——试图通过改革而加强中央集权的德川政权一方,以及包括部分正学派朱子学在内的儒者所表现出的尊王思想所指向的天皇一系。对"政统"的强调说明了当时的德川社会对于"正统"的重视,而正统对象的不同则进一步说明了"政统"思想被理念化了,即"政统"成为象征性的符号或"名"的代表。由此,可以说确立"政统"的本质在于对政权之正统性的获取与强化。结合幕末时期思想史的发展来看,其对于正统名分的强调更是反证了"政统"思想的潜在影响。基于此,正学派朱子学所强调的"正统"思想扩展到"政"的领域,形成了"政统"思想,而此"政统"思想作为一种理念化的思想在儒学思想史中存在着,即是从"政"的维度对正学派朱子学的学政思想的解读。

---

① 真壁仁『徳川後期の学問と政治—昌平坂学門所儒者と幕末外交変容—』、名古屋大学出版会、2007年。
② 宫城公子「幕末儒学史的视点」、日本史研究会编集『日本史研究』1981年第232号、13頁。

四、余论

本文通过对道、学、统三个不同维度的分析,系统地梳理了以正学派朱子学为中心的宽政异学之禁的学政思想,其学政思想以"正统"这一关键词为线索,在儒学思想体系中分别表现为"道统""学统""政统"三个重要部分。其中,"道统"思想作为正学派朱子学的思想来源与理论基础,成为正学派朱子学展开论证的理论武器;"学统"思想则作为具体措施,可归纳为从历史层面、理论层面以及现实层面三个角度展开论证;上升至政治层面的"政统"思想既符合了当时统治者对于风俗教化的需要,更作为一种理念化的"政统"思想存在于幕末时期。再进一步,此"政统"思想发展至明治维新时期亦作为重要的思想资源推进着历史潮流的发展,尤其明显地体现在"儒教的王权论"或"儒教的名分论"上。[①] 通过以上的重新构建,可以明晰以异学之禁为代表的学政改革在儒学思想史脉络中的历史定位,并结合幕末及明治时期的思想潮流而反思其学政思想所具有的思想史意义与价值。

(作者系中国人民大学哲学院博士研究生)

---

① 小島毅『儒教が支えた明治維新』、株式会社晶文社、2017年、237—240頁。

莫言与川端康成及以川端为代表的日本新感觉派
——以民族性的世界写作和感觉世界的构建为中心

魏 雯

内容提要：在20世纪70年代末80年代初，中国文坛开始掀起了关于川端康成及其作品的研究、翻译和技法讨论的高潮，川端开始被作为亚洲作家学习的榜样加以关注。正是在这种热潮中的1984年，莫言初次读到了川端康成的《雪国》。可以说，川端的《雪国》对莫言的转型产生了极大的影响。莫言从川端身上寻找到了一种用新的现代派表现手法进行民族性、本土化写作的可能性。这对当时正在寻找创作方向的莫言至关重要。虽说川端后来转入新心理主义，但在20世纪80年代的中国，川端最广为人知的头衔就是新感觉派作家加诺贝尔奖获得者。新感觉派运动虽在日本文学史上如昙花一现，但却对20世纪80年代的中国文坛产生了不可忽视的影响。在莫言早期作品中，就能够看到明显的新感觉派特征。本文将主要从打破常规的新表现手法，以及以色彩等视觉效应为中心的感官化这两点出发，对作品中的感觉世界的构建进行分析。

关键词：莫言 川端康成 新感觉派

一、川端康成的那只秋田狗——题材的显现

"一只黑色的秋田狗蹲在那里的一块踏石上，久久地舔着热水。"

这是莫言从川端康成的《雪国》中读到的一个句子。在普通人眼中，这句话无非是描写了一只普通的狗的一个普通的动作，

既谈不上特别,也谈不上美感,但它在"一直遵循教科书里的教导,到农村、工厂里去体验生活,但归来后还是感到没有什么东西好写"、苦于找不到题材的莫言眼中,却产生了莫大的刺激。莫言读到这句话的时候是在 1984 年的冬天。也正是在 1984 年,他考入了解放军艺术学院,在此之前他已经发表过包括《售棉大道》《民间音乐》等十多篇作品。这些作品主要是以改革开放后的农村生活或军队生活等时代话题为题材。莫言本人说道:"这些作品大都是一些模仿之作。"据莫言后来回忆,那时,"中国的当代文学正处在所谓的"伤痕文学"后期,几乎所有的作品,都在控诉"文化大革命"的罪恶。这时的中国文学,还负载着很多政治任务,并没有取得独立的品格"[1]。莫言正在寻求今后创作的方向。

数年之后,莫言回忆道:"那是 15 年前一个冬天的深夜,当我从川端康成的《雪国》里读到'一只黑色的秋田狗蹲在那里的一块踏石上,久久地舔着热水'这样一个句子时,一幅生动的画面栩栩如生地出现在我的眼前,我感到像被心仪已久的姑娘抚摩了一下似的,激动不安,兴奋无比。我明白了什么是小说。我知道了我应该写什么,也知道了应该怎样写。"[2]

接着,莫言说,"那时我已经顾不上把《雪国》读完,放下他的书,我就抓起笔,写出了这样的句子,'高密东北乡原产白色温驯的大狗,绵延数代之后,很难再见一匹纯种'。"这篇因《雪国》而获得灵感写出的短篇小说,名为《白狗秋千架》。也正是凭着这篇作品,在 1989 年,莫言赢得了台湾联合文学奖。在此文中,莫言还写出了与川端康成颇为相似的句子,"有一只全身皆白、只黑了两个前爪的白狗,垂头丧气地从故乡小河上那座颓败的小桥上走过来","伸出舌头,一下一下地舔着水"。可以说,正是川端康成的秋田狗孕育出了莫言的白狗。

---

[1] 莫言:《我变成了小说的奴隶》,《文学报》2000 年 3 月 23 日。
[2] 莫言:《莫言讲演新篇》,文化艺术出版社,2010,第 84 页。

莫言回想当时的情景说:"这是我的小说中第一次出现'高密东北乡'的字眼,也是第一次提到关于'纯种'的概念。从此之后,一发而不可收,我的小说就多数以'高密东北乡'为背景了。"①

在谈到作家的影响时,莫言曾援引过法国人纪德的话,"所谓的影响实际上应该是一种唤醒,也就是说你这个作家的气质里面有这种东西,那么读到另外一个作家的作品时,它一下子就唤醒了你的这种气质,这个作家的创作气质跟你很相似,你会把你内心深处,把你个性当中的所沉睡的一些气质唤醒,这就是所谓的影响。如果你心里没有的话,不可能产生影响"。

可以说,川端康成"唤醒"了莫言,激发了其创作灵感。莫言也一再提及《雪国》给自己的创作带来的决定性影响。

从莫言自身的言谈中,我们可以轻松地得出川端康成给莫言的创作带来巨大转机这一结论。但是,此转机仅是因为一条"秋田狗"带来的吗?如若"秋田狗"是出现在其他作家的文学作品中,是否同样会给莫言带来深远影响?其中是否隐含着作家本人尚未言明甚至尚未意识到的要素?

本文将从民族性、本土化的世界写作和感觉化世界的构建这两点出发,分析莫言和以川端康成为代表的新感觉派的相似性、关联性以及影响。

二、民族性、本土化的世界写作

川端康成初次进入中国文坛的视野,是在20世纪30年代,作为日本新感觉派的一员被介绍到中国。众所周知,新感觉派运动在日本文学史上持续时间较为短暂。由于"日本作家没经历过第一次世界大战后欧洲作家所经历的危机感、现实解体以及丧失自我的情感,新感觉派仅是把西方现代主义作为一种方

---

① 莫言:《我变成了小说的奴隶》,《文学报》2000年3月23日。

法和理念引进,试图通过追求新奇的表现来打开大正时期文坛的个人主义文学的僵局"①,所以迅速消失。

虽说新感觉派文学在日本文学史上只是昙花一现,但它对中国文坛的影响却不可小觑,其在20世纪30年代促成中国新感觉派的形成。② 但在当时,与川端康成相比,日本新感觉派文学的代表性人物横光利一显然获得了更多关注。川端康成的作品当时被翻译成中文的,仅有在1933年刊登的短篇《死人的脸》③,及1934年刊登的短篇《旅行者》④,其他作品并未被介绍到中国。

即使川端康成于1968年获得诺贝尔文学奖,其作品也并未因此立刻受到中国文坛的特别关注。直到1978年后,关于他的研究热潮才逐渐到来。⑤ 特别是进入20世纪80年代后,对川端康成小说的翻译与研究进入一个新阶段,川端在中国文坛上的影响达到了前所未有的程度。虽然他的后期作品已经不能说具有明显的新感觉派特征,但是在20世纪80年代,中国文坛依旧有许多论者着重把其作为新感觉派的成员加以介绍。

在这股热潮之中,不少初登文坛的当代作家都对川端康成及其作品产生了浓厚兴趣,甚至刻意效仿。除莫言外,因阅读川端康成的小说而产生创作灵感的还有余华和贾平凹。余华曾谈道:"1982年在浙江宁波甬江江畔一座破旧公寓里,我最初读到川端康成的作品,是他的《伊豆的舞女》。那次偶尔的阅读,导致

---

① 山本健吉:《川端康成〈人和作品〉序说》,近代文学鉴赏讲座13,角川书店,1969年。
② 新感觉派文学是在20世纪的中国第一个被引进的现代主义小说流派,中国的新感觉派作家主要有刘呐鸥、穆时英、施蛰存等。1928年刘呐鸥创办《无轨列车》,开始介绍日本新感觉派的文学作品。
③ 川端康成:《死人的脸》,葛建时译,《文艺的医学》1933年第1卷第5期,第71—72页。
④ 川端康成:《旅行者》,高明译,《矛盾》1934年第2卷第6期,第43—52页。
⑤ 1978年《伊豆的舞女》登在《外国文艺》第1期,1981年《雪国》中文版出版。1979年和1983年先后在长春和济南召开了两届日本文学研究会,川端康成的小说开始进入研究者的视野并掀起高潮。

我一年之后正式开始写作。"①

贾平凹也对川端康成情有独钟,"我喜欢他,是喜欢他作品里的那种味,其感觉,其情调完全是川端式的","川端康成的感觉我是无法学到的……读他的作品,始终是日本的味,但作品内在的东西又体现出强烈的现代意识……可以说,他的作品给我启发……到了后来,接触拉丁文学以后,这种意识进一步强化,更具体地将目光注视到商州这片土地上"。②

因此,值得注意的是,在20世纪80年代形成中国文学新气象的"寻根文学"和"先锋小说"的代表作家,都受到了川端康成的影响。而最令笔者感兴趣的是,莫言与贾平凹在80年代不约而同都因阅读了川端康成的作品,而将目光转向自己生长的那片土地,一个写东北高密,一个写商州。乡土小说在中国并非新鲜事物,源于鲁迅的《故乡》,虽然鲁迅并未明确提出定义,但却勾画了彼时乡土小说的创作面貌,在其影响下,乡土文学开始了长足的发展,其后有赵树理、孙犁、沈从文等一大批优秀作家。

而莫言和贾平凹为何偏偏是因为阅读了川端康成的作品而开始转向以自己的故乡为背景进行本土化文学创作的呢?笔者认为,两人共同因川端康成而产生的对这种题材的创作,不能简单归根于巧合。作为一种新的文学探索方式被引进的川端康成的作品,对莫言产生的影响绝不仅是一只"秋田狗"。

作为东方作家,川端康成极为重视东方文学的传统意识,将自己的创作深深植根于日本文学传统美的世界里。他说:"我强烈地自觉做一个日本式作家,希望继承日本美的传统,除了这种希望以外,别无他物。"《伊豆的舞女》《雪国》《千只鹤》《山音》等文中随处可见的和服、艺伎、能、茶道都成为传递日本传统文化的符号。川端康成用卓越的感受性和感受技巧,表现了日本人的心灵精髓。其作品中体现的日本传统文化精神以及民族化的

---

① 余华:《川端康成和卡夫卡的遗产》,中国社会科学出版社,1994,第295页。
② 贾平凹:《平凹问答录(商州:说不尽的故事4)》,华夏出版社,1995,第526—527页。

表达方式,是川端康成获得世界广泛认可的重要原因。

川端康成不仅植根于日本文学传统,还在其创作中有意识地思考东西方文化的融合。诺贝尔奖颁奖词中指出的其获奖原因的第二条,就明确表彰了川端康成"在架设东方与西方的精神桥梁上做出了贡献"。但川端康成也并不是一开始就完美地找到了东西方文化的结合点,他也经历过全盘借鉴西方现代派、后又全盘否定西方而完全倾向日本传统主义的时期,最后才在不断的文学探索中,在两种貌似对立之中寻找到结合点。

而对于此,20世纪80年代的中国文坛也给予了高度评价和充分研究。有论者对这些评价进行了总结:"有以下两点:一是巧妙地将西方现代派小说手法与日本传统文化结合在一起;二是较好地处理了现代派手法描写本土现实生活的问题。而这两点恰好一直是新时期现代派文学译介者们所面临的两个最重要的问题。"①

也就是说,对于20世纪80年代的作家们而言,川端康成的作品不同于中国以往乡土文学的根本之处在于,它是在传统文化、本土现实之上结合了西方现代派的手法,是传统与新技法的巧妙融合。

而中国传统意义上的乡土作家们由于特定区域的色彩过于强烈,导致"作品的普遍性意义却显得越薄弱""掩盖了作品应有的更为深刻的主题"②。因此,在相当长的时间里,中国的乡土作品陷入题材的单一和主题的狭隘中,无法在世界文坛上开辟出一片天地。

而莫言的雄心显然不仅在于此,在进入解放军艺术学院后,他大量阅读了西方经典作品,在赞叹西方大家作品的同时,还认识到:"马尔克斯、福克纳这些大作家当然很好,但我们绝对不可

---

① 王志松:《川端康成与八十年代的中国文学——兼论日本新感觉派文学对中国文学的第二次影响》,《日语学习与研究》2004年第2期,第55页。
② 张闳:《莫言小说的基本主题与文体特征》,《当代作家评论》1999年第5期,第58页。

以跟在他们后面,跟着学得再好,顶多是个二流货色,只能说他模仿得很像。而且文学根本在于有创新,在于有自己的民族特色。"① 因此,莫言以及莫言这一代作家一直在摸索解决如何进行民族性的、本土化的世界写作方式,在进行有民族特色的创作的同时,还能创新,并力图在世界版图上寻找到自己的一方天地。20世纪80年代,川端康成的作品成了作为亚洲作家成功借鉴欧洲现代派文学的样板,在中国被广泛阅读和研究。因此,有论者指出:"《白狗秋千架》在主题上对传统叙事模式的偏离,无疑与当时文坛现代主义和寻根文学的流行有关,但同时,也与莫言对《雪国》的阅读和感悟有着不可分割的联系。"②

另外,川端康成在作品中,常从对故乡的记忆出发,挖掘日本纯粹的美,以感觉、感受去把握美,认为美就是感觉的纯粹。他的作品中不乏纯粹的美的少女形象,如《伊豆的舞女》中的舞女、《雪国》中的驹子,虽在世俗眼中,是下贱且地位卑微的,但在文中主人公的感觉中却纯真无比。川端康成在题为《纯粹的声音》一文中强调"纯粹"的美感。他认为少女的声音是"纯粹"的声音,因而是美的;少女舞蹈的肉体是"纯粹"的肉体,因而美得"令人感动"。有了纯粹的声音和纯粹的肉体,那就有"纯粹的精神",成了"纯粹的美"。这种"纯粹"不是世俗所谓的"纯洁",而是一种感觉上的纯真。而这种纯粹在《雪国》里面的充分显现,想必也给莫言留下了深刻印象,从而在《白狗秋千架》中初次使用了"纯种"的概念。

综上所述,莫言从川端康成的作品中看到了用现代派手法来描写本土生活问题的可能性。他从民族性、本土化和西方技法结合的角度受到启发,提炼出他后来提到的纯种的概念。

---

① 李子顺、庚钟银:《在写作中发现检讨自我——莫言访谈录》,《艺术广角》1999年第4期,第17—22页。
② 康林:《莫言与川端康成——以小说〈白狗秋千架〉和〈雪国〉为中心》,《中国比较文学》2011年第3期,第134页。

三、感觉世界的构建

除了在民族性、本土化的现代派表现手法方面受到启示,笔者认为,莫言早期作品中的感觉化的写作方式,也与以川端康成为首的新感觉派的特征有明显相似之处。

关于日本新感觉派的特点,著名评论家千叶龟雄在1924年11月号的《世纪》杂志上,以《新感觉派的诞生》为题发表文章,指出"所谓'文艺时代'派所具有的感觉,远比以往表现出来的任何感觉艺术都新颖,无论在语汇、诗或韵律节奏感方面都很生动"[①]。这一流派因此被称为新感觉派。

虽说新感觉派持续时间短暂,且川端康成后来转入新心理主义,但由于在新感觉派时期,他发表了《新进作家的新倾向解说》《新感觉派之辩》《文坛的文学论》等许多理论和评论文章,尤其是《新进作家的新倾向解说》,理论色彩较为浓厚,较为全面系统地论证了新感觉派的感觉方法、认识方法和表达方法。从某种意义上说,它起到了指导新感觉派作家的创作方法和运动方向的作用。后来这些理论对中国文坛也产生了影响。且从20世纪80年代初开始,中国的日本文学研究界就注意将日本和西方研究川端康成的观点介绍给广大读者。[②]

直到晚年,川端康成依旧认为,虽然其创作本身并未依从过新感觉派小说的程式,但"在往昔的新感觉派作家中,我发觉自己是最为执着、最有耐性的新感觉派"[③]。其一生都是"依赖感觉"创作,《雪国》亦如此。其感觉世界的构建是从现实中提炼出

---

① 千叶龟雄:《新感觉派的诞生》,《现代日本文学论争史 上卷》,未来社,1956,第195页。

② 《日本文学》1983年第2期刊登了《日本各家论川端康成》,《外国文学动态》1984年第9期发表了《日本研究川端康成的论著概述》。这些都对中国读者认识川端康成及其作品起到较大的作用和影响。

③ 川端康成:《新感觉派 川端康成十卷集 第十卷》,河北教育出版社,2002,第439页。

的特殊的主观感觉世界。

1978年,上海译文社主办的《外国文艺》创刊号上,发表了侍桁等翻译的川端康成的《伊豆的舞女》和《水月》。其中侍桁对川端康成的创作做了如下介绍:

"川端康成在现代日本文学史上被称为'新感觉派'作家,1968年获诺贝尔文学奖。……'新感觉派'的出现,实际上是第一次世界大战后欧洲文艺思潮流派在日本影响的反映,作家认为感觉是新奇的,只有通过主观的感觉才能接触到现实事物内部的真实性,他们在文学上所探求的是所谓现实的核心,也就是给现实做一次艺术的加工,企图由此逃避现实。他们作品的特色是描摹瞬息间纤细的感觉,细致的心理刻画。'新感觉派'不久就跟日本的'新兴艺术派''新心理主义文学'等汇合了。"

由此我们可以看出,在20世纪70年代末至80年代,川端康成主要是被贴上新感觉派作家和诺贝尔获奖者这两个标签而被介绍吸收的。在中国文坛对于新感觉派的介绍中,也把"感觉"的表现作为日本新感觉派的主要特点加以强调。1983年叶渭渠在《当代外国文学》上发表的题为《试谈新感觉派的特征》的文章中谈道:"他们把感觉看成唯一的实存,以为没有感觉就不可能有事物的存在,不可能认识事物,所以重视描写主观世界的感觉。"[①] 而莫言的作品采用的就是一种"重视感觉"的表达方式,这点在80年代后期就开始受到一些研究者的关注和赞扬。在《透明的红萝卜》《爆炸》发表后,1986年《当代文坛》的一篇评论文章《莫言的感觉》指出:"我们怀疑莫言是否受了日本近代'新感觉派'的影响,毋宁这样说,莫言的小说常常令人想起新感觉派。我们在莫言的作品中深切地感到某种气氛,某种理念的朦胧认识。"[②] 1987年《当代文坛》上刊发的题为《一种新小说形态:感觉世界中的思索与惶惑》的文章中,论者彭晓丰同样认为,

---

① 叶渭渠:《试谈新感觉派的特征》,《当代外国文学》1983年第3期,第106页。
② 晓华、汪政:《莫言的感觉》,《当代文坛》1986年第4期,第33页。

莫言的小说所描写的是一个感觉的世界。他说,当他带着这样的观念去读莫言的《透明的红萝卜》《红高粱》以及韩少功的一些作品时,"我觉得我的理性常常被隔在了小说之外,无法进入作家的主体世界……我发现我进入了一个无比新奇,无比魅人的感觉世界"[①]。另有论者也同样认为:"感觉是超常的,其至有点像日本的新感觉派,新感觉主义,感觉很细微。"[②]

(一)超常规的新奇表现手法与主观感觉的强化

关于日本新感觉派,其主要艺术特征就是"根据主观感觉把握外部世界,运用想象构成新的现实,然后通过新奇的文体和华丽的辞藻加以表达","运用的是感觉的语言、离奇的形式,隐瞒的辞藻","在艺术表现上,它们否定任何感性以外的东西,把感觉和感性抬到首要地位","以及采用一些新颖的艺术表现手段"。[③]

这一特征在新感觉派的另一代表人物横光利一的作品中体现得最为淋漓尽致。如:《春天马车曲》中的"两个孩子手拿冒着热气的芋头,像废纸般的坐在那里";《日轮》中的"他捡起一块小石头,扔进森林。森林从几片柏树叶上抖掉月光,喃喃自语"。川端康成在《浅草少男少女》中如此写道:"旭日辉映,把言问桥染成了桃红色。昨晚的尿迹构成一幅不同颜色的横纹图案。然而,隅田公园像是在大地上描绘的一张设计图,甚少装饰。"另外,《春天的景色》中,"片片竹叶好似蜻蜓的翅膀,正同阳光嬉戏。阳光洒在竹叶上,如同透明的鱼儿,飒飒地流向他的心头",把"阳光"喻为"透明的鱼儿",这些奇特的表现具有鲜明的新感觉派特色。

虽然在川端康成的作品中,这一特点貌似没有像横光利一那么显著,但在他的理论著作中可看出,他曾极力提倡全新的表

---

① 彭晓丰:《一种新小说形态:感觉世界中的思索与惶惑》,《当代文坛》1987年第3期,第49—52页。
② 李子顺、庚钟银:《在写作中发现检讨自我——莫言访谈录》,《艺术广角》1999年第4期,第19页。
③ 叶渭渠:《试谈新感觉派的特征》,《当代外国文学》1983年第3期,第107页。

现手法:"没有新的表现,便没有新的文艺;没有新的表现,便没有新的内容;没有新的感觉,便没有新的表现。"他还举例说明新感觉派作家的感觉方法和思考方法与传统作家不同:"譬如,糖是甜的。历来的文艺是从舌头把这个甜传到大脑,用大脑写上'甜'。可是,现在是用舌头直接写上'甜'。又如,以往是把眼睛和蔷薇当成两个东西,写上'我的眼睛看红蔷薇',新进作家则把眼睛和蔷薇当成一个东西,写上'我的眼睛是红蔷薇'。或许不从理论上加以说明就不明白,但这种表现精神却成为我们感受事物和生活的方法。"①

而莫言的语言,特别是在转入创作以高密为背景的系列作品的初期,其语言表达方式也与以上特点具有明显相似之处。他创造性地重组固有语言,打破语言常规,用新颖的表达方式,创造出新鲜强烈的主观感觉,同时又在特殊语境下发展出新含义,创造出烙上莫言印记的个性化语言。莫言曾说:"一个写作者所使用的语言,应该是属于他自己的、能够使他和别人区别开来的语言","语言变起来比较困难……语言是一个作家风格的最主要的体现。我努力变化着语言"。

莫言语言的主要特征被总结为:"(1)语汇上兼用典雅、优美、庄重的书面语和粗鄙的民间乡土口语词相混合的一种狂欢体,色彩词使用的频率极高;(2)句法上打破常规,大量使用超常组合句、矛盾组合句以及修饰语叠加的长句;(3)修辞上频繁采用比喻、比拟、通感、感觉、夸张等手法,使语言具有很强的描述性与感受性。"②

如在前文提到的《白狗秋千架》中,莫言写道,"走到我面前时,它又瞥着我,用那双遥远的狗眼"。"遥远"一般用于描写空间距离或时间距离,而莫言却使用"遥远的狗眼"的超常规搭配,来描绘主人公"我"的感觉。他用伴随着其语言中的精细感觉的

---

① 川端康成:《新进作家的新倾向解说》,《文艺时代》1925年1月。
② 高选勤:《莫言小说的叙述语言与视角》,《写作》2001年第11期,第5页。

表达方式,细致描绘出"我"在相隔十年后回乡偶遇了大白狗时,与狗以及狗主人在心理上的陌生与隔阂。

又如在《老枪》中,他描写落日时,"太阳更快地下沉着,一边下沉一边变形,它变扁变平,好像一个半流质的球体落在平滑钢板上似的弯曲变形。它的下面是平面,那些呈球弧的表面异常紧张,终于蹿了稀,汹涌的冰冷的红色流质曲曲折折地向四面八方流淌。水洼子宁静入玄,艳红的汁液从水面上慢慢下渗,水的下层红稠如汤汁,表面却是一层无色透明水,极亮极眩目"。此处莫言明显使用了强烈的夸张和变形的表现手法,加强了主观感觉。又如《红高粱家族》中"奶奶30年的历史""像一颗颗香气馥郁的果子""箭矢般坠落在地""又粘又滑的现在",《金发婴儿》中的"黑暗还是又浓又厚,伸手即可触摸,仿佛摸天鹅绒",《爆炸》中的"我的双耳共鸣着,模模糊糊地看到父亲的手臂在空中挥动时留下的轨迹像两块灼热的马蹄铁一样,凝固地悬在我与父亲之间的墙壁上",《枯河》中的"一群老百姓面如荒凉的沙漠,看着布满伤痕,也布满阳光的屁股,好像看着一张明媚的面孔",这些也都是具有强烈视觉色彩的主观感觉化的表达方式。

而早在20世纪80年代,就有论者已留意到莫言的此语言特征,对此,也不全是赞美之声。如张志忠在《论莫言的艺术感觉》一文中就在评价莫言的感觉表现的同时,也指出了其在寻觅感觉时的艰难。他以《爆炸》中的句子为例,"白炽的阳光……晒着父亲棱岸的肩膀和两只崎岖的大脚。把你爹送到局子里去吧。爹全脸膨炸着说",就此评价道,"莫言的小说还有许多瑕疵,他的笔下经常有一些生造的蹩脚的句子","与其说莫言驾驭语言的能力不到家,不如说它更多地显现出他在寻觅新颖独到的艺术感觉时的艰难"。①

诚然,张志忠的说法不无道理,"棱岸的肩膀""崎岖的大脚""全脸膨炸着说"这些说法都是超常规的表达方式,甚至可以说

---

① 张志忠:《论莫言的艺术感觉》,《文艺研究》1986年第4期,第68—73页。

全是病句。但从中可以看出莫言对新语言形式的追求,企图通过新颖的表达方式架构出主观感觉的世界。

(二)感官化与感觉世界的架构——以色彩为代表的视觉效应为中心

日本新感觉派重视视觉效应,对超常感觉也有强烈兴趣。这点在川端康成的作品中也有鲜明表现。他的作品继承了日本传统美、自然美的世界。日本民族崇尚自然,在文学作品中也时常融入对自然的感悟。而自然中的色彩在川端康成的作品中具有重要的象征意义。可以说,色彩语言也是构成其美学艺术的重要组成部分。在《雪国》中,四季流转,景物也随之具有强烈的季节感,隆冬的白雪、初夏的嫩绿、仲秋的火红,等等。随着季节变化,环境色彩随之变化。对色彩视觉效应的注重不仅是客观的色彩,还是日本传统美的重要组成因素。在《雪国》中,"穿过县境上长长的隧道,便是雪国。夜空下,大地赫然一片莹白。火车在信号所前停了下来"……可以说,《雪国》以莹白的世界开篇,也成为其作品之后的色调之一。《雪国》中对于色彩的使用丰富,据统计,其中共包括了百余处色彩表现的色彩词,另外,还有好几处提到了绿色,其象征意义也随着情节的递进而发生变化。初次到雪国"到处一片嫩绿",象征着希望,到后来驹子"她的脖颈上映出一抹山林的淡淡的暗绿",杉树"暗绿的叶子遮蔽了苍穹,四周显得深沉而静谧",再后来描写秋天"翅膀是淡绿色的",飞蛾"这一点淡绿反而给人以一种死的感觉"。颜色变化与三人的情感纠葛相吻合,而且川端康成常赋予色彩以象征性,如红白象征性爱、梦幻、生死,黑白象征死亡、悲凉,等等。

另外,在川端康成的作品中,经常出现视觉感官和其他诸如听觉感官等表现手法的互通和变形,以此强化主观感觉。如《温泉旅馆》中,阿雪把男客的甜言蜜语,比作其弟弟身上被痛打得青一块紫一块这种象征的手法。叶渭渠评论道:"虽然《温泉旅馆》已经摆脱了新感觉派的创作手法,但仍可从中窥出一些新感觉派的痕迹……本来甜言蜜语与青一块紫一块是毫不相干的,前者是听觉作用,后者是视觉作用,作者把两者统一在一个感觉概念里,用视觉中的青一块紫一块,来渲染听觉中的甜言蜜语的感觉印象。"①

那么,对于莫言而言,以色彩为代表的视觉表现,又意味着什么呢?莫言作品中常用绚烂的色彩,赋予作品浓郁的色彩印象。20世纪80年代的评论文章《一种新小说形态:感觉世界中的思索与惶惑》中写道:"给我印象很深的是莫言,我在读他的作品时,总会联想起川端康成或横光利一。他们对视觉效应(特别是色彩)的侧重惊人的相似,对超常感觉也有强烈的兴趣,我相信,随着感觉小说的崛起,日本新感觉派的作家对于我们的影响,将会表现得更为普遍和深刻。"②

题目在一部作品中居于至关重要的地位。仅看小说题目就可看出莫言对色彩语言的情有独钟,像《白狗秋千架》《透明的红萝卜》《红高粱》《红树林》《红蝗》《白棉花》《金发婴儿》等。

不仅题目,在行文之间,莫言对于色彩的广泛运用也显而易见。据统计,在《红蝗》八万字的小说中,色彩词出现了400多次。前文提及的《莫言的意义》一文还谈道:"尽管莫言事实上仍然并只能用言语撰写他的小说,但读者却常常从中领略到了来自色彩的视觉的刺激。不可想象,假如我们忽略了那'透明的'红萝卜、'金色的'头发、'黄中透着绿的'球状闪电等笔触,是否还能就这些小说谈出任何有价值的理解。"③

在描绘场景时,莫言常使用绚烂的色彩来构造独特的主观感觉世界,并赋予其象征意义。他善于捕捉感觉瞬间,借助缤纷色彩来强化对视觉感官的表现。谈到《红高粱》时,莫言曾谈到,原本给小说起的是另一个名字,后来觉得"构思小说之前脑海里就不断浮现一片望不到边的无边无垠的高粱地,太阳一照像火

---

① 叶渭渠:《试谈新感觉派的特征》,《当代外国文学》1983年第3期,第108页。
② 彭晓丰:《一种新小说形态:感觉世界中的思索与惶惑》,《当代文坛》1987年第3期,第51页。
③ 李洁非、张陵:《莫言的意义》,《读书》1986年第6期,第80页。

海一样辉煌壮丽。那么干脆就叫红高粱好了"①。我们从中可以看出,视觉的强烈色彩引起的个人主观感觉,对莫言的创作本身也起了极为重要的作用。

在《透明的红萝卜》中,莫言写道:

"黑孩双手扶着风箱杆儿,炉中的火已经很弱了,一绺蓝色火苗和一绺黄色火苗在煤结上跳跃着……泛着青蓝幽幽光的铁砧子上,有一个金色的红萝卜……红萝卜晶莹透明,玲珑剔透。透明的、金色的外壳里包孕着活泼的银色液体。红萝卜的线条流畅优美,从美丽的弧线上泛出一圈金色的光芒。光芒有长有短,长的如麦芒,短的如睫毛,全是金色。"

在黑孩眼中,这是一个无比美丽的"金色"红萝卜。在它透明的金色外壳里包孕着银色液体。很明显,这是构建了一个主观感觉世界,莫言借助绚烂强烈的色彩来描述黑孩对红萝卜产生的瞬间感觉,从而表达其心理感受。而前文提到的《一种新小说形态:感觉世界中的思索与惶惑》也评说该段文字:"我不知道是否会有人在这幅亦真亦幻的视觉图画面前遗憾自己肉眼凡胎的无能。我只是觉得在这里感到了一种感官的兴奋和陶醉。"论者指出,文中超常的感觉形态产生了一种感觉效应,是对感觉的强化。

在谈到《透明的红萝卜》时,莫言说:"有一天早晨,我梦见一块红萝卜地……红萝卜在阳光下闪烁着奇异的光彩……那种色彩,那种神秘的情调,使我感到很振奋。其他的人物、情节都是由此生酵出来的。"② 由此可见,梦境中的强烈色彩感对莫言产生的强烈刺激,成为其重要的灵感来源,并渗透在作品中。

另外,除视觉性感受外,其他听觉、嗅觉等感官性感受也成为表现对象,从而形成彻底的感官化。例如,在《欢乐》中,"我再

---

① 李子顺、庚钟银:《在写作中发现检讨自我——莫言访谈录》,《艺术广角》1999年第4期,第17—22页。
② 莫言:《关于〈透明的红萝卜〉的对话》,《中国作家》1985年第2期,第204—208页。

也不要看你这遍披着绿脓血和绿粪便的绿躯体,生满了绿锈和绿蛆虫的灵魂,我欢乐的眼!再也不要嗅你这个扑鼻的绿尸臭,阴凉的绿铜臭,我欢乐的鼻!再也不听你绿色的海誓山盟,你绿色嘴巴里喷出的绿色谎言,我欢乐的耳!永远逃避了绿色,我欢乐的灵魂!"在莫言笔下,原本客观色彩为红色的血、嘴巴,以及说不清色彩的粪便、躯体、锈、蛆虫全都成了绿色,甚至无法用颜色来表达的,应属于嗅觉的尸臭、铜臭,以及属于听觉的山盟海誓、谎言也全变成了绿色,甚至连灵魂也变成了绿色。在普通意义上,绿色象征生机和活力,而莫言用来表现生命的终结和腐烂,正是这种强烈反差表述出强烈的主观感觉,且在视觉、嗅觉与听觉等诸多感官中架起桥梁,赋予其他感官以视觉色彩,造成感觉互通,使主观感觉无限扩大化。又如《枯河》中:"在这沉默中,太阳冉冉出山,恚然奏起温暖的音乐,音乐抚摸着他伤痕斑斑的屁股,引燃他脑袋里的火苗,黄黄的,红红的,终于变绿变小,明明暗暗跳动几下,熄灭。"同样是听觉、视觉、触觉之间的感觉互通,使各种感觉趋向感官化。而这种彻底的感官化,也使莫言和以往的作家区别开来,感觉成为一种他把握世界的方式。

综上所述,川端康成的《雪国》激发了莫言的灵感,对莫言的转型产生了极大的影响,从川端康成身上,莫言寻找到一种用新的现代派表现手法进行本土写作的可能性。这对当时正在寻找今后的创作方向的莫言至关重要。另外,在莫言早期作品中能够找到明显的新感觉派的特征。重视主观感觉,"感觉"成为现实外在世界与内部心理世界的桥梁,建构出独特的主观感觉世界。

(作者系重庆出版集团日本文学编辑)

森鸥外小说《半日》小考
——新老观念的冲突

李帅旗

内容提要：活跃在日本明治和大正两个时代的文坛巨星森鸥外,为日本近现代文学的转型与发展做出了突出贡献,在日本文学史上占有特殊的地位。《半日》作为一部在明治时期社会思想大变革的特殊历史背景下,以日本家庭成员之间新老观念矛盾冲突为题材的小说,极具时代特征。笔者意欲结合作者森鸥外的生平和小说创作的时代背景,对文中男主人公、文科大学教授高山峻藏博士的家庭在半日之内所发生的家庭矛盾进行分析,进而加深对时代大变革下的明治社会的更为深刻的认知。

关键词：森鸥外　半日　明治社会　新老观念　冲突

《半日》是森鸥外的第二部作品。该小说塑造了传统习惯、封建思想根深蒂固的婆婆,与封建传统、道德约束格格不入的博士夫人,以及被夹在妻子和母亲之间左右为难的丈夫与彷徨无所依的孩子。身为上层社会家庭中的一员,博士夫人一系列的言行态度在当时的社会中显得极其出格,即便放在普通家庭,也足以被逐出家门。然而,博士对任性的妻子却也分外宽容,不曾折其本意,从未要求妻子在母亲面前低头认错。与此同时,一定程度上博士也确实恪守孝义,顺从母亲。博士在新老观念纠缠不休的夹缝中,拿捏、平衡、妥协。正因为博士的形象颇似森鸥外的自画像,博士的困扰也反映了作者自身内在的新旧思想的尖锐冲突。

一、母 亲

这个家庭的矛盾主要集中在以下方面:母亲声音大,持家权的争执,妻子嫉妒母亲。文中写道:"家中全凭母亲一手操持,应吃的菜肴不吃,该穿的衣物不穿,省吃俭用,为攻读博士的儿子提供学资。"母亲操持家业,节衣缩食,供儿子上学。一个事无巨细、勤俭持家的女人,性格想必不会是懦弱柔和的。博士也曾开玩笑说母亲是女中豪杰。在长年持家的过程中,必然会形成某些特质。比如,"母亲是一位意志相当坚强的人,头天晚上睡觉时,她会自我暗示,只要心中想明天早晨几点起,一定会准时睁开眼睛","母亲说话声自然不是什么优美的声音。她性情有点像男人,所以声音也不那么柔和"。① 对于生活在幕府末期明治初期、性格要强的持家母亲,身上有这些特征也不意外。早晨这场家庭纠纷的导火索就是妻子讨厌婆婆大声说话,故意发牢骚给婆婆听。继而,又引发一系列家庭矛盾的激化。文中写道:"这位老夫人并不是生活中常见的那种少觉的人,但直到今天仍强调说博士在大学工作,不能耽误了上课时间,所以每天亲自起来烧水煮饭。一次,由于时间关系,博士没吃饭就离开了家,母亲悔恨了好几天。所以,今晨才为烧水事发出怨言。"就是这样一位操持家庭一辈子的母亲,即便到了晚年,仍每天亲自早起烧水做饭,放不下那爱操持的心。更有甚者,在家里没有充足的钱财供博士留洋的前提下,她仍然想要冒险供博士留洋。这都照应了曾关照过自家的同乡大官的话"做这种冒险是出自日本老后靠儿子的特有习惯",母亲身上的封建性略见一斑。

母亲曾这样说过:"要是把钱交给媳妇管,往后万一有什么事,要用点钱的时候,我就得低三下四去求她。媳妇嫁到咱们家

---

① 本文中文译文均引自北京燕山出版社于2005年出版,高慧勤编选的《森鸥外精选集》中收录的由周祥苍翻译的《半日》。

来,只在婚礼那天,亲友们举杯庆贺时,鞠过一次躬,打那以后她就没再行过礼。不管出门还是回家,从没有招呼过一声。在这种情况下,要我低头去求她实在是为难我啊!她要不是那么个人,管钱的事,在她没过门之前,我就拿定主意了,我会老早就交给她的。而且,她过门之初,根本没有想管的意思。从眼下来看,照我的管法,开销可省下一半来。"在养儿防老的传统思想影响下,强势了一辈子的老母亲,是不可能轻易交权的。母亲与妻子矛盾冲突的三个原因,皆源于母亲在家庭中过于强势,妻子没有获得应有的家庭地位。妻子在地位和心理上的不平衡衍生出对婆婆的嫉妒,才会不让博士和婆婆说话,不让孩子到奶奶那里去,处处与婆婆对着干。

　　这组矛盾实质上是新老观念的冲突,新的对老的长久把持权力而心生嫉妒,老的不信任新的在持家方面有过硬的实力。千百年传承下来的规矩是:母亲这一角色的职责是相夫教子。这是传统社会赋予女人的终身使命。对老母亲而言,她的主要任务就是操持好家业。那么,在进入明治新时代,以一种较为先进的新思想去革除千百年来根深蒂固的老传统的命,势必会触发一系列的矛盾与冲突,是社会发展中新思想与老传统之间的搏杀。老传统固然坚守阵地,但新思想凭借自身的时代先进性在历史的发展潮流中自然会对老传统进行一定的革新,注入新鲜血液,进而推动社会进步。因此,一部分老传统也会像小说结尾那样:母亲也将走出她那凄凉的房间,进入餐厅,来招惹媳妇的讨厌。

二、妻子

　　"太太伸出她那雪白的胳膊把被子掀了起来。的确,她的脸儿生得端庄秀美。她睁开水灵灵的大眼睛,黑眼珠又大又亮,在苍白的面孔上,这双大眼睛仿佛占去了半个脸庞。看来在关口那儿买的进口化妆品效果不错,脸上显得水灵灵的漂亮。刚睡醒时的苍白面孔,现出粉红色。太太每逢发牢骚,就像诗歌中的叠句一样,总是重复这句'请别让我做我不喜欢的事'!太太决不干她讨厌的事,不管什么场合都不干。不论干什么事,她绝不会下功夫学着去干。她丝毫不能克制自己。这就是做过最高法院院长的父亲,在她还是姑娘时,对她娇生惯养留下的纪念。她在姑娘时代,就曾穿着藏蓝色短外褂,从纪尾井町官邸出发,经过溜池前往虎门参拜神社。由于她是个引人瞩目的漂亮姑娘,当时赤坂一带的艺伎夸谁漂亮时,便说不亚于那位穿藏蓝色外褂的小姐。"妻子是生在权贵家的小姐,美丽动人,连艺伎都自愧不如,心生向往之情。妻子无疑还是接受了西方文化的新时代女性,坦诚率真,敢于直言自己的想法。比如文中夫妻之间的这段话:"太太自嫁到这个家中以来,总把博士的母亲叫作'她'。博士问为什么不叫母亲?她却回答说,'我到这儿来是做你妻子,不是给她做女儿的'。"这位上层家庭出身的妻子由于娇生惯养,性格上确也颇为任性。

"我也万没想到,你和她之间竟然变得像是到寡妇家当养子般的关系啊!她虽然已上年纪,但人老心不老,总想和谁都像夫妻那样待在一起。所以她才无论如何都要把钱财抓到自己手中……太太突然打破沉默,自言自语道:'反正丙午年出生的女人是克夫的……'这是博士母亲的生辰八字。太太很迷信,一直念念不忘婆婆的生辰八字,总在想不是她克死自己,就是自己把她克死……因为她就是那样的人,所以我才说那种人呀!她喜欢黏在你身边说东道西,可我最讨厌她来照顾孩子。摆出一副活像你老婆的架势,把持着钱财,泡在你身边,伺候你吃饭,还偷看你洗澡,窥视你睡觉,只有色情狂才这样!"文中妻子的一系列言谈举止,似乎与真正接受了西洋先进文化的新时代女性形象有很大出入。那么,妻子究竟是怎样的一种存在呢?

首先,从妻子平时的装束打扮上来分析。文中提到"的确,她的脸儿生得端庄秀美。她的头发盘作西式束发,如果散开可能比身躯还长"。从外貌上看,西式束发代表了妻子追求西方审美的心理，抑或是明治时期日本社会模仿西方的一个缩影。然而，又很矛盾的是，在全民推广西式束发的同时，妻子仍旧保留着传统的日本式长发。因为妻子散开的头发比身躯还要长，这是典型的日本对美女的传统审美取向和评判标准。况且，头发是从自己身体内长出来的，是根本的，内在性的。妻子留一头齐身长发，正表明了其身上有难以摆脱的传统性。而至于头发的样式，无论选择什么式样，仅仅是表面上的一种形式。妻子头上的西式束发是她对西洋的一种追求，可是这种追求实在是仅仅停留在表面上的。表面上的西式束发，再漂亮，再时髦，终归还是用一头齐身的传统长发盘上的。妻子的这般东施效颦，不恰恰正是明治时代的社会现实吗？归根结底是建立在传统之上的西化。

其次，从妻子平时的兴趣来分析。"刚嫁过来时，博士曾抱着花束回家送给她，她却毫无喜悦之色。后来博士又问：'你看到月亮后联想到什么了吗？'太太显出一副迷惑不解的神情，只回了句：'什么也没想！'"鲜花、月色，总会使人心生向往之情。如夏目漱石先生的"月が綺麗ですね"，含义是因为有你月亮才格外美丽，成为日本妇孺皆知的爱情名句。然而，妻子"风雨不动安如山"，鲜花再漂亮，月亮再美丽，却不为所动，"一心不乱"。文中还写道："走在大街上，看到橱窗内的货品，也只是看看而已，丝毫不感到有意思。'既然不买，还是不看的好！'说着把脸儿扭过去。"

那么，妻子真的对什么都没有兴趣？不，并非如此。小说中数次提到妻子学艺的事情。原文中是这样描述的："关于妻子学艺，她根本就不想搞什么艺术。她在姑娘时代出去学艺也是这样，她去过日本绘画先生那儿拜师学艺，也曾去古琴师傅家拜过师，然而她既不想画画，又不想弹琴。她的所谓学艺，只是每天化好妆，乘上车，往返于纪尾井町和她的老师、师傅们所在的街道之间罢了。那么她为什么单单对出去学艺感兴趣呢？这是因为太太在那边儿设定了一个到达的目标，她希望悠闲自在地往来其间,并且以太太的经验,除学艺这条路之外,再无实现这一愿望的适当办法了。于是,当太太心中要求姑息掩饰自己时,总是提出出去学艺这一招。"从中可以看出妻子所谓的兴趣,就仅仅是化好美美的妆,乘上车,设定一个到达的目标,然后每天悠闲地往返,既不去欣赏美好的风景,也无意去习得艺术的精髓。笔者认为,这跟妻子的家庭出身有很大关系。妻子小的时候学艺,是想要彰显自己是权贵家的小姐,身份高贵,优雅美丽,多才多艺。她悠闲自在地往返于街道之间,接受民众投来的羡慕的眼光,满足心理上的优越感。现在跟博士结了婚,在家里无论是地位上还是心理上都没有受到公正的对待,更不要说跟小时候的娇生惯养相提并论了。妻子姑息掩饰自己的时候就自然而然地提出了学艺。因为在博士家里得不到的优越感,她要从外界获得。于是,学艺就成为妻子唯一的兴趣。

最后,从博士对妻子的评价来看。对于自己的妻子,小说结尾处,博士发出了下面这些感想。

"博士此刻在思考着这样一个问题,这世上还有没有第二个像我妻子这样的女人?……但是真正的精神病人和健康人之间,难道就没有一个像界线一类的东西存在吗?如果认为这样的女人还不算精神异常,那么从心理上如何解释她的言行状态呢?在具有'孝'这样一个牢固观念的国度里,怎么会有当着丈夫面如此放肆地大讲婆婆坏话而又满不在乎的女人呢?!即使从西洋思想角度来看,母亲也是神圣的,所以恐怕没有哪个女人认为可以当着丈夫面侮辱婆婆的吧?东洋和西洋的历史上不用说,即便读小说,看剧本,也找不到像我妻子这样一个女人。如今这个时代,要从根本上改变一切评价标准,她也许就是这种时代的特有产物吧。这是博士正在思考的一些问题。"

笔者留意到文中多次提及太太与博士争吵时,太太脑海里,各种想法走马灯似的回旋,脑海里一片混乱。不论什么问题,太太都不善于有条有理地进行思考,而博士则是摆道理予以追究,太太在半似专心的应对中,总是像下 16 子跳棋一样,最后被赶进死胡同。太太在想怎样才能摆脱这种苦恼。正如博士所言，如今这个时代，要从根本上改变一切评价标准，妻子也许就是时代的特有产物。

19世纪末席卷日本的明治维新运动，是一场打着天皇的旗号进行的资产阶级革命。明治政府提出了"和魂洋才"的口号以及"殖产兴业""文明开化""富国强兵"的三大政策。其中的"文明开化"政策，就是明治政府专门针对社会生活、文化领域做出的一项重要改革措施。

明治维新初期，政府大兴"脱亚入欧"之风。学习西方成为人们为之向往的一种时尚，国家的发展需要精通西学的人才，西化不仅仅是一种时尚而且成为一个机会，它让人能够在仕途之路上走得更远。为了更快地与西方接轨，社会上充斥着急功近利的气息。从天皇带头吃牛肉，到鹿鸣馆的舞会，穿洋装住洋房吃洋饭，无不模仿西方，甚至明治的一部分高官也认为日本的人种不如西洋人，以至于提出"人种改造论"等荒谬的观点。恰恰就是天皇自上而下大为推行的西化之风，导致自由民主和思想解放的过度蔓延。西方个人主义、人本主义思想进入了社会大众之中，为自下而上的自由民权运动奠定了基础。统治集团内部的传统保守势力对欧化过程中产生的新势力感到恐惧。1878年，明治天皇"巡视"全国，次年即令儒学出身的侍讲草拟《教学圣旨》，大呼"仁义忠孝为本，知识才艺为末"，开始斥责脱亚入欧，试图拴住这匹脱缰野马，重新用神道和儒学来禁锢人心，加强对人们的思想控制。在国际上，日本通过对外战争吞并了朝鲜，赢得了日俄战争和中日甲午战争，进一步促进了国粹主义的蔓延。在短短的二三十年间，从全民尚欧、解放思想、追求平等到后来政府控制思想，复古逆流。国家形势的巨变，必然给日本人带来思想上的混乱。

太太苦恼是因为思想上混乱。混乱是明治时期急剧变动、倒行逆施的国家政策造成的。妻子对社会、对自己都没有清晰的认知，缺少核心价值观。面对这样一位不新不旧、被众多社会思想理念相互交织的混乱者,即便是身为文科教授的丈夫似乎也难有万全之策。

三、博 士

"太太嫌母亲说话声大,故意发牢骚给母亲听,博士觉得实在过分,但要是予以责难,又会引起风波,如果把这类问题都拿出来批评,这个家将永无宁日。于是他保持沉默。这个家庭的氛围就是如此的互相敌视。博士和太太,还有玉儿已经在这种氛围中生活七年了。"这样一个尖锐的家庭问题持续了七年仍未解决,并且还会持续下去。即便对于一般家庭的丈夫而言,也会觉得自己没有尽到一家之主应有的责任而感到羞愧难当。高山博士很清楚自己家庭中正发生着的时代难题,但他并未就新旧两种势力间的缠斗,选择支持其中任何一方,抑或采取某些方法真正从根本上去解决这个问题。正如博士宣布:"自己没有闲工夫同时和两个女人周旋,所以他的唯一乐趣就是吸烟。"这组家庭矛盾解决起来确实非常棘手,但作为一家之主、学贯东西的文科大学教授,他却保持沉默,使这组矛盾久久未能得到解决。这不得不令人心生疑惑:这位一家之主、文科大学教授到底是怎么了?究竟是什么原因让他这样地缺乏作为,采取这种态度?我们不得不从小说作者森鸥外身上查找线索。

森鸥外从小接受的封建伦理道德和儒家思想教育以及青年时期所接受的西方近代的科学精神和研究方法,对他的文学创作产生了巨大的影响。明治维新本质上是西洋文化与传统文化之间的碰撞与融合,二者在森鸥外身上体现得淋漓尽致。他有着多重身份,既是一位主张自由主义思想的作家、启蒙主义者,又是一名忠于职守的官吏、著名军医。他是生活在两种对立价值观之间的人。森鸥外的性格底色是封建的、保守的,而他的主要经历又在完全相反和对立的意义上历经改造与锤炼,使他成为一个近代与传统的复合体。在他的体内流淌着两种血液——

传统保守的日本血液和近代化的西欧血液。这两种血液相互交融，对他的人生观和文学观都产生了极其重要的影响。其作品试图解释清楚自我内心世界的矛盾与纠纷。为寻求解决这一矛盾，他一生忍受着种种压抑和无尽的苦恼。正因为无尽的苦恼，小说中高山博士的唯一乐趣就是吸烟。森鸥外是一个携带人间苦恼顺从国家、为国家效力的人，然而其内心深处积蓄着的近代观念又迫使他采用诉诸笔端的独特方式来批判权力。他是一个矛盾的"文化人"。他的文学创作过程，也是他的思想经过不断磨砺的一个过程。

《半日》这篇小说发表于1909年3月，这年森鸥外48岁。孔子曾对自己进行过总结："吾十有五而志于学，三十而立，四十而不惑，五十而知天命，六十而耳顺，七十而从心所欲，不逾矩。"48岁的森鸥外已过不惑之年，但尚未到知天命的年纪。按照孔子的说法，这时候的森鸥外掌握了知识而不致迷惑，但尚未到真正了解并顺应人生与自然规律的年龄。与此同时，在明治20年前后，日本文学界通过接触西方文学思想接二连三涌现出写实主义、浪漫主义、自然主义、反自然主义等文学流派，诞生了一大批文学作品。这些文学思潮受到日本传统文学思想的强烈抵触。这些文学流派之间也相互对抗，大有取代彼此之势。日本近代文坛出现了"一超多强"的混乱局面。因此，这时期是"欧化主义和国粹主义思潮的对立时期"。在文化思想战线上，由于对传统文化和西方文化都未能达到自觉的认识和理解，所以对欧化和保守两方面都未进行自觉的有力批判。旧的思想尚未破灭，新的思想尚未确立。社会处在家族制旧组织的陈规与近代市民社会的新秩序、封建残余的旧伦理与西欧人本主义新思想冲突、妥协和并存的局面"[①]。

森鸥外在人生48岁的节点，通过自身阅历创作了《半日》，道尽了那一时代社会的思想风貌。高山博士对待家庭矛盾的态

---

① 叶渭渠、唐月梅：《日本文学史：近代卷》，经济日报出版社，2000，第145页。

度包含了那个特殊年代日本高级知识分子直面东西方文化剧烈冲突时所采取的一种方式——妥协、调和、忍耐。

四、结　语

人是复杂的社会因素的综合体。无论是文中言谈举止"大逆不道"的妻子,还是对待家庭矛盾一直忍耐、妥协、调和的高山博士,都是那个时代的特有产物。由此,笔者对森鸥外也有了一个更深刻的认识:生活在那个特殊年代,森鸥外对于时代给予的命题,自身也难以超越,时代造人。森鸥外的女儿森茉莉曾说过,父亲身上有一头狮子。森鸥外确实有某种叛逆精神,可惜那实在是一头受伤的狮子。最后在其遗书中,森鸥外吐露了自己的心声——余以森林太郎之名死。

(作者系延边大学外国语学院日语系硕士研究生)

责任编辑：张迎辉
特约编辑：张耀之　洪　鸿
装帧设计：洪　鸿
责任出版：赵　玥
责任出版：张　琨

图书在版编目(CIP)数据

日本学.第21辑/北京大学日本研究中心编.—北京：世界知识出版社,2022.6

ISBN 978-7-5012-6423-0

Ⅰ.①日… Ⅱ.①北… Ⅲ.①日本—研究—文集 Ⅳ.①K313.07-53

中国版本图书馆 CIP 数据核字(2021)第 222024 号

日本学(第二十一辑)
Ribenxue (Diershiyiji)

世界知识出版社出版发行
(北京市东城区干面胡同51号　邮政编码:100010)
网址:http://www.ishizhi.cn
北京虎彩文化传播有限公司照排印刷　新华书店经销
850×1168毫米　1/32　印张:8¾　字数:270千字
2022年6月第一版　2022年6月第一次印刷
ISBN 978-7-5012-6423-0
定价:39.00元

版权所有　翻印必究